Kreta

Andreas Schneider

DUMONT
Reise-Taschenbuch

Inhalt

Reiseinfos, Adressen, Websites

Panorama – Daten, Essays, Hintergründe

Unterwegs auf Kreta

Inhalt

Inhalt

Fischerboot im Hafen von Ierápetra

Auf Entdeckungstour

Karten und Pläne

▶ Dieses Symbol im Buch verweist auf die Extra-Reisekarte Kreta

Schnellüberblick

Chaniá und der Nord-westen
Hübscher Hafenort mit venezianisch-türkischen Bauten, im Umland kleine Badeorte an den Küsten. S. 238

Réthimno und Umgebung
Reizvolle Altstadt mit einem Bilderbuchhafen. Arkádi, Kretas bedeutends-tes Kloster. An der Süd-küste der Palmenstrand von Préveli. S. 210

Der Südwesten
Die Weißen Berge mit der majestätischen Samariá-Schlucht. Keine bedeuten-den Sehenswürdigkeiten, aber Wandermöglichkeiten und gute Badeorte. S. 262

Zwischen Ida-Gebirge und Südküste
Uralte Kulturlandschaft mit dem minoischen Festós und der römischen Stadt Górtis. Herrliche Strände, kleine Badeorte, viel Individual-tourismus. S. 122

Iráklio und sein Hinterland
Kretas einzige Großstadt, lebendig, quirlig, aufregend. Das Archäologische Museum und Knossós sind die Top-Sehenswürdigkeiten. S. 84

Bucht von Mália und Lassíthi-Ebene
Pauschaltourismus entlang der Küste, dazu das einsame Hinterland mit der reizvollen Lassíthi-Hochebene. S. 142

Ágios Nikólaos und der Mirabéllo-Golf
Herrliche Buchten und Inseln; Luxus-Hotelerie bei Eloúnda. Krítsa ist ein Höhepunkt der byzantinischen Wandmalerei. S. 158

Ierápetra und der Südosten
Wie die Ostküste heiß und trocken, nur in den Tälern Waldbestände. Keine großen Sehenswürdigkeiten, aber gute Badehotels und Wandermöglichkeiten. S. 198

Sitía und der Osten
Trockene, steinige Landschaft, hübsche Kleinstadt Sitía. Herrliche, einsame Strände an der Ostküste. Gute Wandermöglichkeiten. S. 178

Der Autor

Mit Andreas Schneider unterwegs
Reiseführer fallen nicht vom Himmel. Sie werden bei DuMont von Menschen geschrieben, die eine eigene, besondere Beziehung zu ihrem Gebiet haben. Andreas Schneider ist jedes Jahr mehrere Monate in Griechenland unterwegs. Er arbeitet dort als Reiseleiter, ist aber ansonsten Reiseveranstalter in Marburg. Er hat Alte Geschichte, Griechisch und Klassische Archäologie studiert und sein Studium mit der Promotion abgeschlossen. Für ihn gilt: ein besonderes Restaurant oder die Begegnung mit Kretern kann zum eigentlichen Highlight einer Reise werden.

Strände und Hochgebirge

Sonnenhungrige, Wassersportler, Kulturfreunde, Feinschmecker, Radfahrer, Wanderer, Naturliebhaber – alle können auf Kreta auf ihre Kosten kommen. Kreta ist zwar in manchen Regionen ein Ziel des Massentourismus, doch zieht die Insel in ihren übrigen Regionen Individualisten und Lebenskünstler in ihren Bann.

Auf Kreta erwarten den Besucher Sonne, Wärme und Badefreuden, Gastfreundlichkeit, wilde Naturszenerien und eine uralte Kulturlandschaft. Raumgreifende Hotelanlagen gibt es nur an einigen Abschnitte der Nordküste, während sich die Ost-, Süd- und Westküste sowie das Binnenland weitgehend in ihrer ursprünglichen Schönheit zeigen. Generell halten sich die Bausünden im Vergleich mit den Pionierländern des Mittelmeertourismus, Italien und Spanien, in Grenzen. Erst Anfang der 1970er-Jahre, unter der damaligen Militärdiktatur, entstanden erste Großhotels. Zu einer Zeit also, als man bereits aus den Fehlern des Betonhotel-Tourismus in Rimini, Torremolinos oder Benidorm Lehren gezogen hatte.

In den Altstädten von Chaniá und Réthimno, deren Bauten und deren Ambiente zum Teil bis heute die einstige Mittelmeergroßmacht Venedig prägte, kann man genussvoll bummeln und einkaufen, und die Paläste von Knossós, Festós, Mália und Káto Zákros versetzen uns in die Zeit der ersten Hochkultur auf europäischem Boden.

Die Wiege Europas

In der griechischen Mythologie gilt Kreta als Insel des Zeus. Denn in Gestalt eines weißen Stieres entführte Zeus die phönizische Prinzessin Europa nach Kreta und zeugte mit ihr das Geschlecht der Minoer. Der Mythos spiegelt reale Geschichte wider: Europa, Namensgeberin unseres Kontinents, kam aus dem Osten. Der Name ist semitisch und bedeutet – aus der Perspektive des Ostens – so viel wie Westen. Sagen- und geheimnisumwoben

sind bis heute diese Anfänge Kretas: Vor 5000 Jahren entfalteten hier die Minoer die erste Hochkultur auf europäischem Boden, sie hinterließen erstaunliche Zeugnisse wie den Palast von Knossós, den der ›britische Schliemann‹, Sir Arthur Evans, in einer sensationellen Ausgrabung von 1900 bis 1903 in Rekordgeschwindigkeit ans Licht der Welt brachte. Die bedeutendsten Funde der minoischen Kultur befinden sich im einzigartigen, weltberühmten Archäologischen Museum von Iráklio.

Das ursprüngliche Kreta

Wer das wahre Gesicht der Insel entdecken will, muss allerdings die Touristenzentren der Küste verlassen. In den stillen Gebirgsdörfern, die man auf endlosen Kehren im Mietwagen oder Bus erreicht, geht das Leben wie seit Jahrhunderten seinen Gang. Stunde um Stunde verharren hier die Männer in ihren Kafenia vor einem Mokka, reiten immer noch Bauern, die sich keinen japanischen Kleinlaster leisten können, auf Eseln und Maultieren zu ihren Feldern, gern zu einem Schwätz-

chen bereit mit dem, den sie gerade unterwegs treffen.

Kreta als Badeziel

Die saubersten Gewässer des Mittelmeeres, feinkörnige Strände und stille Buchten umgeben die Insel. An allen Stränden ist Baden erlaubt, der Staat verbietet Privateigentum am Meer. Auch die gepflegten Strandabschnitte der Fünf-Sterne-Hotels sind frei zugänglich, nur die Hoteleinrichtungen dürfen ausschließlich den Gästen des Hauses vorbehalten sein. Im Süden sind die Strände generell leerer und sauberer als im Norden.

Kreta als Wanderziel

Im Binnenland faszinieren romantische Olivenhaine, raue Gebirgsszenarien und wilde Schluchten. Die alten Verbindungswege von Dorf zu Dorf, mit Natursteinen von Generation zu Generation mühsam und kunstvoll angelegt, verlocken heute zu Wanderungen abseits des Küstentrubels. Die beliebteste Tour führt durch die Samariá-Schlucht, eine der größten Schluchten Europas.

Die verkehrsberuhigten Altstadtgassen von Iráklio. S. 92

Stausee bei Záros mit einfachen Forellenrestaurants. S. 126

Lieblingsorte!

Einsamer Traumstrand bei Xerókambos ganz im Südosten. S. 196

Taverna Sarakas im Bergdorf Póros bei Argiroúpoli. S. 232

Minoischer Palast von Mália, ganz nah am Meer. S. 148

Der kleine Urlaubsort Móchlos zwischen Ágios Nikólaos und Sitía, S. 176

Die Reiseführer von DuMont werden von Autoren geschrieben, die ihr Buch ständig aktualisieren und daher immer wieder dieselben Orte besuchen. Irgendwann entdeckt dabei jeder Autor seine ganz persönlichen Lieblingsorte. Dörfer, die abseits des touristischen Mainstreams liegen, eine ganz besondere Strandbucht, Plätze, die zum Entspannen einladen, ein Stückchen ursprünglicher Natur, eben Wohlfühlorte, an die man immer wiederkehren möchte.

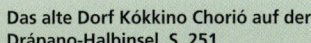

Das alte Dorf Kókkino Chorió auf der Drápano-Halbinsel. S. 251

Hochgebirgsgipfel Gíngilos über der Samariá-Schlucht. S. 274

Reiseinfos, Adressen, Websites

Yacht im Hafen von Sitía im Nordosten Kretas

Informationsquellen

Die besten Internetseiten

www.kk-forum.de

Vielbesuchte Informations- und Tipp-börse von Kretafreunden mit Links zu Unterkünften, Küche, Geschichte usw. Wahrscheinlich die beste Internet-Informationsquelle.

www.kreta-klaus.de

Internet-Reiseführer mit Restaurant- und Unterkunftstipps, verwaltet von dem Schriftsteller Klaus Eckart, der sich ›Kreta-Klaus‹ nennt.

www.apergia.gr

»Apergia« heißt Streik. In Zeiten der Schuldenkrise listet diese nützliche Seite tagesaktuell die Streiks in ganz Griechenland auf.

www.kritimou.de

Gefühlvolle private Seite mit vielen sehr persönlichen Reiseschilderungen.

www.kreta-umweltforum.de

Listet Höhlen, Schluchten, Pflanzen, Fossilien, Spinnentiere, Schmetter-linge und vieles mehr auf, nimmt Stel-lung zur Umweltfrage auf Kreta und ist mit dem Naturhistorischen Museum in Iráklio verlinkt. Unter ›Archäologie‹ kann man ›Merkblätter‹ im PDF-For-mat zu allen antiken Stätten herun-terladen.

www.crete.tournet.gr

Kommerzielle Seite mit vielen touristi-schen Anbietern, von Hotels (Online-buchung möglich) über Mietwagen bis Immobilien. Dazu Landkarten und Fo-tos. Nützlich auch: unter ›Häfen‹ kann man Beschreibungen vieler Küstenorte abrufen, unter ›Sehenswürdigkeiten‹ sämtliche historischen Plätze der Insel.

www.gtp.gr

Die Greek Travel Pages bieten ein nütz-liches Portal besonders für Hotels und Fährverbindungen.

www.ktelherlas.gr, www.bus-service-crete-ktel.com

Busverbindungen der beiden kreti-schen Genossenschaften für Ost- und Westkreta.

www.interkriti.org

Englischsprachiges Portal mit vielen In-fos rund ums Reisen sowie Forum und interaktiven Stadtplänen.

www.radio-kreta.de

Internetsender, der sich über Werbung finanziert. 24 Std. täglich.

Informationsstellen

Griechische Zentrale für Fremdenverkehr

Bei der GZF (gr. EOT) bekommt man Kreta-Prospekte, Hotelnachweise und Unterlagen zu Fähren, Wandern, Agro-tourismus, Camping, Yachturlaub. **Im Internet:** www.gnto.gr

… in Deutschland

60311 Frankfurt
Neue Mainzer Str. 22
069 257 82 70, Fax 069 25 78 27 29
info-frankfurt@gzf-eot.de

… in Österreich

1015 Wien, Opernring 8
Tel. 01 512 53 17–18, Fax 01 513 91 89
gerct@vienna.at

… in der Schweiz

8001 Zürich
Löwenstr. 25

Tel. 044 221 01 05, Fax 044 212 05 16
eot@bluewin.ch

Touristeninformation auf Kreta

Büros der Griechischen Organisation
für Tourismus (EOT) gibt es in Iráklio
(Hauptbüro), Réthimno und Chaniá.
Ágios Nikólaos, Balí und Sitía unterhalten kommunale Informationsbüros
mit Zimmervermittlung. Auch Reisebüros vermitteln Zimmer und Urlaubsan-
gebote.

Reisespezialisten für Kreta

Unterkünfte, Rundreisen, Wandern:
– www.kreta-reisen.de,
Tel. 089 33 32 95
– www.kreta.netconnection.de,
Tel. 07904 94 41 00
– www.takis.de, Tel. 089 236 65 10
– www.attika.de, Tel. 089 54 55 51 50

Studien- und Wanderreisen

www.n-r.de: Neues Reisen, kunst- und
sozialgeschichtliche Studienreisen vom
Verfasser dieses Führers (Leckergäss-
chen 2, 35037 Marburg, Tel. 06421 160
17 41).
www.studiosus.com und
www.wikinger-reisen.de

Karten

Die besten Karten bieten die griechischen Verlage Road, Anavasi und
Orama an, alle im Maßstab 1:100 000
und in Griechenland preiswerter zu erwerben als in Deutschland. Die drei
Kreta-Karten vom Athener Kartenver-
lag Anavasi (92, 93, 94) enthalten auch
Wanderwege. Nicht immer sind die
eingezeichneten Wege jedoch begehbar. Gute Wanderkarten im Maßstab
1:25 000 gibt es für Kreta nur für die
Hauptwandergebiete, ebenfalls von
Anavasi (auch im deutschen Buchhan-
del erhältlich, preiswerter auf Kreta).

Lesetipps

Geschichte von Kreta: Th. E. Deotora-
kis, Iráklio 1997. Wissenschaftliches
Werk (mit einigen Übersetzungsmän-
geln), nur auf Kreta erhältlich.
Die Minoer: J. Lesley Fitton, Darmstadt
2004. Gute Einführung in die kreto-mi-
noische Kultur der Bronzezeit, wissenschaftlich fundiert mit Berücksichti-
gung neuerer Forschungsergebnisse,
aber für den Laien geschrieben.
König Minos und sein Volk: Brinna
Otto, Düsseldorf/Zürich 1997. Eine um-
fassende Diskussion der verschiedenen
Theorien zur minoischen Kultur.
Kreta in Flugbildern: G. Gerster und
M. K. Nollé, Mainz 2009 (Zabern).
Schöne Luftaufnahmen.
Das antike Kreta: A. Chaniotis, München 2004. Historische Darstellung in
der Beck'schen Reihe »Wissen«.
Der kretische Gast: K. Modick, München 2007. Roman über zwei Deutsche
auf Kreta zur Zeit des letzten Welt-
kriegs – der eine verliebt sich, der an-
dere jagt Partisanen. Viel griechische
Kulturromantik vor dem Hintergrund
einer grausamen Zeitgeschichte.
Heilkräuter in der Küche: Maria und
Nikos Psilakis, 2007, am preiswertesten
auf Kreta. Kräuter der Naturapotheke
in mediterranen Kochrezepten.
Alexis Sorbas: Nikos Kazantzakis, Piper
Tb 2009. Das Buch zum berühmten Film.
Thema ist die Begegnung des Städters,
der sich der Rationalität der Moderne
unterworfen hat, mit dem kretischen
Fischer, der für sich weder gesellschaft-
liche noch moralische Regeln akzeptiert.
Freiheit oder Tod: Nikos Kazantzakis,
Reinbek 1975. Über kretische Schick-
sale im Aufstand 1889 – Kreter, Türken,
Mönche und Partisanen. Etwas alter-
tümlich schon in der Sprache, aber eine
gute Einführung in die kretische Lebensweise vor der Globalisierung (ver-
griffen, doch günstig über Amazon).

Wetter und Reisezeit

Kreta ist mit 300 Sonnentagen pro Jahr ein Ganzjahresziel. Der Frühling beginnt früh; Ende März erblüht die Natur. Von April bis Juni ist Kreta ein einziges Blumenmeer – ideale Bedingungen für botanische Studien und für Studienreisen mit vielen Besichtigungen. Es regnet kaum noch, und mit fortschreitender Wärme beginnt die Saison und füllen sich die Strandhotels. Ab 1. Mai ist die Samariá-Schlucht begehbar, im Hochgebirge liegt aber noch Schnee. Am frühesten badewarm ist das Meer in Südostkreta.

Hochsaison

Von Juli bis September ist Hochsommer – und damit Haupturlaubssaison. Diese Monate sind für den Strandurlaub und für Wanderungen im Hochgebirge prädestiniert. Als eigentliche Hochsaison gilt der August, trotz der Hitze, die für Kreislaufschwache lebensbedrohlich werden kann. In diesem Monat macht ganz Griechenland Urlaub. An der Nordküste bringt der Meltemi mit 3–5 Windstärken Erfrischung. An der Südküste kann es sehr heiß werden, vor allem, wenn der Livikos, der Wüstenwind aus Afrika, herüberweht. Abends im Hotel duschen Sie sich dann Saharasand vom Körper.

Saisonende

Im Oktober herrschen dann wieder ideale Bedingungen für Studienreisen und auch noch zum Baden.

Ab November, wenn auch die Charterflüge ihren Betrieb einstellen, sind Sehenswürdigkeiten wie Knossós oder das Archäologische Museum Iráklio kaum noch frequentiert. Kreta gehört jetzt ganz den Einheimischen. Die Olivenernte beginnt. Wanderungen ins Hochgebirge sind wegen des Schnees nicht möglich (Schneegrenze etwa bei 700 m).

Hotels im Winter

Nicht alle Unterkünfte sind im Winter gut geheizt. Kälteempfindliche sollten bei Unterkunft in kleineren Hotels unbedingt warme Kleidung, eventuell sogar ein Heizkissen oder einen Daunenschlafsack mitnehmen. Hotels werden oft nur mit Warmluft aus der Klimaanlage beheizt. Wenige haben eine Zentralheizung. Die Heizkörper werden dann aber oft nur morgens und abends ein paar Stunden angeschaltet. Bei diesen Bedingungen ziehen die baumwollenen Bettlaken viel Feuchtigkeit an und werden klamm.

Klimadaten (Iráklio)

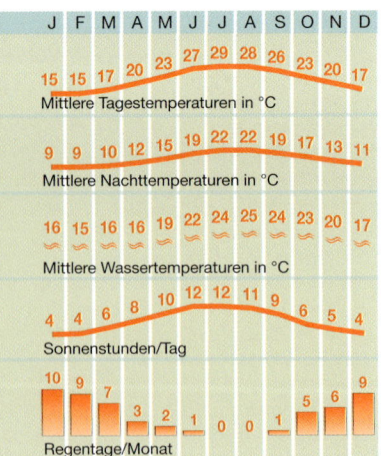

	J	F	M	A	M	J	J	A	S	O	N	D
Mittlere Tagestemperaturen in °C	15	15	17	20	23	27	29	28	26	23	20	17
Mittlere Nachttemperaturen in °C	9	9	10	12	15	19	22	22	19	17	13	11
Mittlere Wassertemperaturen in °C	16	15	16	16	19	22	24	25	24	23	20	17
Sonnenstunden/Tag	4	4	6	8	10	12	12	11	9	6	5	4
Regentage/Monat	10	9	7	3	2	1	0	0	1	5	6	9

Rundreisen planen

Sie möchten die Insel mit einem Miet-fahrzeug entdecken? Die vier größe-ren Städte der Nordküste sind über die autobahnähnliche Schnellstraße schnell erreicht. Von Iráklio nach Ré-thimno ist es genauso weit wie von Rethimno nach Chaniá – jeweils genau 78 km, das heißt ca. eine Stunde Fahr-zeit. Von Iráklio nach Ágios Nikólaos fährt man exakt 69 km, also ebenfalls etwa eine Stunde. Allein für die eben-falls 69 km lange, kurvige Strecke von Ágios Nikólaos nach Sitía braucht man länger als eine Stunde – bis die Küs-tenschnellstraße auch dort fertig ist.

Kreta in drei Tagen

Gehen wir davon aus, dass Sie irgend-wo zwischen Ágios Nikólaos und Cha-niá oder im Umkreis der Messará-Ebene untergekommen sind. Dann sind folgende drei Tagesausflüge, bei denen man das Wichtigste sieht, ohne umständliche Anfahrt möglich.

Einen Tag würde ich mir nehmen, um die Altstadt von Iráklio, das Ar-chäologische Museum und den Palast des Minos in Knossós zu besuchen. Da-für braucht man noch kein Mietfahr-zeug. In der Altstadt bewegt man sich besser zu Fuß, auch nach Knossós kann man mit dem Bus oder Taxi fahren.

Einen weiteren Tag würde ich in die Messará-Ebene fahren, um mir das mi-noische Festós (Phaistos), die Villa von Agía Triáda und die römische Stadt Górtis anzuschauen. Dann folgt ein Ba-destopp an der Küste, in Mátala oder an einem unberührteren Strand. Über das Bergdorf Zarós und Agía Varvára geht es an die Nordküste zurück.

Einen dritten Ausflug würde ich für Réthimno und Chaniá vorsehen. Beide Städte haben eine sehenswerte Alt-stadt und eignen sich bestens zum Bummeln. Unterwegs sollte man in Fó-dele, am Kournás-See und in Geor-geoúpoli halten.

Den zweiten und dritten Tag kann man zu einer Rundfahrt kombinieren, indem man von der Messará-Ebene aus über Agía Galiní und Réthimno nach Iráklio zurückfährt und dabei vielleicht noch das Kloster und den Palmen-strand von Préveli ›mitnimmt‹.

Kreta in einer Woche

Hat man eine Woche Zeit, so lohnt sich eine Rundfahrt im Ost- oder im West-teil der Insel. Ganz Kreta würde ich in einer Woche nicht besuchen. Wer sich für Kunst und historische Sehenswür-digkeiten interessiert, wird im Ostteil eher fündig als im Westteil. Rechnet man je einen Tag für die An- und Ab-reise, so bleiben bei einer Woche Ur-laub sechs volle Tage, die wie folgt ge-füllt werden können:

Am ersten Tag stehen wie oben Irá-klio mit Archäologischem Museum und Knossós auf dem Programm. Am nächsten Tag geht es entlang der Nordküste nach Osten. Ich würde das neue CretAquarium in Goúves besu-chen, dann den minoischen Palast in Mália. Anschließend können Sie von Mália aus hinauf auf die Lassíthi-Ebene fahren und die Zeushöhle (Diktéo Án-dro) bei Psichró besichtigen. Im quirli-gen Ágios Nikólaos oder im dörflichen Krítsa kann man übernachten.

Am 3. Tag besuchen Sie die bedeu-tende Kirche von Krítsa mit ihren sehr gut erhaltenen byzantinischen Male-reien und fahren anschließend nach Eloúnda. Von hier oder von Pláka aus kann man mit einem kleinen Boot zur venezianischen Festungsinsel Spinalónga übersetzen.

Nachmittags geht es dann weiter nach Osten – eine besonders reizvolle Fahrt entlang der Steilküste mit herrlichen Ausblicken aufs blaue Meer. Als Übernachtungsort käme die Kleinstadt Sitía oder das dörfliche Palékastro in Betracht.

Am 4. Tag steuern Sie den Palmenstrand von Vaí, das Wehrkloster Moní Tóplou und den minoischen Palast von Káto Zákros an. Anschließend fahren Sie auf schmalen Asphaltstraßen entlang der Küste über Xerókambos, die Chandrás-Hochebene und Goudoúras nach Ierápetra. Von Analipsí aus könnte man dann noch einen 8-km-Abstecher ins hübsche Bergdorf Péfki unternehmen und sich dort in der Taverne Klimataria erholen.

Weiter geht es am 5. Tag nach Westen, immer an der Küste entlang. Von Mírtos bis Tsoútsouros kann man auf schmalen Straßen fast durchgehend auf Asphalt von Küstenort zu Küstenort fahren – diese Strecke ist lohnender als die Schnellstraße im Hinterland. Abends ist man in der Messará-Ebene (s. oben, 3-Tage-Programm).

Nach den Besichtigungen von Festós (Phaistos), Agía Triáda und Górtis geht es über Záros nach Iráklio zurück.

Südwestküstenfähre
Erkundigen Sie sich bitte genau, ob die Nachmittagsfähren von Agía Rouméli nach Chóra Sfakíon Platz für Autos haben. Für die Morgenfähre ist dies kein Problem. In der Winterzeit fährt die Südwestküstenfähre nur ca. 1–2 Mal pro Woche. Infos: Reederei Anendyk, Tel. 28 21 09 55 11, www.anendyk.gr.

Kreta in zwei Wochen

Eine weitere Woche reicht, um mit Muße auch Westkreta zu besuchen. Am ersten Tag steuern sie von Iráklio aus das Ida-Gebirge (Óros Idí) an und besuchen das Bergdorf Anógia und die Nída-Hochebene. Dieser Tag steht im Zeichen großartiger Landschaftserlebnisse. Nachmittags geht es auf der alten Landstraße zum Kloster Arkádi. Abends Übernachtung in Réthimno.

Nach der Stadtbesichtigung geht es am 2. Tag mittags weiter nach Chaniá. Stopps lohnen sich am Kournás-See, in den Dörfern der malerischen Drápano-Halbinsel und vielleicht noch am Kloster Gouvernéto auf Akrotíri. Hier ist eine Wanderung in die Schlucht zum Moní Katholikó möglich.

Am 3. Tag besuchen Sie die Altstadt von Chaniá und fahren anschließend

Karte der Rundreisen

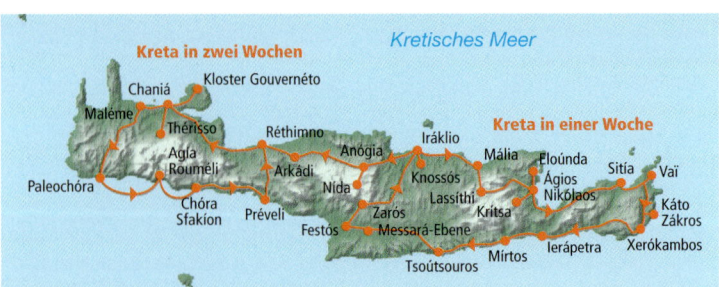

ins malerische Bergdorf Thériso und danach weiter über Zoúrva nach Mesklá – ein wunderbares Naturerlebnis an den Hängen der Weißen Berge.

Am 4. Tag lohnen Stopps am deutschen Soldatenfriedhof Maléme, am Kloster Moní Goniás und in Kándanos. Dieser Tag informiert über die deutsche Besatzungszeit und die Verbrechen der Wehrmacht. Abends in Paleochóra.

Von hier aus kann man mit einer kleinen Autofähre, die täglich gegen 10 Uhr ablegt, sein Fahrzeug an der straßenlosen Steilküste entlang Richtung Chóra-Sfakíon transportieren und unterwegs in Agía Rouméli einen Stopp einlegen, um in die berühmte Samariá-Schlucht zu laufen. Andernfalls müsste man die Weißen Berge im Norden umfahren.

Am 6. Tag fahren Sie von Chóra Sfakíon aus über Frangokástello und Préveli, mit seinem Kloster und dem Palmenstrand, nach Réthimno und Iráklio zurück. Einen Tag würde ich mir bei dieser Zwei-Wochen-Planung zur freien Verfügung freihalten.

Anreise und Verkehrsmittel

Einreisebestimmungen

EU-Bürger und Schweizer benötigen einen gültigen **Reisepass oder Personalausweis.** Für Kinder beantragt man am besten einen Personalausweis.

Zur Einreise mit Hund oder Katze ist ein **EU-Heimtierausweis** erforderlich; die Tiere müssen durch eine deutlich erkennbare Tätowierung oder einen Mikrochip gekennzeichnet sein. In einem Begleitdokument muss der Impfschutz gegen Tollwut nachgewiesen werden.

Zoll

Innerhalb der EU ist der Warenverkehr zollfrei, sofern die Waren für den persönlichen Bedarf bestimmt sind, als **Höchstmengen** gelten: 800 Zigaretten oder 400 Zigarillos oder 200 Zigarren oder 1000 g Tabak, 10 l Spirituosen über 22 % Alkoholgehalt oder 20 l unter 22 % Alkohol sowie 90 l Wein und 110 l Bier. Für Bürger aus der Schweiz sind die Freimengen niedriger: 200 Zigaretten, 2 l Wein oder andere Getränke bis 22 % Alkohol sowie 1 l Spirituosen mit mehr als 22 % Alkohol.

Anreise

Mit dem Flugzeug

Von April bis Anfang November gehen **Charterflüge** von fast allen deutschen Flughäfen nonstop nach Kreta, die meisten nach Iráklio, einige nach Chaniá. Die Flugzeit beträgt ca. 3,5 Std. In den Wintermonaten erreicht man die Insel mit einem Linienflug über Athen oder Thessaloníki. Achtung: Der offizielle Name des Flughafens lautet ›Heraklion‹, die Airportabkürzung ist HER.

Linienflüge gehen nur nach Athen oder Thessaloníki. Weiter dann mit Olympic Air oder Aegean Airlines nach Iráklio und Chaniá, mit Aegean Air auch nach Sitía. Die griechischen Inlandsflüge sind relativ preiswert; zu manchen Saison- und Flugzeiten gibt es Ermäßigungen.

Neben Olympic und Aegean gibt es dann noch die kleine kretische Gesellschaft Sky Express, die von Iráklio und Chaniá aus Lesvós, Kós, Santoríni, Ródos, Sitía und andere Inseln sowie Preveza und Alexandroupoli anfliegt.

Reiseinfos

Von den Billigfliegern ist besonders preiswert Easyjet, die Iraklion ab Berlin-Schönefeld bedient. German Wings fliegt ab Köln, Stuttgart, München, Hannover, Berlin, Wien und Zürich nach Iraklio. Es kann sich aber auch lohnen, nach Athen, Santorin oder Mykonos zu fliegen und Kreta dann per Fähre oder Inlandsflug zu erreichen (Stand Anfang 2012).

Weiterkommen vom Flughafen

Ab **Heraklion Airport** verkehren ca. alle 10 Min. Stadtbusse ins Zentrum und zu den Überlandbusstationen. Ab Chaniá Airport fahren ca. 7 x täglich Überland-Linienbusse der KTEL nach Chánia. Fahrplan siehe www.chania-airport.com. Ansonsten ein Taxi nehmen; ins Zentrum von Iráklio ca. 10 €, nach Chaniá ca. 20 €. Siehe nähere Informationen im Reiseteil.

Airlines im Internet:

www.megaflieger.de
www. billig-flieger-vergleich.de
www.aegeanair.com
www.olympicair.com
www.skyexpress.gr
www.germanwings.de
www.easyjet.com (Berlin-Schönefeld)

Mit der Fähre

Fähren ab Piräus: Die großen Autofähren der Anek und der Minoan Lines verlassen den Hafen Pireás (Piräus) am Gate A täglich zwischen 20 und 22 Uhr und erreichen morgens gegen 5 Uhr Iráklio oder Chaniá. Minoan und Blue Star Lines setzen zusätzlich Schnellfähren ein, die nach Kreta nur knapp 6 Std. brauchen.

www.gtp.gr: Überblick über alle Schiffslinien.

www.anek.gr: Tel. in Deutschland 089 550 1041 (Ikon).

www.minoan.gr: Tel. in Deutschland 069 133 32 62 (Seetours).

Vom Flughafen Athen nach Piräus:

Vom neuen Flughafen Eleftherios Venizelos fährt der Schnellbus E 96 ca. alle 20 Min., nachts alle 40 Min. nach Piréas (Piräus). Dauer ca. 1,5 Std, Fahr-

Schafe haben immer Vorrang …

preis ca. 5 €. Das Ticket gilt 24 Std. und ist für das gesamte Athener Verkehrsnetz gültig – geeignet also für ein Stop-over-Programm in Athen.

Weitere Fährverbindungen ab Piräus
(je 2–3 x wöchentlich): Die Fahrpläne wechseln oft, mal verzögert ein Sturm, ein technischer Defekt oder ein Streik die Abfahrt.
– Insel Mílos – Ágios Nikólaos – Sitía, weiter nach Kárpathos und Rhodos.
– Verschiedene Kykladeninseln – Iráklio – Peloponnes – Kithíra – Kissámos (Kastélli).

Fähren ab Gíthio:
Die Verbindung ab Gíthio (Gythion) an der Südküste des Peloponnes ist für Autofahrer interessant, die mit der Fähre von Italien kommen; diejenige ab Thessaloníki für Autofahrer, die über Ungarn anreist sind.
– Gíthio–Kissámos (Kastélli): 2–3 x wöchentlich, Fahrtdauer ca. 6 Std.

Verkehrsmittel

Mietwagen oder Bus? Wenn man zeitlich knapp disponieren muss und viele Ausflüge unternehmen möchte, ist ein Mietwagen dringend anzuraten.

Busse
Mehrmals täglich, in der Regel im Stundentakt, verkehren Linienbusse nur zwischen den größeren Städten und von diesen zu den wichtigsten touristischen Destinationen.
Der Busverkehr in kleinere Dörfer verläuft entgegen der Bewegung von Touristen. Morgens gegen 7 Uhr bringt der Dorfbus die Bauern in die Stadt, gegen 14 Uhr fährt er sie zurück und bleibt manchmal im Dorf. Bei Bustagesausflügen in Dörfer also immer fragen, ob noch ein Bus zurückfährt!

Tipps für Autofahrer
Verhalten im Verkehr: Griechen fahren nicht sehr vorschriftsmäßig. Als goldene Regel sollte man beherzigen: Stets so fahren, dass man Unfälle vermeidet. Ermöglichen Sie nachfolgenden Pkw das Überholen, indem Sie auf den geteerten Randstreifen ausweichen. In den Städten stellen Sie sich darauf ein, dass sich im Stop-and-go-Verkehr Motorradfahrer links und rechts an Ihnen vorbeischummeln.
Wenn man nicht flüssig fährt, wird einem nicht selten die Vorfahrt genommen. Regel: Wer zögert, lässt den anderen vor … Vorsicht bei Ziegen- oder Schafherden auf der Landstraße, siehe Foto S. 22!
Höchstgeschwindigkeiten: innerhalb von Orten 50 km/h, auf Landstraßen 90 km/h, auf der Schnellstraße 100 km/h (New Road an der Nordküste).
Promillegrenze: 0,5 ‰, allerdings wird ab 0,25 ‰ schon eine Blutuntersuchung fällig. Also Vorsicht!

Zwei Gesellschaften betreiben den Überland-Linienverkehr auf Kreta, die KTEL der Bezirke Iráklio/Lassíthi und die KTEL der Bezirke Chaniá/Réthimno. Schnittstellen beider Busnetze sind die Termini ›Chanion Porta‹ (Station B) und ›Harbour‹ (Station A) in Iráklio sowie die Busstationen von Anógia und Agía Galíni.
www.ktel-heraklio-lassithi.gr: Busverbindungen für Ostkreta.
www.bus-service-crete-ktel.com: Busverbindungen für Westkreta.

Fähren
An der Südwestküste: Kleine Fähren verkehren zwischen Chóra Sfakíon und Paleochóra entlang der Südwestküste mit Stopps in Loutró, Agía Rouméli und Soúgia.

Reiseinfos

An der Nordostküste: Eine Großfähre der LANE (Linie Pireas–Rhodos) verkehrt zwischen Ágios Nikólaos und Sitía.

Ausflugsboote fahren zu den Satelliteninseln Kretas: von Paleochóra oder Chóra Sfakíon nach Gávdos, von Kíssamos nach Gramvoúsa, von Ágios Nikólaos oder Eloúnda nach Spinalónga, von Ierápetra nach Chrisí und von Makrígialos nach Koufonísi. In der Nebensaison wird allein Gávdos hin und wieder mit einem Linienboot ab Paleochóra bedient.

Auskunft fur die Fähren in den Reisebüros, bei den Hafenämtern oder direkt bei der Reederei Anendyk in Chaniá, Tel. 28 21 09 55 11, www.anen dyk.gr.

Mietfahrzeuge

Auch in kleineren Orten finden sich Agenturen, die Autos, Motorräder und Mopeds ohne Kilometerbegrenzung vermieten, viele auch Fahrräder.

Motorfahrzeuge sind in der Regel vollkaskoversichert. Im Schadensfall fällt bei manchen Anbietern eine Selbstbeteiligung an, die durch eine Zusatzversicherung umgangen werden kann. Schäden an Reifen und Verglasung muss man generell selbst bezahlen. Die meisten Vermieter arbeiten nach einer Panne mit der Interamericana zusammen, die auf Kreta 13 Servicestationen unterhält, ähnlich den ›gelben Engeln‹ des ADAC.

Zur Hinterlegung der Kaution (engl. *deposit)* ist in der Regel eine Kreditkarte erforderlich. Bei den lokalen Vermietern kann man jedoch manchmal auch ohne Kreditkarte und ohne Kaution ein Fahrzeug mieten.

Das Mindestalter beträgt 21–23 Jahre, je nach Vermieter. Auch zum Mopedfahren braucht man die Führerscheinklasse 1, manche Vermieter sehen darüber hinweg. Die Preisunterschiede zwischen den Anbietern sind teils beträchtlich, gerade in der Nebensaison lohnen Vergleiche. Die Buchung im deutschen Reisebüro ist in der Regel teurer als vor Ort. Preisbeispiel: Kleinwagen ab 40 € pro Tag in der Hauptsaison bei Mietdauer von ca. einer Woche, in der Nebensaison 25–30 € pro Tag.

Parkplätze sind Mangelware. Meist kann man an den Häfen kostenlos parken. Parkvorschriften werden weniger streng als in Deutschland gehandhabt.

Adressen von kretischen Mietwagenfirmen: s. Iráklio im Reiseteil oder im Internet.

Taxis

Taxifahren ist relativ preiswert. Es gibt Stadttaxis mit Taxameter und Dorftaxis ohne Taxameter. Dorftaxis tragen die Aufschrift *Agoraion* und den Namen ihres Heimatdorfes; sie rechnen Festpreise nach gefahrenen Kilometern ab.

Tarife: Eine Stadtfahrt kostet ca. 4–5 €, eine Fahrt vom Flughafen nach Iráklio 10 € inkl. der üblichen Zuschläge. Diese sind: Flughafenzuschlag, Busbahnhof- bzw. Hafenzuschlag, Feiertagszuschlag, Gepäckzuschlag (pro Stück) und noch ein Trinkgeld.

Nachts von 1 bis 5 Uhr gilt der doppelte Fahrpreis. Im Stadtgebiet gilt am Taxameter Tarif 1, außerhalb Tarif 2, der die Leerrückfahrt schon berücksichtigt.

Mehrere Preisbeispiele sind am Taxistand des Flughafens angeschlagen: Iráklio–Ágios Nikólaos oder Réthimno ca. 70 €, Iráklio–Chaniá ca. 170 €. Kilometerpreis ca. 1,10 €.

Taxifahrer können weitere Personen zusteigen lassen, die in dieselbe Richtung wollen. Jede Partei zahlt den normalen Fahrpreis für ihre Strecke. Falls Sie also in ein schon besetztes Taxi zusteigen, merken Sie sich den Zählerstand und ziehen diesen Betrag vom Endbetrag ab.

Übernachten

Pauschal oder individuell?

Am Anfang einer Kreta-Reise steht meist die Frage: Pauschal oder individuell? Für Leute, die gern und ohne festen Plan von Ort zu Ort reisen, ist Kreta ein ideales Terrain. Selbst in den kleinsten Dörfern, zumindest in Strandnähe, wird es jemanden geben, der Zimmer vermietet. Jedoch sind viele sympathische Hotels und Pensionen, auch in kleinen Orten wie Soúgia oder Léndas, mit all ihren Zimmern schon mal von Reiseveranstaltern unter Vertrag genommen. Besonders in der Hauptsaison im Juli und August kann es daher preiswerter sein, sein Traumhotel über einen Veranstalter zu buchen.

Ferien mit Kindern

Viele Hotels der Nordküste besitzen Planschbecken und Spielplätze, nicht selten auch eine Kinderbetreuung. Orientierung bieten die Kataloge der Reiseveranstalter. Nebenbei: Kleinkinder werden in Griechenland vergöttert! Man toleriert im Restaurant die tobenden Lieblinge und ist den Eltern stets behilflich.

Kinderfreundliche Häuser abseits des Massentourismus vermittelt der kleine Veranstalter Vamos-Eltern-Kind-Reisen, Hindenburgstr. 27, 30175 Han-

nover, Tel. 0511 400 79 90, www.vamos-reisen.de.

Kinderfreundliche Standorte sind der lange Strand von Georgioúpoli, der Strand östlich von Réthimno oder die flachen Strände von Falásarna (Westküste) sowie Frangokástello und Paleochóra (Südküste). Eine Strandüberwachung gibt es meist nicht, obwohl sie gesetzlich für Strände über 500 m Länge vorgeschrieben ist.

Das ABC der Küstenorte

Ein Aufenthalt an der Nordküste zwischen **Chaniá** und **Ágios Nikólaos** empfiehlt sich für Urlauber, die kurze Verbindungswege zu den wichtigen Städten und den Sehenswürdigkeiten schätzen. Auch ist man dort vom Flughafen schnell im Hotel und muss nicht erst stundenlang fahren.

Trotz mancherlei Bausünden sind ganze Abschnitte der **zentralen Nordküste** landschaftlich intakt und besitzen Orte zum Wohlfühlen. Balí oder Pánormo (zwischen Réthimno und Iráklio) oder Georgioúpoli (im Westen) sowie Sísi und Mílatos (im Osten) sind gute Adressen.

Wer die Einsamkeit liebt, vorwiegend baden und auf den Besuch von Stätten keinen Wert legt, wird kleine Orte der **Südküste** wie Xerókambos, Tértsa, Káto Rodakíno, Soúgia oder die Insel Gávdos wählen. Auch das bekanntere Mochlós an der Nordküste, das belebtere Paleochóra oder das autofreie Loutró im Westen sind immer noch Tipps für diejenigen, die dem Traumbild eines romantischen Fischerorts nachhängen. Letzte Bastionen des ›Rucksacktourismus‹ ohne Komfort sind die Gegend um Léndas hinter den

Asteroúsia-Bergen sowie die Inseln Gávdos und Chrisí (hier Übernachtung nur im Zelt).

Wer ein möglichst authentisches Kreta ›unter Griechen‹ erleben und trotzdem schnell am Meer sein möchte, sollte Quartier in Kleinstädten wie Kíssamos, Sitía oder Ierápetra nehmen. In diesen Orten kann man auch gut abends ausgehen.

Junges, internationales Publikum, das **Nightlife** mag, fährt am besten nach Paleochóra, Agía Galíni oder nach Ágios Nikólaos. Oder gleich auf die Party-Strips von Chersónisos, Stálida und Mália – jede Nacht ist da im Sommer Rambazamba.

Ferien auf dem Land

Am unberührtesten zeigt sich Kreta im Landesinnern. Lohnende Ziele für Agrotourismus sind Sívas in der Messará, Argiroúpoli bei Réthimno in grüner, wasserreicher Landschaft, Vámos und die Dörfer der Halbinsel Drapano an der Souda-Bucht. Besonders dort haben sich viele deutsche Künstler

und Lebenskünstler niedergelassen. Wer absolute Einsamkeit sucht, könnte nach Miliá bei Élos fahren: weit ab vom Schuss, eine Handvoll restaurierter Natursteinhäuser in den Bergen, zu buchen über Attika Reisen (s. S. 17).

Hotels und Pensionen

Für Hotels (xenodochio) gibt es die sechs staatlich festgelegten Kategorien: Luxus, A, B, C, D, E. Pensionen (pension), Apartments (diamérisma), Studios (garzoniera), Privatzimmer (domatia) und die 16 Campingplätze Kretas (kamping) werden von A bis C klassifiziert. Dieses System berücksichtigt nur formale Gesichtspunkte (Zimmergröße, Ausstattung), nicht jedoch Service, Sauberkeit etc.

Die verschiedenen **Preise** für Vor-, Hoch- und Spätsaison müssen an der Rezeption und in den Zimmern ausgehängt sein. Nur in der Hochsaison im Juli/August werden die angezeigten Preise tatsächlich verlangt. In anderen Monaten geben die Hoteliers je nach Nachfrage von sich aus Nachlässe.

Zimmersuche

Oft ›erwarten‹ Vermieter ankommende Touristen an Busbahnhöfen oder Schiffsanlegestellen, so dass man ohne langes Suchen und Gepäckschleppen zu einer Unterkunft kommt. Wer nicht zufrieden ist, sucht halt baldestmöglich ein besseres Zimmer.

Ferienwohnungen

Am besten wird man über eine Suchmaschine im Internet fündig. Hier findet man Anbieter, die als Veranstalter auftreten, aber auch Eigentümer, die ihre Anlage direkt vermarkten.

Außergewöhnliche Unterkünfte

Renovierte Natursteinhäuser auf dem Land werden immer häufiger als Ferienwohnungen angeboten. Viele entsprechende Websites findet man, wenn man nach ›Traditional Cottages Crete‹ googelt. In Chaniá und Réthimno kann man stilvoll in ehemaligen venezianischen Herrenhäusern Quartier nehmen – einige Adressen sind im Buch genannt.

Außergewöhnlich wegen ihrer Architektur und der Einbettung in die Landschaft sind auch einige der Luxushotels von Elounda (Übersicht unter www.elounda.com).

Viel Flair bieten die Kleinhotels in den Altstädten von Chaniá oder Réthimno

Aber auch vor Ort wird man, außer zur Hochsaison im Juli und August, immer eine freie ›Fewo‹ finden.

Spezialisierte Anbieter:

Kreta Ferienwohnungen Achilles Damianof, Kirchlesweg 2, 74532 Ilshofen, Tel. 07904 94 41 00, www. kreta-ferien wohnungen.de.

Kreta-Reisen Evi Haffenrichter, Clemensstr. 49, 80803 München, Tel. 089 33 32 95, www.kreta-reisen.de.

Camping, Wohnmobile

Rund um die Insel gibt es rund 16 Campingplätze, meist sind sie schlicht und bieten wenig Komfort. Erwarten Sie keine Superplätze mit gepflegtem Rasen. Eine Kurzbeschreibung aller Plätze findet sich auf www.online-guide-kreta.de. Auch die EOT-Büros

vor Ort informieren über Campingplätze.

Wild campen ist offiziell nicht erlaubt, wird aber an abgelegenen Orten wie an den Stränden von Léndas oder auf der Insel Chrisí toleriert.

Wohnmobile: Es ist auch auf Kreta verboten, länger als 24 Stunden in freier Natur zu stehen, doch wird an sehr abgelegenen Orten kein Polizist auftauchen, der das kontrolliert.

Jugendherbergen

Jugendherbergen mit Betten für 5–7 € gibt es in Iráklio, Réthimno, Sitía und Plakiás. Es handelt sich eher um billige Jugendhotels. Ein Jugendherbergsausweis ist nicht nötig, auch gibt es keine Altersbeschränkung und keine Sperrstunde.

Essen und Trinken

Die Küche – volkstümlich und einfach

Die griechische, also auch die kretische Küche ist im besten Sinne volkstümlich und einfach. In den Jahrhunderten der Fremdherrschaft hat sich keine aristokratische Esskultur entwickeln können, die dann, wie etwa in Frankreich, auch von den anderen Gesellschaftsschichten übernommen worden wäre. In Griechenland isst man – und das ist ganz positiv gemeint – wie ein Bauer.

Die Küche kennt keine raffinierten Saucen, und in Restaurants essen Griechen am liebsten wie zu Hause. Gutes Essen muss frisch sein und möglichst aus heimischer und sogar ökologischer Produktion stammen. Da weiß man, dass keine Hormone im Fleisch sind und dass das Olivenöl nicht gestreckt ist. Tiefkühl- und Konservenkost halten jedoch auch hier mit der modernen Lebensweise unaufhaltsam Einzug in die Restaurants, insbesondere in den Touristenorten und dort, wo ein weniger anspruchsvolles Publikum verkehrt.

Olivenöl und viel Gemüse

In den 1960er-Jahren hatte eine Vergleichsstudie über sieben Länder ergeben, dass Kreta damals die höchste Rate hochbetagter Menschen aufwies. Als Grund wurde die spezielle Ernährung der kretischen Bergbauern identifiziert: Gemüse, Brot, Salat, Obst, Fisch, Knoblauch, wenig Fleisch, viel Olivenöl. Diese Kost wurde als ›Kreta-Diät‹ berühmt und fand viele Nachahmer in Westeuropa. Besonders gesund soll die Verwendung von Olivenöl sein. Sein 70- bis 80-prozentiger Anteil an einfach ungesättigten Fettsäuren beeinflusst den Stoffwechsel positiv und wirkt sich günstig auf den Cholesterinspiegel aus. So wird dem Risiko von Herzinfarkten und Gefäßverengungen vorgebeugt. Butter wird selten benutzt – nicht als Brotaufstrich, sondern allenfalls, um Fleischeintöpfe oder Makkaroni zu verfeinern.

Der Olivenbaum

Schon in der Schrift der Minoer taucht der Olivenbaum als Ideogramm auf. 30 Millionen Bäume überziehen grünlich-silbern schimmernd das Land und erbringen 40 % der Olivenölproduktion Griechenlands. Der Olivenbaum ist so gut wie unzerstörbar, er überlebt Katastrophen wie Feuer, Blitz und Pflanzenkrankheiten. Man kann ihn fast beliebig kürzen, stets schlägt er wieder aus. Kretisches Olivenöl gilt als eines der besten Europas. Der Olivenbaum braucht 12–15 Jahre, bis er richtig trägt, neuere und kleinere Sorten, die *koroneiki,* tragen bereits nach vier Jahren.

Speiseoliven liegen normalerweise vor dem Verzehr zwei bis drei Wochen in einer Salzlake. Interessante Geschmacksvarianten sind die *tsakistes,* bei denen die Olive mit einem Hammer leicht geschlagen wird. Dann legt man sie 15 Tage in Wasser, das alle zwei Tage gewechselt werden muss. Danach verbleiben sie in einer Lake mit Salz und Zitrone. Die *skistes* werden dagegen mit einem Messer eingeschnitten. Man behandelt sie zunächst wie die Tsakistés, bevor man sie in eine Lake mit Fenchel und Essig legt.

Joghurt und Käse

Der kretische Joghurt, *jaourti,* hat eine zarte Haut und wird auf den Märkten aus Tonschüsseln in Plastikportionsschachteln umgefüllt. Vríses in West-

Gute Stimmung mit Mezedes und Raki, dem kretischen Tresterschnapps

kreta, Busknotenpunkt für Chóra Sfakíon, gilt als Joghurt-Probierort. Viele Deutsche mögen allerdings den Ziegen- und Schafsgeschmack nicht und ziehen den industriell hergestellten Kuhmilchjoghurt vor, den es fertig abgepackt zu kaufen gibt – absoluter Renner dabei ist die Marke ›Total‹ der Firma Fage.

Eine Käsespezialität ist *anthotiro,* ein weißer, halbfetter Käse, vergleichbar unserem Hüttenkäse. Ähnlich, aber noch weicher ist der ungesalzene *mizithra*. Beide Sorten isst man als Beilage pur, als Nachtisch mit Honig oder als Füllung in kleinen, süßen Teigtaschen, den *kaltsounia*. Ungesüßt wird Mizithra in Frischkäse-Taschen, den *mizithropitakia*, gegessen.

Der gelbe Hartkäse *kefalotiri* wird gerne zusammen mit kretischem Zwie-

back (getrocknetes, steinhartes Brot, das vor dem Verzehr in Wasser aufgeweicht werden muss) und einigen Oliven als Imbiss gegessen.

Lamm und Ziegenfleisch

Lamm- oder Ziegenfleisch ist immer ein Genuss – es schmeckt nach Thymian und Salbei; gebraten, gebacken, aus der Kasserolle oder gekocht. In der Sfakiá bekommt man das gulaschartige *tsingariasto* aus Ziegen- oder Lammfleisch. Es wird von den Knochen befreit und zergeht, wenn gut zubereitet, auf der Zunge.

Den Fleischsud benutzt man, um darin Reis zu kochen. Ein so hergestelltes *pilafi*, das es auch als Huhn-Pilafi gibt, ist eine Köstlichkeit. Eine selten zu findende Variante ist Zicklein in Orangensaft. Das Fleisch wird damit mari-

niert und dann mit den Schalen unge-
spritzter Orangen gekocht.

Fisch und Meeresfrüchte

Frischer Fisch, *fresko psari,* wird wie im
übrigen Griechenland gern gegessen,
sofern man sich das leisten kann. Das
Angebot ist im Sommer allerdings weit
geringer als die Nachfrage. Man isst frischen Fisch gewöhnlich gegrillt und
mit einer speziellen Olivenöl-Zitronen-
sauce.

Auf der Karte sind bei A Fisch, der
besten und teuersten Kategorie, in
der Regel Kilo-Preise angegeben. Die

Kretische Delikatessen

Avronies: Spargelartiges Gemüse, wird
gern im Omelette serviert

Askolympri: Spitzen der Golddistel als
Salat

Bourbouristi: Schnecken in der Pfanne
mit Baumharz und Essig zubereitet

Chaniotiki Tourta: Osterteigtasche mit
Lamm-Käse-Füllung aus Chaniá

Samousades: Gebäck mit Mandeln und
Walnüssen

Sfakianes Pites: Teigstücke mit Käse-
füllung, ähnlich den Kaltsounia

Staka: gekochter Sauerrahm, der bei
der Käsezubereitung anfällt. Beliebte
Vorspeise in Tavernen

Tsigariasto: Zartes Lamm- oder Ziegengulasch ohne Knochen, mit Zwiebeln
in Olivenöl gekocht. Spezialität besonders in Westkreta

bestellte Portion wird also abgewo-
gen. B- und C-Fisch wird meist teller-
weise verkauft, z. B. der *gavros* (Europäische Sardelle, Anchovis), den man
in Mehl frittiert und ohne Kopf serviert bekommt. Meeresfrüchte heißen
thalassina; Delikatessen sind z. B. *achi-
nosalata,* Seeigelpüree, oder *chtapo-
disalata,* eingelegter Oktopus.

Besondere Spezialitäten

Häufiger als andernorts in Griechenland isst man auf Kreta Schnecken,
chochlii oder *salingaria,* die nach Re-
genfällen im Frühjahr gesammelt werden. Man kann sie sich zu Hause halten,
indem man einen Kreis aus Salz um sie
streut, vor dem sie zurückweichen. Sie
werden auf vielerlei Arten zubereitet,
gekocht oder gebraten, mit Zitronen-
sauce, Rosmarin oder Tomaten.

Eine besondere Spezialität ist der
Salat aus Wildgemüse, *agriochorto-
salata.* Für Touristen, die nur gezüch-
tetes Gemüse kennen, bieten die
chorta ein neues Geschmackserlebnis.
Kretische Frauen sammeln auf den Feldern Wildkräuter wie *stamnangathi,
radikio* oder *glistrida,* die roh oder gekocht auf den Tisch kommen. Sie haben einen leicht bitteren Geschmack
und werden mit Olivenöl und Zitrone
gegessen.

Typische Gemüsegerichte sind frit-
tierte Okra-Schoten, *bamies tiganites,*
und Artischocken mit Bohnen, *angina-
res me koukia,* ein Eintopf, in dem auch
eine Fenchelknolle gehört.

Kretas Obst-Spezialität sind die Bananen aus Arví und einigen anderen
Orten an der Südküste. Sie sind klein
und aromatisch, aber schwer zu bekommen und teuer.

Einen besonderen Genuss verspricht
auch der kretische Honig. Der beste
kommt aus den Weißen Bergen: ein
sehr aromatischer, dickflüssiger Thymian-Honig, auf fast allen Märkten zu
kaufen. Berühmt ist auch der Honig
von der kleinen Insel Gávdos südlich
von Paleochóra.

Ausdruck der Lebensweise der Hirten ist der kretische Zwieback, *paxi-
madi:* Das getrocknete, schrothaltige,
körnige Weizenbrot wird mit in die
Berge genommen und hält monate-
lang. Es muss vor dem Verzehr einge-
weicht werden. Als ›Dakos‹, bestrichen

mit Tomatenpüree, darüber manchmal etwas Feta oder Mizithra, serviert man den Zwieback auch in Tavernen.

Getränke

Raki

Im November duften viele Dörfer Kretas nach süßlichem Trester. Die Weinlese hat Anfang August begonnen, und nun ist es an der Zeit, die altertümlichen Destillierapparate, die *kasania*, aufzubauen, für die nur wenige die nötige Brennlizenz besitzen.

Raki, auf Kreta auch *tsikoudia* genannt, ist das kretische ›Nationalgetränk‹ schlechthin, ein klarer Tresterschnaps. Er wird bei jeder Gelegenheit dem Gast angeboten; selbst ärmste kretische Familien haben Raki im Haus, um Gäste zu bewirten. Als Beilage kommt ein Tellerchen mit Walnüssen, Sonnenblumenkernen, Pistazien, Kichererbsen oder auch kleinen Appetithappen *(mezedes)* auf den Tisch.

Der Anisschnaps Ouzo, sonst als typisches griechisches Getränk bekannt, wird auf Kreta seltener getrunken. Raki wird nur in einfachen Kneipen ausgeschenkt, weniger in ›vornehmen‹ Bars. Das Wort ›Raki‹ ist aus dem Türkischen übernommen. Es bezeichnet dort einen Anisschnaps ähnlich dem griechischen Ouzo. Ursprünglich geht das Wort auf den indischen Arrak zurück, einen Reisschnaps. Schöne Fotos über die Raki-Brennkunst auf www.maroulas.info.

Kretischer Wein

Zum Essen trinken die Kreter in der Regel keine teuren Flaschenweine, sondern preiswerte Fassweine, die in kupferfarbenen Kannen, den *kartoutsa* (Einzahl: *kartoutso*, von ital. *quarto*, ›Viertel‹), nach Gewicht bemessen auf

Weinproben

In Westkreta am besten im Weingut Dourakis bei Alikampos in der Nähe von Georgioúpoli (www.dourakiswinery.gr, Tel. 28 25 05 17 61). Der Inhaber, Antonis Dourakis, spricht gut deutsch. In Ostkreta in der Kooperative von Sitia (s. S. 184).

den Tisch kommen. Der *chima* (wörtl. ›Saft‹) schmeckt in jedem Dorf etwas anders, denn er wird von den Bauern ebenso wie der Raki selbst hergestellt und im Bekanntenkreis verkauft oder getauscht.

Bei diesen roten, ungeharzten Hausweinen ist Vorsicht angebracht. Vielleicht verdünnt man sie besser mit etwas Wasser, wie es schon die alten Griechen taten.

Es gibt heute in Griechenland rund 300 anbaufähige Rebsorten gegenüber rund 100 in Deutschland. Die historische Malvasier-Traube für Süßweine wird mangels Nachfrage auf Kreta nicht mehr angebaut.

Auf der Insel pflanzt man vor allem drei Rebsorten: Zunächst die weiße Vilana, die einen leichten, frischen Weißwein ergibt, der selten über 11 % Alkoholgehalt enthält. Mandilari-Wein ist schwer, reich an Tanninen und fast schwarz. Man benutzt ihn gern, um eine Cuvée mit der tanninarmen Kotsifali-Traube, der dritten Rebsorte, zu kreieren.

Seit dem EU-Beitritt 1981 bestehen für Flaschenweine gesetzlich festgesetzte Qualitätsstufen. Auf der niedrigsten stehen Landwein, *topikos oinos,* und Tafelwein, *epitrapezios oinos.* Deren Etiketten tragen oft keine Sorten- und Jahrgangsbezeichnungen. Dann kommen die AC-Weine (Appellation Contrôlée, gr. OPAP) und schließlich die höchste Qualitätsstufe OPE, die

Restaurant-Ranking

Wie in Mitteleuropa gibt es auch in Griechenland und auf Kreta Klassifizierungsinstitutionen für Restaurants. Die Organisation **Eleogefsíes**, engl. **Olive Tastes**, gibt gratis eine Karte heraus, in der all die Restaurants vermerkt sind, die in der Küche nur natives, kaltgepresstes kretisches Olivenöl verwenden. Die Restaurants selbst sind mit einem entsprechenden Aufkleber gekennzeichnet. Man frage nach der Karte in den Infobüros des EOT.

Die Organisation **Concred** setzt sich für die Beibehaltung der traditionellen kretischen Küche ein und arbeitet mit der Griechischen Gesellschaft für Geschmack zusammen. Restaurantprüfer vergeben Embleme, unter www.concred.gr gibt es eine Liste der zertifizierten Restaurants.

dem französischen VDQS entspricht, Vin de Qualité Supérieure.

Weinanbaugebiete gibt es auf der ganzen Insel, besonders aber in der Gegend um Iráklio bei Káto Archánes und Pezá. Hier residiert das bekannteste, schon 1932 gegründete kretische Weingut, Minos Cretan Wines S. A., das vor allem preiswerte und wenig haltbare Weine abfüllt. Aber auch einige Raritäten mit Flaschenzählung stammen von diesem Weingut. Minoikos Peza ist der beste Tropfen, es gibt ihn als Roten und Weißen.

Retsina, der preiswerte, mit dem Harz der Aleppokiefer aromatisierte Wein, der ursprünglich aus Attika stammt, wird auch auf Kreta, in Chaniá, hergestellt. Man sollte einen ungeharzten Wein übrigens nicht nach einem geharzten trinken, der verdirbt den Geschmack. Auch sollte man Ouzo und Wein nicht zusammen genießen, das bestraft Zeus mit Kopfschmerzen.

Griechischer Kaffee

Die Zubereitung des griechischen Mokka *(ellenikós kafés)* ist eine Wissenschaft für sich. Er wird im Stielkännchen aufgekocht, mit dem Kaffeesatz serviert und stets ohne Milch getrunken. Bei der Bestellung muss man angeben, wie man ihn wünscht: z. B. *skettos* (ohne Zucker), *metrios* (mittelsüß) oder *glikos* (süß).

Eine Alternative ist der Nescafé (in Griechenland kurz Nés genannt), den man auch mit Milch *(me gala)* oder kalt (als *frappé*) bestellen kann. Filterkaffee jedoch servieren nur die Luxushotels und manche Cafés in den großen Touristenzentren.

Die kretischen Lokale

Bei den Restaurants unterscheidet man grundsätzlich zwischen der *taverna* und dem *estiatorio(n)*. Die Taverna serviert frisch zubereitetes, gegrilltes oder gebratenes Fleisch, wogegen das Estiatorio schon fertige, gegarte Speisen aus der Kasserole anbietet. Für Fisch gibt es die spezielle *psarotaverna,* die Fischtaverne.

Die Taverna ist eher ein Abendrestaurant, in das man zum Vergnügen geht, auch um Musik zu hören, wogegen man ins Estiatorio, eigentlich ein Tagesrestaurant, nur zum Essen geht. Eine *kosmiki taverna* ist feiner und teurer als eine *laiki taverna*. Einige Tavernen schmücken sich mit dem Beiwort *paradosiaki,* das heißt, sie kochen traditionsbewusst. Liegt die Taverne als Ausflugslokal am Meer, im Grünen oder an der Landstraße, so heißt sie meist *ikogeniako(n) kentro(n),* Familienzentrum also. Und wird zum Essen Lyramusik gespielt, so heißt das Lokal *kritiko(n) kentro(n)*. Meist treten drei Musiker auf. Gegen 22 Uhr fangen sie an zu spielen, gegen 23 Uhr, nach dem

Essen, begeben sich die Kreter auf die Tanzfläche.

In der *ouzeri* wird, wie der Name schon sagt, Ouzo oder Raki im *karafaki* (Verkleinerungsform von Karaffe) serviert. Da man auf Kreta mehr Raki als Ouzo trinkt, heißt das Lokal auch *rakadiko*. Dazu isst man *mezedes* von kleinen Tellern oder auch eine *pikilia,* die aus mehreren Beilagen auf einem Teller besteht. In manchen Ouzerien wird eine schier unglaubliche Vielfalt an Mezedes angeboten. Versteht sich die Ouzerie mehr als Restaurant, so heißt sie *mezedopolio(n)* (sinngemäß ›Mezedes-Verkauf‹).

Man präge sich auch den Unterschied zwischen *kafenio(n)* und *zacharoplastio(n)* ein. Das *kafenio* stellt eine Art Clubhaus für ältere Männer dar, die darin stundenlang vor einem türkischen Mokka verharren, Karten spielen oder diskutieren. Möchte man einen italienischen Espresso trinken, Kuchen essen oder ein Frühstück zu sich nehmen, geht man besser ins *zacharoplastio.* Hier findet man auch die bequemeren Stühle.

Heute lassen sich allerdings diese Gattungen nicht mehr ganz sauber trennen. Zum Beispiel macht die Taverne schon morgens auf, um den Touristen Frühstück zu servieren, oder im Estiatorio wird Kaffee serviert.

Tisch- und Trinksitten

Kulinarischer Tagesablauf

Wie alle Griechen frühstückt der Kreter wenig oder nichts. Kinder trinken Milch oder Kakao, bevor sie zur Schule gehen. Bauern und andere Schwerstarbeiter nehmen sich von zu Hause Essen mit: Oliven, Käse und Brot – die Grundnahrungsmittel. Oder sie verzehren gegen 11 Uhr eine gehaltvolle Zwischenmahlzeit im *magirio(n),* einer

Art Garküchenimbiss. Städter kaufen sich meist auf die Schnelle eine *tiropitta* oder *spanakopitta* (Käse- oder Spinatteigtasche).

Nach Geschäfts- oder Büroschluss, so gegen 14 oder 15 Uhr, wird dann ausgiebig zu Mittag gegessen. Die anschließende ›Siesta‹ ist heilig. Man störe nicht bis 17 oder 18 Uhr. Für die Geschäftsinhaber und deren Angestellte beginnt dann der zweite Teil des Arbeitstages, der gegen 20.30 Uhr endet. Das Abendessen wird erst spät, zwischen 21 und 22 Uhr eingenommen. Dazu läuft heute in der Regel die Flimmerkiste.

Im Restaurant

Grundsätzlich unterscheidet man in der griechischen Küche zwei Zubereitungsarten: auf Bestellung frisch am Grill bzw. in der Pfanne zubereitet *(tis oras)* oder aus dem Gartopf *(tis katsarolas).* Gegarte Speisen kommen oft lauwarm auf den Tisch, und kein Grieche stört sich daran. Im Sommer ist es schließlich heiß genug, da kann das Essen gerne weniger heiß sein.

Alle Speisen kommen meist zusammen auf den Tisch, allenfalls zuerst die Beilagen und dann das warme Hauptgericht, das etwas länger zur Herrichtung braucht. Auf Süßspeisen als Nachtisch verzichtet man, hin und wieder isst man frisches, geschältes Obst, das mit Zimt überstreut wird.

Auch Kaffee wird in Tavernen eigentlich nicht serviert – man wechselt das Lokal. So jedenfalls die alten Sitten. Inzwischen haben sich viele Wirte auf die Gewohnheiten der Touristen eingestellt und servieren auch in der Taverne Kaffee und Süßes. Nicht gern gesehen wird es, wenn der ›Greek Salad‹ nicht als Beilage, sondern als Hauptgericht bestellt wird. In den besseren Tavernen nur einen Salat zu ordern gilt als unfein.

Zu den Trinksitten: Man prostet sich wiederholt zu und wünscht sich Gesundheit: Jammas (von *hygieia mas,* ›Gesundheit uns‹). Wein trinkt man aus einfachen, kleinen Wassergläsern. Eine Flasche Bier teilt man sich wie eine Flasche Wein.

Essen in der Clique

Geht man zu mehreren essen, mit der paréa, wie die ›Clique‹ auf Griechisch heißt, werden alle Vorspeisen, Beilagen und Hauptspeisen in die Mitte gestellt. Jeder darf mit seiner Gabel in die gemeinsamen Teller langen und führt die Bissen ohne Umweg über den eigenen Teller direkt zum Mund. So wird das Essen zu einer kommunikativen Angelegenheit.

Ausländischen Gästen stellt man eigene Teller hin, aber auch dann wird selten jedes Gericht demjenigen zugeordnet, der es bestellt hat. Am Schluss zahlt unter Griechen meist einer für alle – nach den alten Sitten gilt dies als besondere Ehre. Probleme bereitet es immer wieder, wenn Ausländer getrennt zahlen wollen; besser legt man die Rechnung später auf alle um.

Aktivurlaub

Strand- und Wassersport

Die besten Wassersportmöglichkeiten findet man an den belebten Stränden der Nordküste. Die **Strände** vor den Luxushotels sind meist gepflegt, dafür zahlt man ca. 7–12 € für zwei *sun beds* mit Schirm. Dort verleihen auch zahlreiche Kleinunternehmen Tretboote, Kanus, Surfbretter und Hoby-Cats.

Rasanter geht es bei den Spitzenreitern des mediterranen Sun'n' Fun zu: Fahrten mit dem **Banana** (lange schlauchbootähnliche Plastikrolle, auf der ca. acht Leute Platz haben) oder mit **Ringos** (kleinere Luftkissen für eine Person), die dann mit dem Speedboat gezogen werden. Teurer sind das klassische **Wasserski** und gar **Parasailing,** wobei man am Fallschirm hängt und von einem Motorboot gezogen wird.

Wenn es trotzdem am Strand zu langweilig wird, kann man in einen **Aqua Park** fahren: Das sind Spaßbäder mit langen Wasserrutschen, die es z. B. bei Varípetro, 7 km südwestlich von Chaniá, und bei Chersonisós gibt.

Tauchen

Scuba-Tauchen mit Pressluftflasche ist (zum Schutz gegen Raubtauchen nach Antiken) nur in ausgewiesenen Zonen erlaubt. Tauchbasen sind vor allem an der Nordküste an den großen Hotels angesiedelt. Infos von anderen Tauchern unter www.tauchbasen.net, von dort Verlinkung zu den Basen.

Die Tauchschulen bieten Kurse von vier bis fünf Tagen zum Erwerb des Padi- oder CMSA-Brevets an. Die komplette Ausrüstung wird gestellt; das evtl. nötige Gesundheitszeugnis erledigt ein einheimischer Arzt. Ein einzelner Tauchgang kostet ca. 40 € und ist somit im Verhältnis zu Ägypten oder Monte Negro teuer.

Windsurfen

Zum Surfen ist vor allem die Nordküste prädestiniert, wo der frische ägäische Nordwind, der Meltemi, im Sommer in Stärken zwischen 3 und 5 Beaufort ste-

Die Samariá-Schlucht, die beliebteste Wanderstrecke Kretas

tig und auflandig weht. An der Ostküste ist die Bucht von Koureménos
gut. Boards kann man an vielen Stränden und in den Surfschulen der größeren Hotels ausleihen. Im Süden kann
Surfen bei ablandigem Wind gefähr-
lich werden: wer nicht kreuzen kann,
kommt nicht mehr ans Land zurück. In
dieser Gegend ist Plakiás bekannt für
gute Windsurf-Verhältnisse.
Ein Tipp für Profi-Surfer:
Freak-Surf Palekastro, www.freaksurf.
com, Surfschule des österreichischen
Europameisters Chris Sammer am Kou-
roménos-Strand bei Palékastro.

Wandern und Trekking

Für Wanderer und Bergsteiger ist das
gebirgige und im Landesinnern wenig
besiedelte Kreta ein ideales Terrain.
Von den alten, mühsam angelegten
Maultierwegen, die vor dem Straßen-
bau die Dörfer miteinander verban-
den, sind hin und wieder schöne Passagen mit ihrem kunstvollen Natur-
steinpflaster erhalten.

Am lohnendsten ist Westkreta. Über
30 abwechslungsreiche Wanderungen
sind allein hier möglich. Quer durch die
Insel führt von Kíssamos aus die letzte
Abschnitt des in Makedonien begin-
nenden Europawanderwegs 4 nach
Káto Zákros im Osten.

Viele alte Wege und Pfade sind allerdings überwuchert, weil sie nicht
mehr begangen werden. Auch auf den
Karten sind allenfalls die wichtigsten
Wanderwege eingezeichnet, aber
nicht im nötigen Detail. Eigener Spür-
sinn ist daher gefragt. Jedoch werden

von Jahr zu Jahr mehr Wege ausgeschildert, und an vielen Stellen stehen Glasvitrinen mit Wanderkarten der jeweiligen Umgebung.

Die Wege sind in der Regel steinig, der Untergrund öfters locker. In Küstennähe kann man ganzjährig wandern, in manchen Schluchten (z. B. in der Samariá-Schlucht) und im Hochgebirge jedoch erst ab Mai und bis in den Oktober hinein. In den Weißen Bergen werden im Sommer einige Hütten bewirtschaftet. Am schönsten liegt die Kallergi-Hütte hoch über der Samariá-Schlucht mit ihrem legendären Plumpsklo über dem Abgrund. Bei geplanten Hüttenübernachtungen sollte man vorher anrufen: Kallergi-Hütte: Tel. 28 21 03 31 99 (sechs Mehrbettzimmer, Verpflegungsmöglichkeiten, am besten eigenen Schlafsack mitbringen, österreichischer Wirt), s. auch S. 273.

Andere Hütten in den Weißen Bergen werden vom Griechischen Bergsteigerverband EOS verwaltet (Büro Chaniá: Tzanakaki 90, Tel. 28 21 07 45 60, abends gegen 21 Uhr). Auch auf der Kallergi-Hütte weiß man meist über die anderen Hütten Bescheid.

Zur Minimalausrüstung gehören gut eingelaufene, knöchelhohe Wanderschuhe, guter Sonnenschutz und viel, viel Wasser – auf Kreta sind tatsächlich schon verirrte Wanderer verdurstet! Auf schmalen Pfaden sind lange Hosen wegen der Dornengewächse sinnvoll.

Motorradtouren

Motorradfahren macht gerade auf den gewundenen Bergstraßen Kretas sehr viel Spaß. Es herrscht wenig Verkehr, die Sonne wärmt, und auf Feldwegen kommt man bis in die letzten Winkel der Insel. Man kann z. B. kleinere Roller, größere Maschinen (v. a. Virago)

Radtransport im Bus

Um sich schweißtreibende Anstiege im gebirgigen Kreta zu ersparen, kann man sich mit dem Linienbus in ein Bergdorf hochfahren lassen und die Tour von dort aus starten. Das Rad wird gegen eine geringe Gebühr im Gepäckraum verstaut.

und sogar 250er Enduros leihen (ca. 15–50 €/Tag).

Doch vor allem Anfänger sollten einige Vorsichtsregeln beachten. Der Asphalt ist oft sehr glatt, wellig oder löchrig, viele Feldwege sind steinig, rutschig und von Wasserläufen durchfurcht. Jedes Jahr passieren viele Unfälle, die auf Schotter meist zu großflächigen Abschürfungen führen, wenn man nur mit Hemd und Shorts fährt. Die meisten Vermieter geben zwar Helme aus, doch bei großer Nachfrage ist vielleicht nicht für alle ein Helm da. Wer auf Nummer sicher gehen will, nimmt sich seinen Helm von zu Hause mit. Eine leichte Lederjacke und in der Nebensaison sogar ein Nierengurt sind ebenfalls nützlich.

Fahrradtouren

Für sportliche Naturen lohnt eine Erkundung der Insel mit dem Fahrrad. Im Landesinnern herrscht wenig Verkehr, und viele Staubstraßen sind in den letzten Jahren mit EU-Geldern asphaltiert worden – ideale Bedingungen also. In größeren Orten kann man Räder ausleihen.

Gute Mountainbikes und auch organisierte Ausflüge bieten deutsche Spezialisten wie Olympic Bike in Réthimno (s. S. 220) oder das Büro Hellas Bike Travel in Agía Marína bei Chaniá an (s. S. 255).

Feste und Unterhaltung

Die wichtigsten Feste

Silvester/Neujahr

In der Silvesternacht kommt in Griechenland der Heilige Vasilis und bringt Geschenke, den Weihnachtsmann kennt man wie in ganz Griechenland nicht. Am Abend (oder am Neujahrstag) schneidet man die *vasilopitta* an, in der eine Münze eingebacken ist. Wer sie bekommt, wird viel Glück im neuen Jahr haben. In der Nacht (oder auch noch am Neujahrstag) fordert man im Familienkreis oder in Kneipen beim Kartenspiel das Glück heraus.

Epiphanias

Am 6. Januar endet die Weihnachtszeit, das Fest bezieht sich auf die Taufe Jesu. Aus diesem Grund wird in den Küstenorten das Wasser geweiht. Priester werfen ein Kreuz ins Hafenbecken, junge Leute tauchen danach – bei Wassertemperaturen um 16 Grad. Wer es wieder heraufholt, wird im kommenden Jahr viel Glück haben.

Karneval

Es gibt Masken und närrische Umzüge, die größten in Réthimno und Iráklio. Rosenmontag, der *kathari deftera*, sauberer Montag, heißt, ist ein staatlicher Feiertag, die Fastenzeit beginnt. Viele Familien fahren zum Picknick mit den Fastenspeisen aufs Land und lassen Drachen steigen.

Ostern

Am Karfreitag wird der *epitafios,* eine Bahre mit dem vorgestellten Leichnam Christi, von Frauen und Mädchen mit Blumen geschmückt und abends gegen 21 Uhr in feierlich-gemessener Atmosphäre durchs Dorf oder durch die Stadt getragen.

Am Ostersamstag versammeln sich alle kurz vor Mitternacht in und vor der Kirche, um die Auferstehungsbotschaft zu hören. Jeder bringt eine Kerze mit. Der Priester tritt mit einer brennenden Kerze vor die Kirche und reicht die Flamme den Umstehenden, die ihre Kerzen daran anzünden und das Licht weitergeben. Jeder geht so mit brennender Kerze nach Hause und feiert das Ende der Fastenzeit mit einem Teller Suppe aus Lamminnereien, der *magiritsa.* Am Sonntag wird im ganzen Land das Osterlamm gegrillt, man feiert in der Familie.

Orthodoxe Ostertermine: 2011: 24.4., 2012: 15.4, 2013: 5.5., 2014: 20.4.

Nationalfeiertag 25. März

Gefeiert wird der Beginn des Unabhängigkeitskrieges gegen das Osmanische Reich von 1821–1829, der für das Festland die Staatsgründung brachte. Zugleich ist das kirchliche Fest Maria Verkündigung *(Eorti tou Evangelismou).* In allen größeren Orten finden Paraden mit den Honoratioren, militärischen Einheiten, Schülergruppen in Uniform, Blaskapellen und kirchlichen Würdenträgern in vollem Ornat statt.

Schlacht um Kreta 1941

Vom 20. bis 27. Mai gedenkt Kreta der Kämpfe gegen den Fallschirmjägerüberfall der deutschen Wehrmacht 1941 (s. S. 256). Größere Feiern, zum Teil mit sportlichen Schülerwettkämpfen, finden in Chaniá und Iráklio statt.

Kimmisis Theotokou

15. August: Der Todestag Marias (hier ›Entschlafung der Gottesgebärerin‹ genannt) wird in ganz Griechenland mit Musik und Tanz bei den lokalen Marienkirchen gefeiert, meist am Abend

Heiligenfeste

23. April: Panigiria zum Fest des heiligen Georg, einem der beliebtesten Heiligen Griechenlands. Auch Tag der Schafschur. Fällt der Feiertag in die Karwoche, wird er später nachgeholt.
8. Mai: Heiligenfest Johannes' des Täufers im Kloster Préveli.
24. Juni: Sonnenwendfeuer.
3. Juli: In Anógia und an der Kirche Agios Yakinthos großes Volksfest.
15.–31. Juli: Weinfest in Réthimno.
20. Juli: Zahlreiche Feste am Tag des Propheten Elias.
August: Weinfeste in Káto Archánes und Sitía.
5.–7. August: Verklärung Christi, Prozession auf den Berg Joúchtas, Folklore-Konzert in Anógia.
24. August: Agios Titos, der Schutzheilige von Kreta, wird gefeiert.
29./30. August: Große Prozession auf die Halbinsel Rodopós zur Kapelle Johannes' des Täufers.
8. September: Kirchweihfest im Kloster Kera Kardiotissa (Zufahrt zur Lassíthi-Ebene) mit Prozession.
7. Oktober: Prozession zur Höhle des Eremiten Johannes auf Akrotíri.
3. Sonntag im Oktober: Kastanienfest in Élos, Westkreta.
11. November: Fest des Agios Minos, des Stadtheiligen von Iráklio.

des Vortages. Am Festtag selbst gibt es Prozessionen mit den kirchlichen Würdenträgern und Militäreinheiten – alles sehr prachtvoll und farbenfroh. Bedeutende Marienkirchen befinden sich im Kloster Moní Goniás und im Kloster Moní Chrisoskalítissa im Westen.

Nationalfeiertag 28. Oktober

Man feiert den Ochi-Tag, zu Ehren des ›Nein‹, gr. ochi, mit dem der griechische Regierungschef Metaxa 1940 Mussolini auf das Ultimatum antwortete, mit dem dieser Griechenland zur Kapitulation aufgefordert hatte. Der anschließende Angriff endete mit Italiens Niederlage und zwang Deutschland zum Eingreifen. Überall werden Flaggen ausgehängt, die Honoratioren nehmen die Parade der Schüler in ihren Schuluniformen ab. In den großen Städten Kretas paradieren auch Militäreinheiten.

Arkádi-Feiern 7.–9. November

Der Märtyrer von Arkádi (s. S. 228) gedenkt ganz Kreta, nationale Feiern finden in Arkádi und in Réthimno statt.

Weihnachten

Heiligabend wird nicht besonders begangen; man besucht eventuell die Mitternachtsmesse. Die Weihnachtstage verbringt man vorwiegend in der Familie – Geschenke werden zu Silvester oder am 1. Januar verteilt.

Konzerte und Festivals

Im Sommer finden häufig Konzerte bekannter griechische Sänger und Pop-Gruppen in den größeren Städten Kretas statt. Das kann durchaus lohnen, man achte auf entsprechende Plakate (meist aber nur auf Griechisch).

Verschiedene Theateraufführungen und Konzerte bietet das **Summer Festival Heraklion** von Juni bis September. Veranstaltungsorte sind u. a. das Stadion und die Festung Koúles.

Im Juli feiert das Berg- und Musikerdorf Anógia das von dem Musiker Loudovikos gegründete **Yakinthia Festival,** bei dem u. a. viel authentische kretische Musik aufgeführt wird (www.yakinthia.com). Besonders interessant sind die Konzerte des berühmten Lyra-Spielers Psarantonis.

Von Juli bis September findet in Réthimno das **Renaissance Festival** mit zahlreichen Theateraufführungen und Konzerten im Erofili-Theater auf der Fortezza statt. Die meisten Events, darunter auch Comedia del' Arte Performances in der Altstadt, stehen in einem Bezug zur Kultur der venezianischen Zeit. Es gibt aber auch griechische Folklore und sogar Popmusik – auf Flyer achten.

Unterhaltung

Die meisten größeren Hotels haben mindestens einmal wöchentlich eine ›Griechische Nacht‹ im Programm, wobei auch Folklore-Gruppen auftreten. Am Ende kann man oft den ›Sirtaki‹ mittanzen. Die echten Tänze unverkleideter Kreter erlebt man dagegen auf den Kirchweihfesten.

In einem **Kritiko Kentro** wird traditionelle kretische Folklore-Musik mit der Lyra als Leitinstrument gespielt. Hier geht es sehr authentisch zu, manchmal wird sogar getanzt. Wer in ein Kritiko Kentro gehen will, fragt im Hotel, wo gerade etwas los ist.

In den **Ellinadika** wird zumeist moderne griechische Musik gespielt – also Rock, Rap, Techno etc. von griechischen Gruppen.

Ein wildes Nachtleben mit **Clubs und Discos** findet man vor allem in Chersónisos und Mália, die beide allerdings sehr britisch geprägt sind. Die besten Clubs gibt es in Iráklio, wo auch viele junge Griechen ausgehen. Viel häufiger als Discos sind auf Kreta Music Clubs zu finden. Meist sind es Bars, wo ein DJ die Musik auflegt, aber nur gelegentlich getanzt wird. Music Clubs sind meist ab 20 Uhr bis open end geöffnet.

Osterfest in einer kretischen Dorfkirche

Reiseinfos von A bis Z

Apotheken

In Apotheken (FARMAKEION, farmakion; Schild mit grünem Kreuz) erhält man viele Medikamente, sogar Antibiotika, ohne Rezept und vielfach preiswerter als in Deutschland. Bei kleineren Malaisen kann man sich auch in der Apotheke verarzten lassen.

Ärztliche Versorgung

Nach dem EU-Sozialversicherungsabkommen können sich deutsche und österreichische Urlauber in Griechenland kostenlos behandeln lassen – über das Prozedere informiert die jeweilige Kasse (die Europäische Gesundheitskarte EHIC wird nicht von allen Kassen ausgegeben). Diese Absicherung gilt jedoch nur für Krankenhausaufenthalte, niedergelassene Ärzte bezahlt man privat und reicht die Quittung (ausgestellt in Englisch!) später bei seiner Kasse zur Erstattung ein. Dringend empfohlen wird eine Auslandskrankenversicherung. Private Krankenversicherungen sind dagegen europaweit gültig.

Versorgung im Notfall: Unfallversorgungen kosten nichts – jedenfalls nicht in Krankenhäusern oder den *Kentra Ygieias,* den mit einem roten Kreuz ausgeschilderten Kreisambulanzen.

Diplomatische Vertretungen

In Griechenland
Botschaft von Deutschland
10675 Athinai (Athen) – Kolonaki
Karaoli & Dimitriou 3
Tel. 21 07 28 51 11, Fax 21 07 28 53 35
info@athen.diplo.de

Botschaft von Österreich
106 74 Athen, Vasilissis Sofias 4
Tel. 210 725 72 70, Fax 210 725 72 92
athen-ob@bmeia.gv.at
Botschaft der Schweiz
11521 Athen, Iassiou 2
Tel. 21 07 23 03 64
Honorarkonsulate von Deutschland
– 71110 Iráklio, Dikeossinis 7, 4. Stock
Tel. 28 10 22 62 88, Fax 28 10 22 21 41
honkons@her.forthnet.gr
– 73100 Chaniá, Digeni Akrita 1
Tel./Fax 28 21 06 88 76
aganros@otenet.gr (Honorarkonsulin Argyro Ganadaki)
Honorarkonsulat von Österreich
71601 Iráklio, Mafsolou 201
Tel. 28 10 33 14 46-, 443
Fax 28 10 22 10 90

Elektrizität

Die Netzspannung in Griechenland beträgt 220 Volt. Für Schukostecker ist mitunter ein Adapter erforderlich.

Feiertage

1. Januar: Neujahr (Protochronia)
6. Januar: Taufe Christi (Epiphania)
7. Januar: Fest für Johannes den Täufer (Ioannis Prodomos)
Rosenmontag (Kathari Deftera)
25. März: Nationalfeiertag
Karfreitag (Megali Paraskevi)
Ostern (Paska) berechnet nach dem julianischen Kalender
1. Mai: Tag der Arbeit (Protomaia)
15. August: Kimissis tis Theotokou (Marias Todestag)
28. Oktober: Nationalfeiertag
4. September: Kreuzeserhöhung (Ipsosis Timiou Stavrou)

9. November: Arkádi-Tag, Feiertag nur auf Kreta

25. Dezember: Weihnachten (Christou-jenna)

FKK/oben ohne

Nur an den Stränden der abgelegenen Hotels Vritomartis bei Chóra Sfakíon und Kalypso bei Damnóni in der Nähe von Plakiás ist Nacktbaden offiziell erlaubt. Hotel Vritomartis ist sogar im Ganzen ein ›Naturist Resort‹ (FKK-Hotel, www.vritomartis.gr).

Im Übrigen wird FKK sogar polizeilich geahndet. Infos über Strände, an denen FKK inoffiziell betrieben wird: www.fkk-reisefuehrer.de. Die Möglichkeiten auf Kreta findet man auf dieser Website unter »Kykladen«.

›Oben ohne‹ ist an den Hotelstränden und an sehr einsamen Stränden zwar nicht selten – an öffentlichen Stränden in Orten sollte man jedoch besser die Regeln der Einheimischen respektieren.

Fotografieren und Filmen

In den Museen darf im Allgemeinen fotografiert werden, allerdings nicht mit einem Stativ. In den Kirchen ist das Fotografieren meist nicht erlaubt.

Wenn man Kreter fotografieren will, sollte man ihr Einverständnis durch ein Lächeln oder Nicken einholen.

Frauen allein unterwegs

Allein reisende Frauen werden heute auf der Straße oder in der Bar nicht mehr so aggressiv angemacht wie vor einigen Jahren, denn die Angst, sich Aids einzufangen, ist bei den griechischen Papagalli weit verbreitet.

Was die Kleidung angeht, so zieht man sich in Griechenland nicht anders an als in Spanien oder Italien, also sommerlich und leger. Auf dem Lande sollte man allerdings in dezenterer Kleidung erscheinen, im Kloster mit Rock und bedeckten Schultern. Viele Klöster verleihen aber Röcke und Umhängetücher.

Geld und Kreditkarten

Griechenland gehört zur Euro-Zone, nur heißt der Euro hier ›Evro‹ oder englisch ›Juro‹. Bargeld kann man an vielen Automaten mit Kreditkarte oder EC/Maestro-Karte (mit PIN) ziehen. Die Gebühren pro Transaktion liegen bei ca. 5 € und werden bei der Heimatbank berechnet – es lohnt also, eher größere Beträge abzuheben.

Kreditkarten werden häufiger akzeptiert als in Deutschland. Kleinere Geschäfte, die meisten Pensionen und einfache Tavernen bevorzugen allerdings Bares.

Bei Verlust oder Diebstahl EC/Maestro- oder Kreditkarte schnellstmöglich sperren lassen: s. »Notrufnummern« S. 42.

Gesundheitsvorsorge

Denken Sie an Sonnencreme mit hohem Lichtschutzfaktor und einen Sonnenschutz für den Kopf. Badeschuhe sind hilfreich gegen Seeigel oder an Kieselstränden.

Gegen Durchfall helfen hygienische Maßnahmen wie häufiges Händewaschen. Auch sollte man eiskalte Getränke eher vermeiden. Wenn Sie in nicht klimatisierten Hotels übernachten, ist auch ein Mückenschutz nützlich; für Kinder sollte man Moskitonetze mitnehmen.

Internet

Kostenlose WLAN-Nutzung (in Griechenland: WiFi) ist weit verbreitet, selbst in kleinsten Hotels und Tavernen.

Notrufnummern

Tel. 112, auch von jedem Handy.
Über diese Nummer sind Polizei, Feuerwehr, Krankenwagen, Erste Hilfe zu erreichen. Es wird auch Englisch gesprochen.
ELPA (Pannenhilfe): Tel. 104
Sperrung von EC- und Kreditkarten: +49 116 116

Öffnungszeiten

Banken: 8–14, freitags bis 13.30 Uhr.
Kleinere Geschäfte: Üblicherweise Mo, Mi, Sa ca. 9–14 Uhr, Di, Do, Fr ca. 9–13.30 und 17–20.30 Uhr, in Touristenzentren (manchmal mit Mittagspause von ca. 14–17 Uhr) bis 22 Uhr.
Supermärkte: Täglich durchgehend bis abends ca. 21 Uhr geöffnet.
Klöster: Auch in den Klöstern legt man Wert auf die Mittagsruhe. Daher von 13 bis 17 Uhr nicht stören! Manche Klöster haben angeschlagen, wann ein Besuch genehm ist.
Museen und Stätten: Staatliche Einrichtungen sind Mo und Fei geschl. Die Öffnungszeiten können je nach Saison stark variieren; in der Hochsaison ist teils bis 19 oder 20 Uhr geöffnet. Sicherer ist es, wenn man wichtige Besichtigungen vormittags plant.
Post: 7.30–14/15, Städte bis 20 Uhr.

Polizei

Es gibt in Griechenland eine Verkehrspolizei, eine Landpolizei, eine Markt-

und eine Touristenpolizei. Letztere ist für die Kontrolle touristischer Betriebe und auch für Beschwerden von Touristen zuständig.

Im Alltag kehren Polizeibeamte ihre Macht nicht besonders heraus. Hart durchgegriffen wird jedoch bei Rauschgiftdelikten und schwerer Kriminalität.

Post

Briefe nach Mitteleuropa sind knapp eine Woche unterwegs. Abhebungen vom Postsparbuch sind nicht möglich, jedoch mit der Postbank-Sparcard. Öffnungszeiten s. dort.

Radio und TV

Erotokritos, griechischer Sender, der ausschließlich Lyramusik bringt, 89,7 Mhz.
Deutsches Radio: Hellas Live 8–20 Uhr, UKW Chaniá: 106,5, Réthimno 99,4, Irákilo 102,3, Sitía 95,5 MHz.
Deutsches Fernsehen empfängt man über Sat in allen besseren Hotels.

Reisekasse und Preise

Preisniveau
Unterkünfte, Restaurants, Busse, Taxen, Obst und Gemüse sind preiswerter als in Deutschland, Industrieprodukte wie Kosmetika, Reinigungsmittel usw.) in etwa gleich teuer oder teurer.

Hotelpreise
Privatzimmer: ab 25 € pro DZ ohne F
Mittelklassehotel: ab 50 € pro DZ/F
Oberklassehotel: ab 70 € pro DZ/F

Bei den besseren Hotels ist Frühstück im Preis enthalten, Privatzimmer und kleine Pensionen bieten ihre Zimmer ohne Frühstück an.

Bei der Preisbildung spielen Faktoren eine Rolle, die in die Preisangaben im Reiseteil aus Platzgründen nicht alle eingehen können.

– Ausstattung und Größe des Zimmers: Nicht alle Doppelzimmer eines Hotels sind gleich ausgestattet. Bei den Ferienwohnungen gibt es das kleinere Studio und das größere Apartment.

– Saisonzeit: Die angegebenen Höchstpreise gelten fest nur im August – sonst gibt es Rabatte.

– Aufenthaltsdauer: Bleibt man eine Woche, gelten günstigere Preise.

Im Reiseteil angegeben sind die Preise für Neben- und Hochsaison pro Doppelzimmer bei einem Kurzaufenthalt. Will man aber z. B. auf Kreta überwintern, kann man zu günstigen Konditionen monatsweise eine ansonsten leerstehende Ferienwohnung mieten.

Preisbeispiele

Ein Essen kostet in der Regel inklusive offenem Wein 12–18 € pro Person, in Dörfern machmal weniger. Frischer A-Klasse-Fisch wie Barbouni, Fangri oder Sargos als ›catch of the day‹ ist teurer, er wird nach Gewicht berechnet; etwa 50–70 € pro Kilo. Somit kostet ein Fischessen mit Vorspeisen, Beilagen und Getränken pro Person 30–50 €.
1 Flasche Bier/0,5 l Landwein: 2–4 €
Griechischer Kaffee: 1–2,50 €
Stadt-Taxifahrt: ca. 4–5 €
Busfahrt Iráklio – Chaniá, 155 km: 14 €

Staatliche Museen und Stätten

An den Staatsfeiertagen ist der Eintritt in staatliche Einrichtungen frei, desgleichen sonntags von November bis März. Außerdem freier Eintritt an jedem ersten Sonntag im Monat. Fällt dieser auf einen Staatsfeiertag, gilt der freie Eintritt auch noch am 2. Sonntag des Monats.

Ermäßigungen: Für Studenten ist der Eintritt frei, Rentner über 65 aus EU-Ländern erhalten 50 % Ermäßigung (entsprechende Ausweise vorlegen). Freier Eintritt im Einzelnen:

– 6. 1. (Epiphanie)
– Montag vor Ostern, Ostersamstag und Ostermontag
– Pfingstmontag
– 18. 4. (internationaler Museumstag)
– 5. 6. (Tag der Umwelt)
– Letztes Wochenende im September (Europäische Tage des Kulturerbes)
– 27. 9. (Tag des Tourismus)

Reisen mit Handicap

Auf behinderte Kreta- und Griechenlandreisende hat sich spezialisiert:
Voni-Touristik, Dorotheenstr. 93, 22301 Hamburg, Tel. 040 279 89 88, Fax 040 279 22 81, voni-touristik@t-online.de.

Sicherheit

Beim Baden: Eine Strandwacht gibt es lediglich an einigen Stränden der Nordküste. Achtung vor allem an der Südküste: Der vorherrschende Nordwind treibt alles von der Küste fort … Richtung Nordafrika.

Gefährliche Tiere: Es gibt zwar Skorpione und Giftschlangen, aber keine, deren Biss sofort tödlich wäre.

Diebstahl und Betrug: Diese Dinge kommen auf Kreta eher selten vor – allerdings ist die Diebstahlquote in den Zentren des Alternativtourismus höher als im Kreta-Durchschnitt. Vor allem in touristischen Zentren werden gelegentlich überhöhte Preise verlangt.

Souvenirs

Keramik wird v. a. in den Töpferorten Margarítes (bei Réthimno) und Thrapsanó (bei Iráklio) hergestellt. Früher brannten die Töpfer vorwiegend Gebrauchskeramik, große Vorratsgefäße (Pitharia), die schon die Minoer kannten. Heute bieten sie mehr und mehr Kunstgewerbeartikel wie Teller, Vasen oder Figuren an.

Web- und Stickarbeiten werden in Anógia, Axós, Krítsa und Fódele hergestellt. Rottöne sind vorherrschend.

Lederwaren: Schuhe, Gürtel, Taschen finden Sie in reicher Auswahl in Réthimno und Chaniá.

Ikonen können am besten bei Ikonenmalern in Iráklio und Réthimno erworben werden.

Olivenöl aus Kreta gilt als eines der besten Europas. Die höchste Handelsklasse ist ›kaltgepresst und aus erster Pressung‹ *(partheno elaiolado)*. Olivenöl kauft man in jedem Supermarkt. Oder Sie besorgen sich einen Kanister

und fragen bei einer Olivenpresse oder direkt beim Bauern nach.

Honig: Am besten ist der Thymianhonig aus der Samariá-Schlucht.

Telefonieren

Telefonkarten für Kartentelefone gibt es an allen Kiosken, bei der Telefongesellschaft OTE oder in Geschäften ab ca. 5 €. Deutlich länger als mit der normalen OTE-Telefonkarte telefoniert man mit der ›Chronokarta‹ privater Telefonunternehmen und der OTE, bei der man vor dem Telefonat eine lange Ziffer eintippen muss.

Internationale Anrufe: 00 oder +, dann Landescode (D 49, AU 43, CH 41) und Teilnehmernummer ohne führende Null; Landescode Griechenland: 30.

Webteppiche im Marktviertel von Chaniá

Telefonieren im Land: Es gibt keine Vorwahlnummern, man wählt immer die mit 2 beginnende zehnstellige Teilnehmernummer.

Handys

Die Netzabdeckung ist gut, meistens auch im Inland. Wer ein nicht-griechisches, z. B. deutsches, Handy anrufen will, muss die internationale Vorwahl (s. oben) vorwählen, auch wenn der Angerufene im Nachbarort ist. Die Roamingpreise in der EU sind zwar gesunken, doch wer viel telefoniert, kann dies günstiger mit einer griechischen Prepaidkarte (inkl. griechischer Nummer) tun, die es in Telefonläden und Supermärkten zu kaufen gibt.

Toiletten

Auf dem Lande ›very basic‹, in den besseren Lokalen sauberer. In vielen Toiletten muss das Papier in einen daneben stehenden Eimer geworfen werden (wegen Verstopfungsgefahr).

Man kann übrigens, ohne etwas bestellen zu müssen, ruhigen Gewissens eine Restauranttoilette benutzen, sollte den Wirt aber vorher fragen: »Pu ine i tualeta?«, oder höflicher »Pu ine to meros?« (»Wo ist der Ort?«).

Trinkgeld

Wie überall freuen sich Kellner und Taxifahrer über ein Trinkgeld, es sollte aber nicht zu gering ausfallen – das wirkt beleidigend.

Auch die Schlüsselverwahrer von Kirchen und Klöstern – die Schlüsselsuche kann gelegentlich ein Abenteuer werden – dürfen ein angemessenes Trinkgeld erwarten, Priestern hinterlässt man das Geld am besten am Eingang, wo ohnehin ›Sparbüchsen‹ für die Kerzen-Selbstbedienung aufgestellt sind. Im Kafenio wird in der Regel kein Trinkgeld erwartet.

Umgangsformen

Tagesrhythmus: Strikte Mittagsruhe ist von 14–17.30 Uhr, nach 23 Uhr darf man aber noch jemanden anrufen.

Einladungen kann man höflich ablehnen, wenn man im Ansehen steigen möchte. Ein gutzerzogener ›Herr‹ lädt selber ein, er lässt sich nicht einladen. Nimmt man eine Einladung zum Kaffee an, so darf man den Gastgeber nicht zu frühzeitig verlassen – der Kaffeesatz muss erkaltet sein. Wird man in ein Haus eingeladen, sollte man ein Gastgeschenk mitbringen.

Handeln und Feilschen: Großzügigkeit ist in Griechenland eine geschätzte Tugend, ›Geizhals‹ ein schlimmes Schimpfwort. Üblich ist Handeln allenfalls bei teurem Schmuck, Souvenirs oder scheinbar überzogenen Hotelpreisen.

In Kirchen und Klöstern: Knie und Schultern sollten bei Kirchen- und Klosterbesuchen bedeckt sein. Manche Klöster bieten Männern und Frauen in Shorts oder Frauen in Hosen Röcke zum Überziehen an.

Zeit

Griechenland gehört zur Osteuropäischen Zeitzone (MEZ plus 1). Wie in Westeuropa gibt es eine Sommerzeit. Uhren sind also ganzjährig bei der Einreise 1 Std. vorzustellen.

Zeitungen

Deutsche Presseerzeugnisse findet man in allen touristischen Orten auf Kreta meist schon am Erscheinungstag.

Panorama – Daten, Essays, Hintergründe

Landschaft bei Ágios Nikólaos mit Blick zum Díkti-Massiv

Steckbrief Kreta

Größte Städte: Iráklio (Heráklion), ca. 150 000 Ew.; Chaniá (Haniá), ca. 70 000 Ew.), Réthimno (ca. 30 000 Ew.).
Fläche: 8259 km²
Einwohner: Gut 600 000 Ew., dazu viele Saisonarbeiter, besonders aus Albanien. Am dichtesten ist die Nordküste besiedelt.
Amtssprache: Griechisch
Zeitzone: MEZ plus 1 Std. ganzjährig
Vorwahl: 00 (oder+) 33

Geografie und Natur
Kreta ist die größte und südlichste Insel Griechenlands, sie liegt etwa auf der Höhe von Zypern und Sizilien. Die Länge beträgt 255 km, die Breite dagegen schwankt nur zwischen 13 und 55 km. Die Natur ist geprägt von relativ schmalen Küstenebenen und einem gebirgigen Landesinneren, das bis über 2400 m Höhe ansteigt.

Staat und Politik
Verbleib in der Eurozone oder Rückkehr zur Drachme? Bei Redaktionsschluss war nicht abzusehen, wohin Griechenland steuert. Ausländische Investitionen bleiben aus, Bankkonten werden leergeräumt, Griechenland kann sich am Markt kein Geld mehr besorgen. Bei der Wahlwiederholung am 17. Juni 2012 erleiden die beiden traditionellen griechischen Großparteien, die sozialistische PASOK und die konservative Nea Demokratia, zwar empfindliche Verluste, können aber eine Regierung bilden. Die griechische Bevölkerung hat sich bei diesen Wahlen für die Rettung des griechischen Euro entschieden und nimmt dafür die staatlich verordneten Sparmaßnahmen in Kauf. Links- und rechtsradikale Parteien sind dennoch Profiteure der

Wirtschaftskrise, vor allem die radikalsozialistische Partei Syriza.

Im zentralistisch verwalteten Griechenland ist Kreta eine der zehn Regionen *(periferia),* deren Chef mit seiner Behörde dem Innenministerium unterstellt ist. Dieser verwaltet die von Athen angewiesenen Steuermittel, Polizei und Armee unterstehen seinem Befehl. Kreta besteht darüber hinaus aus den vier Verwaltungsbezirken *(nomos)* Chaniá, Réthimno, Iráklio und Lassíthi (Hauptstadt Ágios Nikólaos), die sich wiederum in Gemeindekreise *(dimos)* und Gemeinden *(oikismos)* gliedern.

Wirtschaft
Rund 50 % der Kreter sind selbständig. Etwa 15 % des Bruttoinlandsprodukts (BIP) erwirtschaftet die Landwirtschaft, 15 % die Industrie (v. a. verarbeitendes Gewerbe und Bauwirtschaft) und 70 % der Dienstleistungssektor, der die Bedeutung des Tourismus spiegelt (Griechenland gesamt: Landwirtschaft 3,7 %, Industrie 13,5 %, Dienstleistungen 82,8 %).

Kreta gehört zu den wirtschaftlich entwickeltsten Regionen Griechenlands. Folglich liegt die Arbeitslosenquote hier stets unter dem Landesdurchschnitt. 2012 wurde die Wirtschaft jedoch durch die Schuldenkrise Griechenlands und viele Streiks stark beeinträchtigt.

Landwirtschaft

Charakteristisch für Kreta ist die geringe Flächengröße der Agrarbetriebe. Sie beträgt lediglich 3,1 ha und liegt damit noch um einen halben Hektar unter dem griechischen Durchschnitt. Genossenschaften sind auf Kreta weit verbreitet. Die Bauern unterhalten allerdings keine Traktoren oder andere Geräte gemeinsam, sondern betreiben nur die Verarbeitung und Vermarktung der Produkte genossenschaftlich.

Ziel der Genossenschaften war und ist es, den übermächtigen Großhandel auszuschalten. So werden die meisten Ölpressen auf Kreta genossenschaftlich unterhalten. Aber auch Nichtmitglieder können ihr Öl gegen eine Naturalabgabe (meist 10 %, wiederum in Olivenöl) dort pressen lassen.

Die Produktion lässt sich in einen ›klassischen‹, vorwiegend Öl, Wein und Käse sowie in einen neueren, Gewächshausgemüse produzierenden Zweig aufteilen. Das ganze Jahr über können dank des milden Klimas und der fruchtbaren Böden in den Treibhäusern der Ebenen Südkretas Tomaten, Gurken, Salat und Spargel gezüchtet werden, die dann den Weg in die Supermärkte Westeuropas finden.

Das Dilemma der griechischen Landwirtschaft seit dem EG-Beitritt 1981 lässt sich am Schafskäse, Feta (›Scheibe‹) genannt, gut veranschaulichen. Er hat durch industriell aus Kuhmilch hergestellte Ware aus Holland oder Dänemark weitaus billigere Konkurrenz bekommen. Auf Kreta bringen inzwischen nur Tavernenwirte, die auch mit einheimischen Stammgästen ins Geschäft kommen wollen, noch original griechischen Käse auf den Tisch.

Tourismus

Kretas profitabelster Wirtschaftssektor, jährlich 1,5–2 Mio. Besucher. Die hohe Zahl von Privatzimmern, kleinen Hotels und Pensionen garantiert eine relativ breite Streuung der Einkünfte. Auf Kreta gibt es kaum einen Standort, in dem nicht Zimmer vermietet werden. Der übliche Bade- und Sightseeing-Tourismus ist durch Wanderurlaub und Agrotourismus, ›Urlaub auf dem Lande‹, erweitert worden.

Religion

Zu fast 100 % gehören die Kreter der griechisch-orthodoxen Kirche an. Religiosität ist stark ausgeprägt, die Kirche wird von fast allen, auch von den Kommunisten, anerkannt, weil sie in den Freiheitskämpfen an der Seite der Kreter stand. Kirchenaustritte sind so gut wie unbekannt – allerdings gibt es auch keine Kirchensteuer.

Für die kretische Kirche gilt ein besonderer Status. Sie ist wie auch vier Bistümer des Dodekanes und wie der heilige Berg Athos geistlich und verwaltungstechnisch nicht Athen, sondern direkt dem Patriarchat von Konstantinopel, heute Istanbul, unterstellt.

Geschichte im Überblick

Vorpalastzeit (6000–2000 v. Chr.)

Ab 7. Jt. v. Chr.
Die Besiedlung Kretas erfolgt im Neolithikum, vermutlich von Anatolien her. Der älteste, auf ca. 6500 v. Chr. datierbare Fund ist ein verkohltes Stück Holz aus Knossós.

Seit ca. 3000 v. Chr.
Erste städtische Siedlungen mit zentraler Verwaltung und einem spezialisierten Handwerk. Beginn der Bronzeverarbeitung. Zeugnisse dieser Zeit sind die ›Herrenhäuser‹ von Vassilikí und Mírtos, Goldschmuck, Siegel, und Keramik der ›geflammten Ware‹.

Ältere Palastzeit (ca. 2000–1700 oder 1630 v. Chr.)

ab 2000 v. Chr.
Die ›minoischen‹ Paläste entstehen – doch ungeklärt ist, wie das Staatswesen der Minoer organisiert war: Viele Forscher nehmen eine matriarchale Kultur an. Funde sind die ›Kamares-Keramik‹ und der ›Diskos von Phaistos‹.

1700 v. Chr.
Nach der Zerstörung der älteren Paläste und der sie umgebenden Städte durch ein Erdbeben (?) werden auf den Ruinen neue Paläste und Siedlungen erbaut. Ein gewaltiger Vulkanausbruch auf Santorin (datiert 1628 v. Chr.) verursacht weitere Zerstörungen.

Jüngere Palastzeit (1600–1400 v. Chr.)

Ab ca. 1600 v. Chr.
Wiederaufbau und Blütezeit. In diese Zeit fallen die Wandmalereien in den Palästen, ›Schlangengöttin‹ und Stierkopfgefäße, ›Flora-Stil‹ und ›Meeres-Stil‹ in der Keramik sowie die Linear-A-Schrift. Knossós wird gewissermaßen ›Hauptstadt‹ von Kreta. Die Minoer sind unbestrittene Seemacht im östlichen Mittelmeer: Handel mit dem griechischen Festland, den ägäischen Inseln, Ägypten und Kleinasien.

Mykenische Periode (1400–1000 v. Chr.)

Ab 1400
Nach erneuter Zerstörung aller Paläste wird allein Knossós weiter als Palast genutzt. Mykenische Einwanderer werden Herren Kretas. Die endgültige Zerstörung von Knossós erfolgt um 1375 v. Chr. Funde: Waffen, mykenisches Megaron und ›Agora‹ von Agía Triáda, Einführung der griechischen Sprache (Linear B-Schrift).

Ab 12. Jh. v. Chr.
›Dunkle Jahrhunderte‹: Niedergang aller Hochkulturen im östlichen Mittelmeerraum. Dorer wandern vom Peloponnes nach Kreta ein. Ende der Palastkultur und Übergang zum Stadtstaat (Polis). Die Minoer ziehen sich in unwegsame Bergregionen zurück.

Zeit der griechischen Stadtstaaten (800–67 v. Chr.)

Ab ca. 800 v. Chr.
Ca. 35 Poleis teilen sich die Insel und befehden einander: Es gibt Kriege zwischen Górtis (Gortyn) und Knossós, Lýttos und Hierápytna

	(Ierápetra), Phalásarna (Falásarna) und Polyrheneía (Polirrinía). Weitere bedeutende Poleis sind Kydoniá (Chaniá), Láto und Priniás.
7. Jh. v. Chr.	Aufblühender Handel mit Ägypten. Auf ihren Seewegen nach Westen ist Kreta für die Phöniker eine wichtige Handelsstation. Die Geldwirtschaft kommt auf. Entstehung des Dädalischen Stils und der ›orientalisierenden‹ Großplastik.
Ca. 450 v. Chr.	Rechtsinschrift von Gortyn, das älteste Inschriftenzeugnis griechischen Privatrechts.
Ende 4.–1. Jh. v. Chr.	Zeit des Hellenismus. Die Städte Kretas unterstützen teils die eine, teils die andere Großmacht, die sich nach dem Tod Alexanders des Großen herausbildet. Viele Kreter, bekannt als Meister im Bogenschießen, verdingen sich als Söldner in auswärtigen Heeren. Das Piratenunwesen veranlasst Rom wiederholt zu Interventionen auf Kreta.

Römische Herrschaft (67 v. Chr.–4. Jh. n. Chr.)

67 v. Chr.	Nach dreijährigem Kampf wird Kreta als letztes Gebiet Griechenlands römische Provinz, Hauptstadt ist Górtis, heute ein Ruinenfeld. Zur Provinz gehört auch die Kyrenaika in Nordafrika (Libyen). Getreidelieferungen an Rom.
59 n. Chr.	Der Apostel Paulus landet auf seinem Weg nach Rom auf Kreta, vermutlich bei Kalí Limenés an der Südküste, und lässt seinen Begleiter Titus auf der Insel zurück. Beginn der Christianisierung, die aber erst im 3. und 4. Jh. durchschlagenden Erfolg gehabt haben dürfte.

Ausschnitt aus dem ›Prozessionsfries‹ von Knossós

4. Jh.	Toleranzedikt Kaiser Konstantins im Jahr 313; das Christentum wird 391 Staatsreligion. Verbot der alten Kulte und Religionen.

Byzantinische Zeit (395–1204)

395	Aufteilung des Römischen Reiches unter die beiden Kinderkaiser Honorius und Arkadius. Kreta fällt an das Oströmische bzw. Byzantinische Reich mit seiner Hauptstadt Konstantinopel (Byzanz). Beispiele frühchristlicher Kunst sind die Mosaiken in Oloús, Górtis und Léndas sowie die Titus-Basilika in Górtis.
726–780 u. 815–843	Ikonoklasmus (Bilderstreit) im Byzantinischen Reich: Das staatliche Verbot der Ikonenverehrung führt zu massiven Bilderzerstörungen. Kirchen werden in dieser Zeit nur unfigürlich ausgemalt.
826/827– 961	Araber (Sarazenen) halten Kreta besetzt. Abgeschnitten vom byzantinischen Handel, setzt auf der Insel ein ökonomischer Niedergang ein. Zahlreiche frühchristliche Bauten werden zerstört. Iráklio wird zum Umschlagplatz des Sklavenhandels, als Festung ausgebaut und erhält den Namen Rabd al Khandak (›Grabenfestung‹).
961	Der byzantinische Feldherr und spätere Kaiser Nikeforos Fokas erobert die Insel zurück. Kreta gehört bis 1204 wieder zum Byzantinischen Reich. Zu Lasten der Inselbewohner wird Land an Kriegsveteranen und adlige Familien vom griechischen Festland vergeben.

Venezianische Herrschaft (1204–1669)

1204	Kreuzfahrer unter Führung des Dogen von Venedig erobern im 4. Kreuzzug das christliche Konstantinopel und teilen das Byzantinische Reich in Feudalstaaten unter ›fränkischen‹ (französischen) Fürsten auf. Kreta und andere Ägäisinseln werden Venedig zugesprochen. Venedig ist zu dieser Zeit eine ›Weltmacht‹: Es kontrolliert den Levantehandel und besitzt im gesamten östlichen Mittelmeer Territorien.
1283–1299	›Revolte‹ des Alexios Kallergis. Sie führt zur Pax Alexii Kallergi, die den kretischen Grundherren Land zuweist und den Kretern einige Rechtszugeständnisse macht: So wird ein orthodoxer Bischofssitz erlaubt, interkonfessionelle Ehen sind jetzt geduldet.
1363/1364	Die ›Revolte‹ des Johannes Kallergis endet mit der Vertreibung sämtlicher Bauern von den fruchtbaren Hochebenen Lassíthi, Askifoú und Omalós – sie dienten den Aufständischen wiederholt als Rückzugsgebiete. Auch aus den Reihen der venezianischen Kolonisten auf Kreta, die sich teilweise mit Einheimischen verheiratet oder verbündet ha-

Der venezianische Markus-Löwe am Kastell von Iráklio

ben, erhebt sich Widerstand. In Iráklio wird zeitweilig eine unabhängige ›Republik des Heiligen Titus‹ ausgerufen.

1453 Eroberung Konstantinopels durch die Türken und Untergang des Byzantinischen Reichs. Künstler und Gelehrte fliehen ins venezianische Kreta. Byzantinische Kunsttraditionen setzen sich in der ›Kretischen Schule‹ fort. Im 16./17. Jh. entfaltet sich die ›kretische Renaissance‹.

1541 Geburt El Grecos in Fodele. In Iráklio wird eine orthodoxe Universität als Dépendance des Katharinenklosters vom Sinai gegründet.

1538–1600 Bau der venezianischen Befestigungsanlagen. Doch setzt der Niedergang Venedigs ein. Der Levantehandel ist von den Türken bedroht, die Seewege verlagern sich nach Westen.

1645 Landung türkischer Truppen bei Chaniá und Eroberung der Stadt. Kretische Freiheitskämpfer nutzen die Gunst der Stunde und schließen sich dem Kampf der Türken gegen die Venezianer an.

1648 Belagerung Iráklios, dem einzigen verbliebenen Stützpunkt Venedigs neben Gramvoúsa, Soúda und Spinalónga (Kalídon). Zuletzt stehen 29 000 Verteidiger rund 108 000 Türken gegenüber.

1669 Kapitulation und Übergabe Iráklios nach 20-jähriger Belagerung. Nach dem venezianisch-türkischen Friedensvertrag von 1671 verbleiben auf Kreta die Festungen Gramvoúsa (bis 1692), Soúda und Spinalónga (bis 1715) bei Venedig.

Türkische Herrschaft (1669–1898)

17. Jh. Umwandlung katholischer Kirchen in türkische Moscheen: Die Innenraummalereien werden übertüncht, Minarette hinzugefügt.

1770/1771 Der Aufstand der Sfakioten unter Führung des Kaufmanns Daskalojannis scheitert, dieser wird bei lebendigem Leibe öffentlich gehäutet.

1821–1829 Der griechische Unabhängigkeitskrieg erfasst Kreta. Die Türken ergreifen drastische Abschreckungsmaßnahmen: 1821 lassen sie den orthodoxen Bischof Melchisedek an einer Platane hängen, 1828 machen 8000 Türken 700 Sfakioten nieder, die sich in der Festung Frangokástello verschanzt haben.

1866 Die Niederschlagung eines Aufstands führt zum Massenselbstmord von Arkádi (s. S. 228). Die Forderung der Kreter nach der Union (Enosis) mit Griechenland scheitert.

1896/1897 Der Griechisch-Türkische Krieg endet nicht mit der angestrebten Vereinigung Kretas mit Griechenland, sondern auf Betreiben Englands mit Kretas Autonomie unter nomineller türkischer Oberhoheit.

Von der Unabhängigkeit zum Bürgerkrieg (1898–1949)

1898 Prinz Georg, Sohn des griechischen Königs Georg I. (reg. 1863–1913), wird von den Großmächten zum Hochkommissar Kretas bestellt. Zugleich erster politischer Auftritt von Eleftherios Venizelos (s. S. 79).

1913 Als Ergebnis der Balkankriege werden Kreta und Teile Makedoniens mit Griechenland vereinigt.

1922/1923 ›Kleinasiatische Katastrophe‹: Versuch der Besetzung der von Griechen besiedelten Küste Kleinasiens scheitert 1922 am türkischen Widerstand, es wird ein Bevölkerungsaustausch vereinbart: 22 000 Türken verlassen Kreta, dafür kommen 34 000 Griechen aus Kleinasien.

1924–1936 Griechenland ist Republik. Bis zu seinem Tod 1936 ist Eleftherios Venizelos wiederholt Ministerpräsident. Der Gegensatz zwischen Republikanern und Monarchisten bestimmt die Innenpolitik. 1936 errichtet der General Ioannis Metaxas eine faschistoide Diktatur.

Nov. 1940 Griechenland wehrt einen über Albanien erfolgenden Angriff Italiens ab und tritt auf Seite der Alliierten in den Zweiten Weltkrieg ein.

Mai 1941	Nach der Eroberung Griechenlands durch deutsche Truppen beginnt die ›Schlacht um Kreta‹ (s. S. 256).
1941–1945	Deutsche Besatzung Kretas. Auf den erbitterten Widerstand der Kreter reagieren die Deutschen mit Massenerschießungen. Während sich die Exilregierung König Georgs II. in London etabliert, spaltet sich der griechische Widerstand in einen kommunistischen (ELAS) und einen bürgerlichen Flügel (EOK).
1946–1949	Griechischer Bürgerkrieg. Kommunistischer Widerstand gegen die Re-Etablierung der griechischen Monarchie.

Das moderne Griechenland (1949 bis heute)

1952	Griechenland wird konstitutionelle Monarchie. Nato-Beitritt.
1967–1974	Militärdiktatur in Griechenland, unterstützt von den USA, um einen Wahlsieg der reformistischen Zentrumspartei zu verhindern.
1974	Sturz der Junta, die in den Putsch auf Zypern verwickelt ist.
1975	Volksabstimmung: 91 % der Kreter stimmen gegen die Monarchie (Gesamtergebnis 70 %). Griechenland wird Republik.
1981	Griechenland wird Mitglied der Europäischen Gemeinschaft.
2002	Durch einen harten Sparkurs (aber auch Bilanzfälschung) erreicht die sozialistische PASOK für das EU-Schlusslicht Griechenland die Aufnahme in die Euro-Währungsunion – zwei Jahre nach deren Beginn.
2004	Athen richtet die Olympischen Spiele aus, für die mit EU-Geldern eine enorme Modernisierung der Infrastruktur geschaffen worden ist.
2008	Erste Teilstücke der Nordküstenschnellstraße werden als Autobahn eröffnet (Kissamos–Iráklio).
2011	Im November kommt es in Folge der Schuldenkrise zur Bildung einer Übergangsregierung. Der parteilose Wirtschaftsfachmann Loukas Papadimos löst Giorgos Papandreou als Ministerpräsident ab.
2012	Bei den Parlamentswahlen am 17. Juni wird die konservative Nea Demokratia stärkste Partei. Zusammen mit der sozialdemokratischen PASOK ist eine Regierung derjenigen Kräfte möglich, die als Preis für die Eurorettung rigide Sparmaßnahmen beschlossen hatten.

Eine Insel als Kontinent

Kreta ist die größte Insel Griechenlands und nach Sizilien, Sardinien, Zypern und Korsika die fünftgrößte des Mittelmeers. Megalonissos, Großinsel, nennen viele Kreter ihre Heimat stolz und halten sie für einen eigenen kleinen Kontinent.

In der Tat hat dieser ›Kontinent‹ allerlei Superlative und Besonderheiten zu bieten. So ist Kreta die südlichste Region Europas, der südlichste Zipfel Griechenlands – nur hier können innerhalb Griechenlands Bananen angebaut werden.

Mehr als zwei Drittel der Insel sind von Gebirgen bedeckt. Im Laufe ihrer Geschichte waren die Kreter mehr den Bergen als dem Meer zugewandt. Die Berge waren Lebensgrundlage und Zuflucht der Widerstandskämpfer in den Jahrhunderten der Fremdherrschaft. Wegen ihrer Tapferkeit in diesen Kämpfen gelten die Kreter gleichsam als ›Super-Griechen‹.

Insel der Gebirge

Von Westen nach Osten lassen sich vier Hochgebirgsgruppen unterscheiden: die Weißen Berge (Lefká Óri) mit den 2452 m hohen Páchnes-Spitzen, das Ida-Massiv (Óros Idí) mit dem 4 m höheren Psilorítis (2456 m), das Díkti-Massiv (Lassithiótika Óri) mit dem 2148 m hohen Diktí und schließlich in Ostkreta das Orno- und Thriptí-Massiv (Óri Thriptís) mit dem 1476 m hohen Aféndis Stavroménos.

Die Erde lebt

Wie die Alpen und auch der Dinarische und Taurische Gebirgsbogen (Balkan, Griechenland, Südtürkei) faltete sich Kreta als ein Teilstück dieses Bogens erst in der Erdneuzeit, im Tertiär, zur heutigen Form auf. Dabei ist die Gebirgsbildung bis heute nicht abgeschlossen. »Unsere Felsen wachsen, alles bewegt sich, alles lebt«, wissen die Berghirten Kretas zu erzählen. Jährlich treibt die Insel um fünf Zentimeter nach Süden.

Meeresspiegel deutlich zu erkennen. Die antiken Hafenanlagen von Falásarna und das Kloster Chrisoskalítissa im Westen liegen heute in 6–7 m Höhe auf dem Trockenen.

Im Osten dagegen sind aus einstigen Halbinseln Inseln geworden, z. B. die kleinen Eilande in der Bucht von Mália oder die Insel Móchlos zwischen Sitía und Ágios Nikólaos mit ihren heute unter Wasser liegenden minoischen Mauern. Umgekehrt war im Westen die Halbinsel Paleochóra vormals eine Insel.

Und wie oft haben Erdbeben die Insel heimgesucht! Schon die Minoer suchten sich zu schützen, indem sie ihre Häuser als Fachwerkkonstruktionen bauten. Daten und Zahlen liegen erst ab dem 19. Jh. vor: 1810 waren bei einem Erdbeben 2000 Tote zu beklagen und 1856 blieben in Iráklio von 3620 Häusern lediglich 18 stehen! Iráklio wurde außerdem 1926 und 1970 von Erdbeben erschüttert.

Die labile Lage Kretas zwischen den Dinarischen Alpen und dem Taurus-Gebirge bewirkte in historischer Zeit ein wellblechartiges Auf und Ab der Küstenlinie, wobei sich der Westen Kretas hob und der Osten absank. Fährt man zum Beispiel nach Durchwanderung der Samariá-Schlucht mit der Fähre von Agía Rouméli nach Chóra Sfakíon, so ist die alte Küstenlinie etwa 50 m über dem heutigen

Unabhängig von diesen Bewegungen betrug der Anstieg der Meeresoberfläche seit der Zeitenwende durchschnittlich 1 mm pro Jahr, also 1 m in tausend Jahren, Beträge, die von der Erhebung im Westen abzuziehen und zur Senkung im Osten hinzuzuzählen sind. Die Zeitgenossen des Minos jedenfalls würden vermutlich heute ihre kretischen Küsten nicht mehr wiedererkennen. Und der aktuelle Anstieg von 7–8 cm pro Jahr (2008) wird diese Entwicklung noch deutlich verschärfen.

Schluchten und Höhlen

Reißende Flüsse, die im Winter durch Regen und Schneeschmelze gebildet werden, haben die Schluchten Kretas geschaffen: cañonartige Einschnitte,

die vor allem die steil abfallende Südküste gliedern und dort jeden Stra-
ßenbau am Meer entlang erschweren.
Am bekanntesten ist die Samariá-
Schlucht der Weißen Berge, ein Natur-
schutzpark, dessen Vegetation nicht
den Abholzungen des Menschen und
dem Hunger seiner Ziegen- und Schafherden zum Opfer gefallen ist.

Zum anderen haben Regen und
Schneeschmelze den Kalkstein der
Berge zu Höhlen ausgewaschen. Etwa
3000 Grotten hat man gezählt, hin und
wieder werden neue entdeckt. Viele
der Höhlen waren zugleich Zufluchts-
orte, Wohn- und Kultstätten. Leicht erreichbar und zur Besichtigung am besten geeignet ist die Zeushöhle Diktéo
Ándro auf der Lassíthi-Ebene.

Die Hochebenen

Hoch gelegene Schwemmlandebenen
sind eine weitere Besonderheit der
kretischen Landschaft. Sie haben sich
durch Erosion gebildet; die Erdkrume
der Berghänge ist im Lauf der Jahrhunderte in ein geschlossenes Tal ge-

›Nationalgetränk‹ Wasser

Eisgekühltes Wasser *(neró)* aus der
Leitung wird traditionell zu allen
Gelegenheiten gereicht. Zum Kaffee, zum Kuchen, zum Essen, zum
Wein, manchmal sogar zum Bier.
In den Touristenzentren verliert
sich diese Sitte immer mehr. In einfachen Tavernen kann man bis
heute ohne weiteres, auch ohne
zu konsumieren, um ein Glas Wasser bitten. Das kretische Wasser ist
ohne Probleme trinkbar, in den
Städten schmeckt es jedoch leicht
nach Chlor.

spült und dort abgelagert worden.
Diese Poljen sind sehr fruchtbar, ihr
Grundwasser wird hochgepumpt und
zur Bewässerung genutzt. Die ganzjährig bewirtschaftete Lassíthi-Ebene
war berühmt für ihre segelbespannte
Windräder als Antrieb für Wasserpum-
pen. Andere Hochebenen werden nur
in den heißen Monaten bewirtschaftet, z. B. die Omalós-Ebene in den Weißen Bergen oder die Katharó-Ebene
über Krítsa.

Mangelware: Wasser

Kreta liegt zwei bis drei Breitengrade
südlicher als Tunis und auch noch etwas südlicher als Gibraltar. Wasser ist,
wie vielerorts im mediterranen Raum
und überall in Griechenland, auch auf
Kreta rar. Regen fällt eigentlich nur im
Winter, und er verteilt sich zudem
nicht gleichmäßig über die Insel: In
Chaniá regnet es mit ungefähr 100 Tagen im Jahr doppelt so häufig wie in Sitía – die Weißen Berge fangen die Wolken ab und lassen sie ausregnen. Dem-
entsprechend grün ist auch die
Landschaft Westkretas.

Etliche Wasserläufe, die in früheren
Jahrhunderten reichlich flossen, sind
heute ausgetrocknet. Die Venezianer
zählten im 17. Jh. immerhin noch 47
kretische Flüsse. Und ältere Leute auf
Kreta erinnern sich, dass der Fluss
durch das ›Tal der Toten‹ bei Zákros früher auch im Sommer durchgehend
Wasser führte.

Als Tourist erfährt man heute jedoch, dass es in den letzten Jahren auf
Kreta viel zu selten geregnet hat. Hin-
gegen ist der Wasserverbrauch durch
die zahlreichen Hotels und durch die
Bewässerungen der Gemüsebauern in
den letzten Jahrzehnten enorm ge-
stiegen.

Im Reich der Wildziege

Die schönste Jahreszeit für Pflanzenfreunde ist zweifellos der Frühling. Dann lassen die letzten Regenfälle vor den heißen Sommermonaten alle Pflanzen erspießen. Ein bunter Blütenteppich überzieht selbst Schuttflächen. Angesichts dieser leuchtenden Pracht darf jedoch nicht vergessen werden, dass im Ganzen Wasserarmut und Verkarstung die Vegetation Kretas prägen ...

Niedrige Pflanzen, die in der dünnen Erdkrume Halt finden, überwiegen auf Kreta. Sie haben Hartlaub, um die Verdunstung zu begrenzen, und Zwiebeln, Knollen oder Pfahlwurzeln, um Wasser aus tieferen Schründen aufnehmen und speichern zu können. Neben der mediterranen Macchia-Flora wie Ölbaum, Johannisbrot, Aleppokiefer, Steineiche, Zistrose, Mastixbaum und Terpentinpistazie finden wir eine spezielle ostmediterrane Flora mit der immergrünen Kermeseiche, der blattabwerfenden Walloneneiche sowie dem Erdbeerbaum.

Wildblumen & Kräuter

Kreta ist aber auch reich an endemischen Pflanzen, die nur auf dieser Mittelmeerinsel beheimatet sind. Dazu gehört die Sternnarzisse, eine Strandpflanze, die schon auf einem minoischen Fresko aus Thíra (Santorini) abgebildet ist, ebenso wie die Iris cretica auf einem Fresko aus Knossós. Beide Malereien bezeugen die Naturverbundenheit der Minoer.

Die interessanteste Route für botanische Studien führt wohl durch die Samariá-Schlucht (s. S. 272). Hier kann man auf kleinem Raum sämtliche seltenen endemischen Pflanzen Kretas aus allen Lebensräumen, vom Hochgebirge bis zum Mittelmeer, finden.

In den höheren Lagen wachsen die lila blühende Ruten-Glockenblume und die Felsentulpe, außerdem das weiße kretische Alpenveilchen und eine Orchideenart, die kretische Ragwurz. Die Orchideenblüte sieht aus wie ein schwarzes Insekt mit weißer Zeichnung. In tieferen Lagen blüht von März bis Juni der kretische Ebenus mit weiß-rosa Blütenstand. Nur noch selten anzutreffen sind dichte Zypressenwälder, wie etwa bei der Kirche Ágios Nikólaos. Sie sind ein Relikt der Urbewaldung Kretas.

Und dann die zahlreichen Gewürz-, Tee- und Heilkräuter! Neben den bekannten Gewächsen Thymian, Salbei, Koriander und Oregano findet der Kenner im Gebirge die spezifisch kretischen Sorten Diktamo, Malotira und die kretische Kamille. Aus Diktamo wird ein Tee zubereitet, der schon im Altertum dafür berühmt war, dass er nicht nur Wunden heilt und Geburten erleichtert, sondern angeblich auch zur Liebe ›bereit‹ macht. Er trägt auf Kreta ein Dutzend verschiedener Namen, darunter Erotas. Aus Diktamo wird auch ein Balsamöl zum Einreiben gewonnen. Die Bezeichnung Malotira für eine andere bekannte Bergteesorte ist durch die Venezianer nach Kreta gekommen. Das Wort ist lateinischen Ursprungs und bedeutet so viel wie ›der die Krankheiten herauszieht‹. Beide Pflanzen wachsen im Hochgebirge. Die gesamte Palette kretischer Kräuter finden Sie auf jedem Markt und in vielen Geschäften.

Eine weitere typische Pflanze ist die kretische Zistrose, deren Stengel im Sommer einen stark riechenden Duftstoff ausscheidet, das Ladanum-Harz. Es wurde bis vor einigen Jahrzehnten von den Bauern mit Lederruten gesammelt, an denen das Harz hängen blieb. Als Heimat der Quitte gilt Chaniá; der antike Name der Stadt ist nämlich Kydonia, und so heißt auf Griechisch auch der Quittenbaum.

Wilder Thymian wächst überall auf den Geröllhängen Kretas

Eine spezifisch kretische Erscheinung sind auch die Dattelpalmen von Vái (s. S. 189) und die ›immergrüne Platane‹ von Górtis, von der es auf Kreta ca. 30 Exemplare gibt (s. S. 129).

Greifvögel und Wildziegen

In den Bergen wird der Wanderer verschiede Arten von Greifvögeln wie Adler und Lämmergeier erspähen und natürlich öfters einmal Rebhühner aufscheuchen. Seltener bekommt man das Agrimi zu Gesicht, die kretische Wildziege der Weißen Berge, die im Touristenjargon auch Kri-Kri genannt wird. Mit seinem gelbgrau gestreiften Fell, das sich kaum von der kargen Felslandschaft abhebt, weiß sich das Agrimi hervorragend zu tarnen.

Die Regierung hat auf den unbesiedelten Inseln Día und Ágii Theódori vor der Nordküste Kretas Reservate für die einst vom Aussterben bedrohten Agrimia (= Mehrzahl von Agrimi) geschaffen. Aber auch in der Samariá-Schlucht leben heute wieder einige Hundert dieser Wildziegen, die sich an die Touristen gewöhnt haben. Außerhalb der Schlucht sind sie jedoch von Wilderern bedroht, denn ihr Fleisch ist äußerst schmackhaft.

Zäune gegen Ziegen

Nur knapp 40 % der Bodenfläche Kretas ist landwirtschaftlich nutzbar, der Rest ist steiniges, brachliegendes Bergland. Die als Wald ausgewiesene Fläche beläuft sich auf weniger als 2 %, liegt somit noch unter dem gesamtgriechischen Durchschnitt. Für die Kargheit der kretischen Landschaft waren Abholzungen in den vergangenen Jahrhunderten verantwortlich. Dass nichts nachgewachsen ist, liegt an den Ziegen und Schafen.

Auf dieser felsigen Insel mit ihren abweisenden Berghängen weiden etwa 370 000 Schafe und Ziegen, die unaufhörlich zwischen den Felsen herumklettern und mit mahlenden Kiefern die karge Vegetation abfressen. In den 1970er-Jahren gab es doppelt so viele Schafe und Ziegen. Die Weidegründe in den Weißen Bergen können wegen des Schnees im Winter nicht genutzt werden, so dass für diejenigen Tiere, die nicht in Ställen unterkommen, das flachere Hügelland herhalten muss. Daher die Zäune, die man auf Kreta überall dort zieht, wo es gilt, Pflanzungen vor den gefräßigen Tieren zu schützen.

Staatliche Eingriffe

Neben den Herdentieren, deren Zahl man genau kennt, weil die Besitzer pro Schaf oder Ziege EU-Subventionen um 20 € beantragen, gibt es eine schwer zu schätzende Anzahl von nicht subventionierten Haustieren, die von den Bauernfamilien dorthin geführt werden, wo es noch etwas Grün gibt.

Seit dem Zweiten Weltkrieg versucht der griechische Staat, zuletzt mit EU-Subventionen, den Waldanteil auf Kreta zu erhöhen. Die EU finanziert das Aufforstungsprogramm heute zu ca. 90 %. Schäfer, die private Weidegründe einzäunen und bepflanzen, erhalten für diese mühselige Arbeit mehr Geld, als Ziege und Schaf abwerfen würden.

Das ist verführerisch, zumal die Lage der Viehzüchter alles andere als rosig ist. Industriell hergestellter Käse aus Holland, Deutschland und Dänemark wird in den Geschäften weit billiger angeboten als die hausgemachten kretischen Sorten. Der Verdienst im Käsegeschäft ist so gering, dass viele Hirten im Winter von der Agrarbank Kredite für Maisfutter aufnehmen müssen.

Käseproduktion

Ende Mai oder Anfang Juni ziehen die Schäfer mit ihren Herden in die Berge. Erst im Oktober geht es zurück. Ihr Heim ist in dieser Zeit das Mitato, die Käserei. Es besteht aus einem Wohnraum, in dem auch ein großer Kupferkessel für die Erhitzung der Milch steht, aus Lagerräumen für die Käselaibe und aus der Mandra, dem Pferch.

In die Hochlagen der Weißen Berge führen bis heute keine befahrbaren

Wege, Transportmittel sind wie seit Jahrhunderten Esel und Maultier. Zur Kommunikation mit den Angehörigen ist heute das Handy unverzichtbar.

Schafe und Ziegen können bis etwa Mitte Juli gemolken werden. Jedes Tier gibt pro Melkvorgang nur wenige Tassen Milch. Gleich nach dem Melken wird die Milch mit etwas Lab in einem Kupferkessel erhitzt.

Die Temperatur beim Erhitzen entscheidet über die Sorte. Der harte, weiße Kefalotyri (›Kopfkäse‹, wegen seiner Form) braucht 45 °C. Man nimmt ihn, um Nudelgerichte zu würzen. Graviera, der mildere, weichere, strohgelbe kretische Gruyère, braucht 50–52 °C. Mit bloßen Armen oder mit Kellen schöpfen die Hirten dann die Käseklumpen vom Grund des Kessels und füllen sie in Trommeln, in denen die Molke ablaufen kann. Schließlich wird der Käse gesalzen. Wenn man die Restmilch im Kessel zusammen mit Frischmilch auf 78 °C erhitzt, erhält man Anthotyros (wörtlich: ›Blumenkäse‹), einen quarkähnlichen kretischen Ricotta.

Oft werden Schaf- und Ziegenmilch gemischt. 400 Tiere ergeben etwa drei Tonnen Käse und Quark. Weitere Varianten des kretischen Käses sind Myzithra, ebenfalls ein Quarkkäse, und der pikante Kefalograviera, ein ausgereifterer Graviera. Feta gehört übrigens nicht zu den traditionellen Käsesorten Kretas.

Alle diese wunderbaren Käse verführen dazu, die Schäden, die Schafe und Ziegen der kretischen Landschaft antun, zu vergessen. Wanderer haben allerdings noch einen weiteren Grund, insbesondere die Ziege zu schätzen. Denn Ziegen sind es gewesen, die in schwierigem Gelände als erste die Pfade angelegt haben, denen wir heute folgen können.

Die Minoische Kultur

Es war eine Sensation, als der Brite Arthur Evans vor ca. 100 Jahren, von 1900 bis 1903, in Knossós einen Palast ausgrub, dessen Typus man bis dahin auf griechischem Boden nicht kannte.

Ans Tageslicht kamen Frischwasserrohrsysteme und Entwässerungskanäle, die von einer entwickelten Kultur zeugten. Anlagen dieser Art waren bis dahin nur aus dem Orient und Ägypten bekannt. Evans benannte die Kultur, die zwischen 2000 und ca. 1450 v. Chr. auf Kreta und in der Ägäis florierte, nach dem sagenhaften König Minos, von dem Homer in seiner »Ilias« erzählt, die Minoische Kultur.

Im Labyrinth

Schon auf die Besucher der Antike wirkten die Ruinen von Knossós ›labyrinthisch‹. Die Kennzeichen minoischer Palastarchitektur, ineinander verschachtelte Räume, schmale, verwinkelte Gänge, unregelmäßig vor- und zurückspringende Fronten, allgemein: die fehlende Symmetrie, waren der klassischen griechischen Architekturästhetik geradezu entgegengesetzt.

Das Stierspringerfresko von Knossós

63

Auch die minoischen Mauern waren unregelmäßig gebaut. In den unteren Schichten lagen Kalksteinquader, darüber erhob sich ein Fachwerk aus Holz, Bruchstein und Lehmmörtel. Verkleidet waren die Wände mit einem Putz aus Lehm und Strohgehäcksel.

Alle minoischen Paläste wiesen folgende Gemeinsamkeiten auf:

Zentralhof und Westhof: Hier fanden politische und religiöse Versammlungen oder auch Stierspiele statt.

Prozessionswege: Sie waren gegenüber dem Grundniveau leicht erhoben und für die öffentliche Darstellung der Opfergaben gedacht.

Lustralbäder: Eingetiefte, über Stufen zugängliche Wasserbecken zur kultischen Reinigung.

Polythyron: eine Wand aus Türen und Fenstern zwischen Pfeilern, die man je nach Wetter und gewünschtem Innenklima öffnen und schließen konnte.

Pfeilerhallen und Wohnbereiche: Große Hallen dienten als Empfangsräume, davon abgesondert lagen die Wohnbereiche des Fürsten.

Lebendige Bildkunst

Die Wandmalereien in den Palästen können thematisch in drei Gruppen eingeteilt werden:

›Kretischer Naturalismus‹: Malereien in dekorativer Absicht, mit Motiven aus der Flora und Fauna, etwa Affen, Rebhühner oder Blumen wie Lilien in angedeuteten Garten- und Parklandschaften. Die minoische Malerei ist reine Flächenkunst: Eine Tiefendimension wird dadurch suggeriert, dass auf allen Seiten des Bildes Landschaftselemente eingefügt sind, die auf die Mitte des Bildes weisen.

Prozessions- und Kultbilder: Sie zeigen Frauen und Männer beim Opfer oder bei einer Göttererscheinung. Die Prozessionsteilnehmer tragen meist Rhyta, das sind Spendgefäße mit einem Loch im Boden, das mit der Hand abgedeckt wurde.

Einzelszenen und Porträts: Dazu zählen der ›Prinz mit der Federkrone‹, das ›Stiersprungfresko‹ oder die ›Kleine Pariserin‹.

Kunst der Paläste

Die erhaltene minoische Kunst ist reine ›Palastkunst‹, sie spiegelt den Alltag und das Selbstverständnis der Herrschenden. Kriegs- oder Triumphszenen sind nicht zu sehen. Waren die Minoer also besonders friedfertig? Nicht unbedingt. Eine solche Annahme würde sich kaum mit der nachweislich auf eine starke Flotte gestützten Seeherrschaft der Minoer vertragen. Unangefochten beherrschten sie die Seewege zwischen Peloponnes, Kleinasien und Ägypten. Minoische Keramik überschwemmte die Märkte des Ostens. In ägyptischen Gräbern zeigen Wandmalereien immer wieder die ›Keftiou‹ (›Kreter‹), die Gaben – oder vielleicht besser Handelswaren – bringen.

Bisher haben die Ausgrabungen keine **Ummauerungen** für Städte und Paläste ans Licht gebracht – vermutlich gab es dafür keinen Grund. Die Flotte konnte Eindringlinge schon vor den Küsten abwehren. Und dass auch die Paläste nicht ummauert waren und sich baulich in eine sie umgebende Stadt fast nahtlos einfügten, lässt den Schluss zu, dass es in der minoischen Gesellschaft keine Klassenantagonismen gab, die für die Palastherrschaft hätten bedrohlich werden können.

Der Lilienprinz

Venezianische Architektur

Die Renaissance-Architektur im ›Regno di Candia‹ lässt sich in drei Gattungen einteilen: Sakralarchitektur, städtische Repräsentationsarchitektur und Festungsbau.

Kirchen und Paläste

Viele Kirchen Kretas, insbesondere Arkádi (s. S. 228) und Agía Triáda auf Akrotíri (s. S. 249), besitzen prächtige Renaissancefassaden. Sie wurden von Italienern in Auftrag gegeben, die zum orthodoxen Glauben konvertiert waren. Kennzeichen dieser Architektur sind vorgeblendete Halbsäulen oder -pfeiler, die auf ebenso vorgeblendeten Sockeln stehen und korinthische oder andere Kapitelle tragen. Darüber folgen eine prächtige Gesimszone (Attika) und schließlich üppig geschmückte Giebelfelder und andere Bekrönungen.

Zur städtischen Repräsentationskultur gehören vor allem die Brunnenbauten in Iráklio und Réthimno sowie die beiden Loggien in ebendiesen Städten. Diese Clubhäuser des Adels zeigen prächtige doppelgeschossige Arkaden als Hauptmerkmal. Von den Wohnhaus-Fassaden sind meist nur Spolien erhalten, die Häuser wurden von den Türken und danach von den Griechen gründlichst umgestaltet.

Festungsbau

Am beeindruckendsten ist freilich der venezianische Festungsbau. In der zweiten Hälfte des 16. Jh. ließen die Venezianer von der tribut- und fronarbeitspflichtigen griechischen Bevölke-

rung und von zusätzlich angeworbenen Arbeitskräften aus Westeuropa gewaltige Festungen mit schräg gestellten Mauern und Bastionen bauen, wie man sie in Iráklio, Réthimno und Chaniá sowie auf der Inselfestung Spinalónga (s. S. 165) vor Augen hat. Diese Bauwerke wurden zur Abwehr der osmanischen Expansion errichtet, die unter Selim I. zwischen 1512 und 1520 von neuem begann und unter Süleyman (Soliman) dem Prächtigen ihren Höhepunkt erreichte.

Geistiger Vater des venezianischen Festungsbaus auf Kreta war der Veroneser Architekt Michele Sanmicheli, der berühmteste Festungsingenieur seiner Zeit. Damit die Schutzwälle unter der Wucht eines Kugelhagels nicht sofort wie ein Kartenhaus in sich zusammenstürzten, wurden die Mauern abgeschrägt: Die Statik war dadurch erheblich verbessert und nahm dem Beschuss viel von seiner Wucht. Des Weiteren wurden vorgezogene Bastionen angelegt, um die dazwischen liegenden Abschnitte der Umfassungsmauer (Kurtinen) im Visier zu haben.

Ein Wassergraben sowie ein unbebautes, leicht abfallendes Vorland, das Glacis, sollten den Feind zusätzlich auf Distanz halten. Zur besseren Sicherung des Vorgeländes wurden manchmal Außenwerke angelegt, so zum Beispiel das Forte di San Dimitri vor der Ostseite der Festung Iráklio.

Manche Festungen bergen im Inneren noch eine Zitadelle als Innenbefestigung, falls es dem Feind schließlich doch gelingen sollte, die Hauptmauer zu überwinden. Besonders stark ausgebaut und eindrucksvoll ist die Fortezza von Réthimno, eine regelrechte ›Festung in der Festung‹.

Kretische Gastfreundschaft

**Sie ist selten geworden, doch mit et-
was Glück trifft man sie immer noch
an. In der Kreta-Literatur nimmt sie
so breiten Raum ein, dass sie bereits
sprichwörtlich wurde: die kretische
Gastfreundschaft.**

Zwei Reiseberichte sind in dieser Hinsicht besonders beeindruckend. Beide
schildern Begebenheiten aus der deutschen Besatzungszeit, in der Deutsche
und Griechen ja im Prinzip spinnefeind
zueinander standen.

Gastfreundschaft
in Berichten

Erhart Kästners Reisebericht »Kreta,
Aufzeichnungen aus dem Jahre 1943«
ist – bereinigt von allzu profaschisti-
schen Passagen – 1975 im Insel Verlag

neu erschienen. Kästner erzählt, wie er
und zwei deutsche Begleiter im Krieg
im Dorf Samariá in der gleichnamigen
Schlucht von der Familie Viglis – die
Männer allesamt Partisanen – gastlich
aufgenommen wurden. Als die Deutschen zurückkehren möchten, versuchen die Viglis sie zurückzuhalten.

Schließlich geben sie nach, schicken
aber nachts nach dem Bürgermeister
von Agía Rouméli; dieser soll die Deutschen mit zwei Viglis-Brüdern bis zum
oberen Ende der Schlucht bei Omalós
begleiten. Nach einigen Stunden gelangt die Gruppe zum Einstieg. Plötzlich verabschieden sich die Kreter eilig,
gleich darauf treffen die Deutschen
auf eine feldmäßig ausgerüstete deutsche Militärpatrouille.

Entgeistert fragt der Leutnant, was
sie denn da unten in der Schlucht zu
suchen hätten. In den letzten Tagen

hätte es dort Kämpfe mit den Partisanen gegeben. Kaum vorstellbar, aber wahr: Die Viglis-Familie, die selbst aktiv an diesen Kämpfen teilnahm, hatte die Deutschen – unter dem Schutz des Gastrechts – sicher aus dem Kampfgebiet geleitet. Die Begleitung des Bürgermeisters diente dem Schutz der Gäste vor eigenen Mitkämpfern.

Der Heidelberger Archäologe Roland Hampe, der im Krieg auf Kreta wissenschaftlich tätig war, wurde, obwohl zu den Besatzern gehörend, zu einer Hochzeit in Agía Rouméli eingeladen. Zwei bewaffnete deutsche Soldaten begleiteten ihn. Hampe überredete sie jedoch, die Waffen abzugeben: Gastfreundschaft sei das heiligste Gut in Griechenland, im Falle einer Gefahr könnten sie jederzeit mit dem Schutz durch die Gastgeber rechnen.

Wie Hampe später erfuhr, hatten auch zwei als Kreter verkleidete englische Offiziere an der Hochzeitsfeier teilgenommen. Unter dem Mantel der kretischen Gastfreundschaft hatten die Kriegsgegner also miteinander gegessen, getrunken, gescherzt und geplaudert.

Soziologie der Gastfreundschaft

Gastfreundschaft hat in Griechenland eine uralte Tradition. Ihre Wurzel liegt im Erfordernis, ein soziales Netz zu knüpfen, das über die Familie hinausgeht. Wer eine Einladung oder ein Geschenk annimmt, geht nach ungeschriebenem Gesetz eine unumstößliche Verpflichtung auf Gegenseitigkeit ein.

In Reiseführern ist oft zu lesen, es sei eine Beleidigung für den Gastgeber, eine Einladung abzulehnen. Dem ist nicht so! Griechen lehnen Einladungen oft ab. Man zeigt dadurch Größe, denn man begibt sich nicht in die Abhängigkeit eines anderen. Im Gegenteil, man möchte selber einladen und sich so gleichsam eine ihm zu Dank verpflichtete Klientel schaffen, auf die man später mal zurückgreifen kann.

Der Tourist hat aber in der Regel keine Gelegenheit, sich für eine Einladung zu revanchieren. Hier wäre daher höfliche Ablehnung der angetragenen Gastfreundschaft oft angebrachter als deren Annahme.

Die Quellen
Erhart Kästner: Kreta. Aufzeichnungen aus dem Jahre 1943, Insel Verlag 1975

Roland Hampe: Hochzeit auf Kreta, in: Georg Rohde (Hg.), Festschrift Edwin Redlob zum 70. Geburtstag, Berlin 1955

Die soziale Lage der Kreter

Seit den 1980er-Jahren haben Griechenland und vor allem touristische Regionen wie Kreta eine stürmische Entwicklung erlebt. Anders formuliert: Im Straßenbild ist der Esel weitgehend verschwunden, dafür hat jetzt jeder ein Handy.

Griechenland und die EU

In den 1990ern hat es Griechenland durch einen rigiden Sparkurs geschafft, die Kriterien für den Euro-Club halbwegs zu erfüllen, doch die Bevölkerung, vor allem die lohnabhängige, musste dafür erhebliche Einschränkungen hinnehmen. Es sollten nicht die letzten sein. Die Schuldenkrise verschärfte den Sparkurs und brachte weitere Einschränkungen. Ca. 25 % der Griechen leben heute unterhalb der Armutsgrenze.

Drei Jahrzehnte nach dem Beitritt zur damaligen EG zählt Griechenland trotz Euro-Qualifikation durch die ›alten‹ EU-Länder immer noch zu den ökonomisch schwächsten Mitgliedern. Infolge der Schuldenkrise fehlt dem Staat heute das Geld, um es zur Konjunkturförderung, wie z. B. 2004 für die Olympischen Spiele, an Bauunternehmer auszuschütten. Kreta gehört zwar zu den dynamischsten Wachstumsregionen des Landes – das Durchschnittseinkommen liegt 5–10 % über dem des restlichen Griechenlands –, dennoch sind auch hier die Löhne im Ganzen niedrig und die Preise relativ hoch.

Lohnbeispiele

Die Gehälter der Staatsangestellten wurden im Zuge der Schuldenkrise um ca. 30 % gekürzt. Paradoxerweise liegt der durchschnittliche Nettolohn aller Arbeitnehmer unter dem durchschnittlichen Rentenniveau. Eine 55-jährige verheiratete Lehrerin am Gymnasium mit zwei Kindern und 26-jähriger Berufspraxis verdient im Monat ca. 1200 € netto, ein Kellner 700 €, ein 55-jähriger Ordinarius an der Universität 2200 €. Auch Handwerkerlöhne sind niedrig und werden zudem durch die Konkurrenz ausländischer Arbeiter gedrückt, vor allem durch Albaner und Asiaten (viele von ihnen arbeiten illegal). Ein Steinsetzer für Natursteinmauern verdient gerade einmal 40 € am Tag, ungelernte Arbeiter nur 30–35 €.

Die Preise sind teils niedriger, teils höher als in Deutschland. Ein Kaffee im Dorfkafenio oder gutes Olivenöl kostet weniger als die Hälfte, auch Obst, Gemüse und Brot sind preiswerter als in Deutschland. Teurer sind Kleidung, Importlebensmittel, Konserven, Haushaltsgeräte, Kosmetika, Reinigungsmittel sowie Autos.

Bei dem niedrigen Lohnniveau ist es nicht verwunderlich, dass sich Kreter am liebsten mit einem eigenen *magazi* (Geschäft) selbstständig machen möchten und dann auch bereit sind, bis tief in die Nacht zu arbeiten – die Zahl der Selbstständigen ist auf Kreta wie in Gesamtgriechenland weit höher als die der Lohnempfänger!

Lieber für uns als für die Regierung in Athen

Doch die Gewinne der vielen kleinen Selbstständigen, der *mikro mesaies,* wie man diese Schicht nennt, sind meist schmal. Nehmen wir ein beliebiges Dorfkafenio, in dem Rentner oft Stunden sinnierend sitzen und sich noch nicht einmal einen Kaffee leisten. Und wenn, kostet der nur einen Euro! Wie

kann der Wirt bei derart niedrigen Umsätzen für sein Alter Vorsorge treffen?

Bei all diesen Selbstständigen gilt Steuerhinterziehung oft als überlebensnotwendig. Dazu kommt eine ausgeprägte und weit verbreitete ›Antistaatlichkeit‹, die sich aus dem Misstrauen gegen all die zahlreichen Fremdherrschaften speist. Politiker gelten in der öffentlichen Meinung gern als *fagades,* das heißt ›Fresser‹.

Die EU-Kommission schätzt, dass etwa ein Drittel des griechischen Sozialprodukts durch Schwarzarbeit erbracht wird – eine gigantische ›Schattenwirtschaft‹. Beamte und Lohnabhängige arbeiten in ihrer Freizeit im ›Nebenjob‹, viele Gewerbetreibende, etwa Tavernenwirte, zweigen ein Gutteil des Umsatzes an der Steuer vorbei direkt in die eigene Tasche ab. Dieser Schicht der Selbstständigen und der gigantischen Schattenwirtschaft ist es denn auch geschuldet, dass trotz der desolaten Wirtschaftslage eine gewisse Binnennachfrage herrscht, was sonst aufgrund der niedrigen Löhne unmöglich wäre.

Die Behörden dagegen versuchen, den Umsatz von Gewerbebetrieben zu schätzen und drohen mit Lizenzentzug. Sie erscheinen unangemeldet in Tavernen, Steuern werden mit der Stromrechnung eingetrieben. Und ein Bauherr wird erst ans Stromnetz angeschlossen, wenn die Sozialversicherungsbeiträge der Bauarbeiter ordnungsgemäß abgeführt wurden.

Auf der anderen Seite ist das soziale Netz wenig tragfähig. Viele Kleinbauern beziehen nur eine Mindestrente von gerade einmal 200 € im Monat. Die Mindestrente für Arbeiter, die meist Miete zahlen müssen, ist höher, sie beträgt ca. 600 €. In Rente geht man normalerweise mit 65, Schwerstarbeiter bereits mit 55.

Patronat und Klientel

Ohne Formalitäten kann man das Gebäude der kretischen Provinzverwaltung am alten Hafen von Iráklio betreten. Die Türen sämtlicher Diensträume stehen offen. Niemand achtet auf den Besucher.

Im zweiten Stock liegt das Arbeitszimmer des höchsten kretischen Beamten. Im Vorzimmer sitzen ein paar Bittsteller und warten, bis sie an der Reihe sind. Auch in Athen unterhalten viele Minister ein ›Politisches Büro‹, in dem sie ohne Formalitäten und Voranmeldung zu sprechen sind. Häufig geht es bei den Gesuchen um einen Job beim Staat. Vor Wahlen sind die Chancen am besten, dann geben sich die Besucher beim Minister die Klinke in die Hand. Wahlstrategen vermuten, dass jede Einstellung vier bis fünf Wählerstimmen aus dem Umfeld des Begünstigten beschafft.

Kontakte sind alles

Persönlicher Kontakt zählt, und zwar auf allen Ebenen: bei den Verwaltungsbehörden im Dorf, in der Kreishauptstadt, in der Bezirks- und Provinzverwaltung und schließlich beim Abgeordneten in Athen. Kaum jemand würde auf die Idee kommen, ein wichtiges Gesuch oder eine Beschwerde schriftlich abzufassen, um dann auf eine Antwort zu warten, die wohl niemals ihren Weg aus der Büro-

kratie finden würde. Ein Kreditantrag bei der Agrarbank, die Bitte um einen Studienplatz an der Universität, Baugenehmigungen – dies sind nur einige Gelegenheiten, als Patron tätig zu werden. Hat der Patron Erfolg, steigt sein Ansehen, seine Klientel vergrößert sich, und er wird vielleicht zum Abgeordneten ins Athener Parlament gewählt oder hat als Arzt oder Rechtsanwalt immer gut zu tun.

Soziologie des Klientelwesens

Patronatsverhältnisse gibt es schon innerhalb der Familie. Der *koubaros* steht einem Paar bei Eheanbahnung und Heirat zur Seite. Als geistiger Verwandter des Paares gehört er zur Familie. Bei Nachwuchs wird der *koubaros* meist auch Pate, *nonnos*. Die Wurzeln des Klientelismus liegen in der Zeit der osmanischen Herrschaft. In fast jedem Dorf saß damals ein Aga, in den Städten ein Bey oder Pascha, ohne deren Zustimmung nichts lief. Die Dörfer wählten daher einen *kapetanios*, der die Anliegen der Dorfbewohner beim türkischen Herrn vorbrachte.

Armut und Analphabetismus, auf Kreta zusätzlich gepaart mit jahrhundertelanger Fremdherrschaft führten zum Klientelwesen. Begünstigt durch das Fehlen einer modernen Staatsverwaltung konnte sich dieses System bis heute erhalten.

Kretische Feste, kretische Bräuche

Nicht anders als im übrigen Griechenland setzen kirchliche, politisch-nationale und Erntefeste im Jahresablauf markante Akzente. Im Sommer finden außerdem in den größeren Städten Kretas Kulturfestivals statt.

Kirchweihfeste

Am beeindruckendsten und unter großer Anteilnahme der Bevölkerung werden die Kirchweihfeste, die *panigiria*, begangen, je nach Lage der Kirche auf der Platia oder irgendwo in freier Natur. Das eigentliche Fest beginnt schon am Vorabend. Man isst, trinkt und tanzt ausgiebig, Musikanten spielen dazu stundenlang Lyramusik. Am anderen Morgen ist der Gottesdienst, danach folgt oft eine Prozession mit der Patronatsikone.

Hochzeit und Taufe

Auch die privaten Feste, insbesondere Hochzeit und Taufe, werden fast immer öffentlich gefeiert. In den Dörfern kommt jeder dazu. Sogar neugierige Betrachter werden manchmal aufgefordert, Platz zu nehmen und mitzuessen – erwarten darf man das aber nicht. Irgendwann wird es dann – obwohl verboten – ziemlich laut knallen: Man schießt Salut. Besonders in Westkreta ist der Gebrauch von Schusswaffen noch stark verbreitet. Beleg dafür sind durchlöcherte Straßenschilder, die man als Zielscheibe benutzt. Waffenkundige können an den Einschusslöchern feststellen, dass auch Kriegsmunition in Gebrauch ist – von Waffen, die sich Kreter illegal beschafft haben oder die gar noch aus der Weltkriegszeit stammen.

73

Der Abendbummel: die Volta

Ein beliebter Brauch ist die abendliche Volta, das Auf- und Abgehen auf der zentralen Flanierstraße des Orts oder in den Küstenorten auf der Meerpromenade am Hafen. Man spaziert gemächlichen Schrittes im Familienverband oder der Freundesgruppe und grüßt Freunde und Bekannte. Freundinnen gehen Hand in Hand; sie finden in der Clique Sicherheit und die Schlagfertigkeit, den Flachsereien der jungen Männer eine passende Antwort zu geben. Überhaupt, beim abendlichen Straßenleben ist stets die Kleingruppe vorherrschend. Selten sieht man einzelne Paare für sich, auch nicht in den Restaurants.

Trachten

Trachten sind inzwischen sehr selten geworden. Man bekommt sie eventuell noch an Feiertagen (s. S. 37) zu sehen, wenn eine Volkstanzgruppe auftritt. Männer wie Frauen tragen dann kostbar bestickte Westen, die Männer dazu eine rote Bauchbinde, in der ein Schmuckmesser steckt, die Frauen Ketten mit Goldmünzen.

Zur traditionellen Arbeitskleidung gehörten früher das Fransen-Kopftuch *sariki,* ein einfaches Hemd, eine weite Hose und hohe Schaftstiefel aus Leder – und das alles in Schwarz. Schwarz ist die Farbe der Trauer, aber auch ein Ausdruck des Stolzes auf die tapferen Vorfahren, die in den Freiheitskriegen ihr Leben ließen. Doch auch diese Kleidung sieht man nur noch sehr selten, allenfalls in der abgelegenen Bergregion um Chóra Sfakíon.

Heute bevorzugen die Kreter westeuropäische Kleidung. Es fällt jedoch auf, dass viele gedeckte Farben, meist Schwarz wählen, die kretische ›Nationalfarbe‹ also. Und bis heute tragen Bauern und Hirten oft einen knorrigen Spazierstock mit typisch rundgebogenem Kopf, die *katsouna.*

Alter Schäfer mit der typischen Tracht

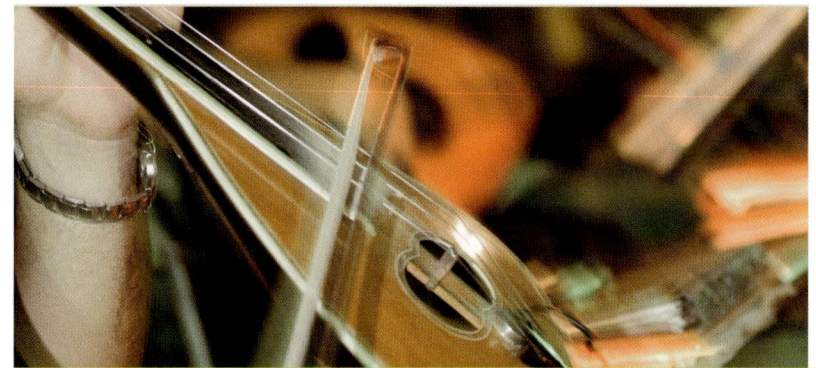

Sirtaki, Bouzouki und die Lyra

Wohl keine andere Melodie verbinden Ausländer mit Kreta und Griechenland so sehr wie die Filmmusik aus ›Zorba the Greek‹ (deutsch ›Alexis Sorbas‹), ein Welterfolg des amerikanischen Kinos von 1964.

Der Sirtaki

Regisseur Michael Cacoyannis ist Zypriote britischer Nationalität, formal war die Verfilmung des berühmten Zorbas-Romans von Nikos Kazantzakis jedoch eine amerikanische Hollywood-Produktion. Cacoyannis verpflichtete Anthony Quinn († 2001), für die Hauptrolle des Alexis Sorbas. Doch da dieser die komplizierten kretischen Tänze nicht so schnell lernen konnte, musste eine Filmmusik geschaffen werden, die leicht tanzbar war.

Diesen Auftrag nahm Mikis Theodorakis an, der große Repräsentant des griechischen politischen Liedes. Theodorakis war nicht unerfahren in Filmkomposition, hatte er doch schon für 16 Filme die Musik komponiert. Nun ›erfand‹ Theodorakis den Sirtaki. Der Name ist die Verkleinerungsform von Sirtos, einem in ganz Griechenland bekannten Tanz.

Doch mit diesem verbindet den Sirtaki nur der Name: die Schritte entlehnte Theodorakis dem Chasapiko, dem ›Metzgertanz‹ der Griechen aus Konstantinopel, und die Instrumentierung der städtischen Bouzoukimusik, die ursprünglich von der kleinasiatischen Westküste stammt.

So wie der Sirtaki entwirft der gesamte Film ein folkloristisches Klischee kretischer Lebensweise zwischen beklemmender Archaik und ausgelassener Lebensfreude. Doch die Mischung war außerordentlich erfolgreich: »Alexis Sorbas« wurde ein internationaler Kinoerfolg und ist für das Publikum bis heute der Film über Kreta, wenn nicht über Griechenland schlechthin. Scharen von Touristen kamen, nachdem sie den Film gesehen hatten, nach Griechenland und Kreta, um den Sirtaki zu sehen. Doch den gab es bis dahin ja noch gar nicht.

Die Tanzgruppen der Folkloreabende in den Hotels und die Musikindustrie stellten sich jedoch innerhalb kürzester Zeit auf die Wünsche der Touristen ein. »Gut, dann tanzen und spielen wir eben Sirtaki, und jetzt können auch die Touristen mittanzen.« Dies Arrangement gelang so gut, dass bis heute viele den Sirtaki für den typischsten aller kretischen Tänze halten, obgleich er in Wirklichkeit nur ein Produkt der ›Traumfabrik‹ ist.

Lyra und Bouzouki

Was ist aber echte kretische Musik? Ganz grob lässt sich die griechische und damit auch die kretische Volksmusik mit ihren Texten und Tänzen in zwei Gattungen aufteilen: die Musik der Städte und des städtischen (Sub-)Proletariats und die Musik des Landes und der Bauern. Die erste Gattung nennt man *rebetiko* (oder auch *rembetiko*), die zweite *dimotiki mousiki* (Musik des Volkes).

Leitinstrument der städtischen Musik ist in ganz Griechenland die hart klingende *bouzouki,* ein lautenähnliches Zupfinstrument; das der ländlichen Musik auf Kreta die harmonischer klingende *lyra,* ein birnenförmiges Streichinstrument, das im Sitzen – nämlich auf dem Oberschenkel gehalten – gespielt wird. In der Regel wird die Lyra ergänzt durch das *laouto* (Laute), ein langhalsiges Zupfinstrument, das auch im übrigen Griechenland verbreitet ist. Das Laouto unter-

malt die Melodie der Lyra mit kontrastierender Stimmführung.

Andere auf Kreta gespielte Instrumente sind die *askomandoura,* eine Art Dudelsack aus Lamm- oder Ziegenfell, in die Rohrpfeifen eingefügt sind, und eine etwa 30 cm lange Rohrflöte mit sechs Fingerlöchern.

Die Bouzouki (von türkisch *bozuk saz,* schlechte Laute) brachten die Flüchtlinge von 1923 aus Kleinasien nach Griechenland. ›Rebet‹ heißt so viel wie ›unbezwungen‹ oder ›unbändig‹, die Rebetes mit ihren Rebetika (den Liedern) waren somit von Taverne

Kretische Volksmusik
Klassiker der Lyramusik sind **Vassilis Skoulas** und **Psarandonis** aus Anógia, deren Einspielungen auf Kreta auf CD zu kaufen sind. Für mitteleuropäische Ohren angenehmer sind allerdings die Klänge und die Stimme von **Nikos Xilouris** († 1980, Bild oben), vor allem in seiner Zusammenarbeit mit dem kretischen Komponisten **Giannis Markopoulos** (CDs im Onlineshop: www.xilouris.gr). Ein Sender, der ausschließlich kretische Musik spielt, ist **Erotokritos** auf UKW 87,9 Mhz. Kretische Musik kann man auch im Internet hören: www.kritifm.gr.

zu Taverne umherziehende Vagabunden, die stolz auf ihre Gaunerehre waren und ihren eigenen ›Argot‹ sprachen und sangen.

Heute hört man Rebetikomusik in speziellen Bouzoukilokalen, meist kleine Tavernen, die tageweise Musikgruppen engagieren (auf Plakate achten). Lyramusiker dagegen treten ›seriöser‹ auf, sie spielen bei Hochzeiten, Taufen, Heiligenfesten oder in den Kritika Kentra (wörtlich Kretische Zentren). Das sind große Vergnügungslokalen, wo meist einmal in der Woche Livemusik stattfindet. Der Eintritt ist meist frei, doch werden die Musiker über die sehr hohen Getränkepreise finanziert. Beide Musikgattungen hört man außerdem viel im Radio.

Mantinades und Rizitika

Grundlage und Ausgangspunkt der heutigen kretischen Volksdichtung ist der Erotokritos, ein Werk des kretischen Dichters Vitsentzos Kornaros, der zur Zeit der ›kretischen Renaissance‹ lebte. Seine 10 010 fünfzehnsilbigen Verse heroisch-erotischen Inhalts sind in der Volkssprache Dimotiki geschrieben, nicht in der Hochsprache Katharevousa – wie Luther bei seiner Bibelübersetzung hatte Kornaros dem Volk also ›aufs Maul geschaut‹.

In der Tradition des Erotokritos stehen die *mantinades* und die *rizitika*. Das sind fünfzehn- bzw. fünfsilbige rhythmische Reimpaare, die oft improvisiert werden. Sie entstehen als Stegreifdichtung aus der Laune eines Augenblicks, bei Taufen, Hochzeiten und Begräbnissen, bei den Feiern zu Ehren eines Heiligen, den Panigiria.

Teils werden sie aber auch von Generation zu Generation weitergegeben und begleiten die Menschen durch die Mühen und Sorgen des Alltags. Beliebt sind derb-schlüpfrige oder lästerliche Verse, z. B.: »Ich war dereinst ein kecker Hahn. In meinen alten Tagen hackt jetzt nach mir das Hennenvolk, das kann ich nicht vertragen.«

Eine bedeutende Rolle spielten die Mantinades aber auch in den Widerstandskämpfen. Im Zweiten Weltkrieg starben viele Kämpfer mit einer Mantinada auf den Lippen vor dem Hinrichtungskommando der deutschen Wehrmacht.

Die kretischen Tänze

Ist die Lyra in Fahrt gekommen und haben die Gäste ihr Abendessen beendet, begeben sich Tänzer und Tänzerinnen auf die Tanzfläche. Von den vielen kretischen Tänzen seien hier nur drei genannt: der *pentozalis* (›Fünfschritt‹), der *chaniotikos sirtos* (›Sirtos aus Chania‹) und die *sousta* (von ital. *susta*, ›federn‹).

Den Pentozalis tanzten ursprünglich nur Männer. Sie umfassen sich an den Schultern, das Tanztempo steigert sich zu einem immer schnelleren Rhythmus, bis die Füße den Boden nicht mehr zu berühren scheinen.

Beim Chaniotikos tanzen auch die Frauen, Tänzer wie Tänzerinnen halten sich an den Händen oder (nach traditioneller Sitte) an einem Taschentuch und tanzen im Rund.

Die Sousta wird zu Beginn von Hochzeiten getanzt, ein Paartanz, bei dem der Mann die Frau schnellhüpfend umwirbt. Nur der Unterkörper scheint sich zu bewegen, der Oberkörper ruht, sodass die Schultern der Tänzer eine Linie bilden. Schnellste Bewegung einerseits und Ruhe andererseits bewirken die gewisse Würde und Eleganz der kretischen Tänze.

Nikos Kazantzakis – der Autor von »Alexis Sorbas«

Der Kreter Kazantzakis ist der bekannteste und meistgelesene Schriftsteller der neugriechischen Sprache.

1883 in Iráklio geboren, erlebte Kazantzakis als Kind noch die blutigen Aufstände gegen die Türken. Er studierte von 1902 bis 1906 Rechtswissenschaften in Athen und unternahm nach Abschluss seines Studiums Reisen, die ihn zunächst durch ganz Griechenland und Italien, dann nach Jerusalem und zum Sinai, nach Paris, Deutschland und Österreich, später sogar nach China, Japan und Russland führten.

Auf diesen Reisen wurde sich der tief religiöse Kazantzakis der Beschränktheit des orthodoxen Christentums bewusst. Ein katholischer Heiliger, Franz von Assisi, jener Sohn reicher Eltern, der sich zum Bettler und tätigen Christen bekannte, wurde sein Vorbild, ebenso Buddha aus dem fernöstlichen Kulturkreis. Außerdem verehrte er Nietzsche und Lenin. Letzteren interpretierte er christologisch als neuen Messias, der die Welt vom Kapitalismus befreit.

Die bekanntesten Werke

Sein berühmtestes Werk ist der 1946 erschienene Roman »Alexis Zorbas«. Ein Schriftgelehrter beschließt darin, »der Tintenkleckserei zu entsagen und sich dem tätigen und sinnvollen Leben zu widmen«. Damit hat er allerdings seine Schwierigkeiten, denn er bekennt, »lieber ein Buch über die Liebe zu lesen, als sich zu verlieben«. Der Wanderarbeiter Alexis Zorbas nun, den der Schriftgelehrte als Vorarbeiter anstellt, verkörpert das entgegengesetzte Lebensprinzip: Er kennt alle Berufe, er kann singen, tanzen, sogar die Santouri, ein Saiteninstrument, spielen, und er liebt es, einsame Witwen zu beglücken. Sein Lebensmotto: »Lieber zehn Tauben in der Hand als einen Spatzen auf dem Dach!« 1964 wurde »Alexis Zorbas« (in deutscher Übersetzung ›Sorbas‹) verfilmt.

1950 erschien »Freiheit oder Tod«, der Titel zitiert den Schlachtruf der Kreter gegen die osmanische Fremdherrschaft. »Rechenschaft vor El Greco« heißt die 1960 posthum veröffentlichte Autobiografie, komponiert aus in sich abgeschlossenen Kurzgeschichten. Der Titel ist insofern programmatisch zu verstehen, als El Grecos künstlerische Emigration aus den Traditionszwängen Kretas Kazantzakis' eigenem Lebensweg gleichkam.

Weniger bekannt sind die »Griechische Passion« von 1948, die von Jules Dassin verfilmt wurde, und die »Letzte Versuchung« von 1950/51. Alle erwähnten Werke von Kazantzakis sind auf Deutsch erschienen.

1957 trat der an Leukämie erkrankte Kazantzakis seine letzte Reise an. Sie sollte ihn über Deutschland nach China und Japan führen. In Freiburg im Breisgau ist er gestorben.

Allgegenwärtig – Eleftherios Venizelos

Was Atatürk für die Türkei oder de Gaulle für Frankreich, das bedeutet Venizelos für Griechenland. Auf Kreta sind zahlreiche Straßen nach ihm benannt, in nahezu jedem Kafenio hängt seine Fotografie.

Als Kreta nach dem Abzug der türkischen Besatzungstruppen 1898 nur einen quasi autonomen Status erhielt – Prinz Georg, Sohn des griechischen Königs, zog als Hochkommissar in Chaniá ein –, jedoch de facto unter türkischer Oberhoheit verblieb (s. S. 54), machte sich der Kreter Eleftherios Venizelos zum Vorkämpfer für die *enosis,* die Vereinigung Kretas mit Griechenland.

Vom Revolutionär zum Ministerpräsidenten

Er gründete eine ›Revolutionspartei‹ und leitete den bewaffneten Aufstand von Thériso, nahe Chaniá, der 1905 zunächst nur die Ablösung des Hochkommissars bewirkte. Nachdem ein weiterer Anlauf 1908 gescheitert war, ging Venizelos nach Athen und gründete die antiroyalistische Liberale Partei. 1910 gewann er die Wahlen und wurde Ministerpräsident. Außenpolitisch zielte die Partei auf die *megali idea,* die ›große Idee‹ von der Wiederherstellung eines Großgriechenlands ›der zwei Kontinente und der fünf Meere‹: Neben Konstantinopel sollte die kleinasiatische Küste, griechisches Siedlungsland seit über 2500 Jahren, zurückgewonnen werden.

Venizelos' Verdienste liegen aber v. a. in der Innenpolitik. Das damals durch Arbeitslosigkeit, unzureichende Industrialisierung und Abhängigkeit von den westlichen Großmächten geprägte Griechenland modernisierten die Venizelisten durch bürgerliche Reformen. Sie begünstigten die Kleinbauern durch eine Bodenreform, sie führten die allgemeine Schulpflicht ein, außerdem die Sozialversicherung und ein Verbot der Sonntagsarbeit. Die Gewerkschaften wurden legalisiert.

Außenpolitisch mündete die Expansionspolitik der Liberalen allerdings in die ›Kleinasiatische Katastrophe‹ von 1922/23. Die Balkankriege brachten 1912–13 zunächst große militärische Erfolge – und den lang ersehnten Anschluss Kretas an Griechenland. Doch als die Royalisten, die 1920 ans Ruder kamen, den Venizelos'schen Expansionskurs fortsetzten und das griechische Heer nach Anatolien einmarschieren ließen, wurde dieses von den Türken vernichtend geschlagen.

Der Vertrag von Lausanne leitete danach einen Bevölkerungsaustausch zwischen in Kleinasien beheimateten Griechen und in Griechenland ansässigen Türken ein. 1,3 Mio. Flüchtlinge kamen damals nach Griechenland, hungernd und arbeitslos. Am Stadtrand von Iráklio entstand so der Vorort Néa Alikarnassos – das alte Halikarnassos heißt heute Bodrum.

Das Kafenio

Wirklich verlassen ist ein kretisches Dorf erst dann, wenn es kein Kafenio mehr besitzt. Ein Kafenio ist im entlegensten Inseldorf, aber auch im modernsten Neubauviertel anzutreffen.

Zumeist an der Platia eines Dorfes oder eines Stadtteils – nicht selten gegenüber der Kirche – gelegen, geht man dort beileibe nicht nur hin, um Kaffee zu trinken. Das ist eher Nebensache. Im Kafenio (in der alten Hochsprache Kafenion) spielen Männer Karten oder *tavli*, das griechische Backgammon, lesen ihre Zeitung und diskutieren.

Oft flimmert in einer Ecke ein Fernseher, dem aber weiter keine Beachtung geschenkt wird – mit Ausnahme vielleicht der 21-Uhr-Nachrichten. Verzehrzwang gibt es nicht. Rentner sitzen oft stundenlang sinnierend vor ihrer Kaffeetasse. Sie warten auf den Abend und darauf, dass das Kafenio sich wieder füllt.

Ein politischer Club

Politische Diskussionen spielen die Hauptrolle im Kafenio. Die Erfahrungen der Ältesten finden hier noch Gehör; es geht um Kreta und die große Politik, aber auch um Dorfpolitik und Steuerfragen. Wer hat wen geheiratet und wem war das von Vorteil? Wer soll demnächst Bürgermeister werden und wer vertritt welche Interessen und Gruppen im Dorf? Zu welchem Preis wurde dieses oder jenes Grundstück verkauft?

Das Kafenio ist eine Art Club, ein demokratischer obendrein. Hier kommen auch die ärmsten Dorfbewohner zu Wort. Über alles, was anliegt, wird Öffentlichkeit hergestellt. Selbstverständlich werden auch Geschäfte abgeschlossen: Abmachungen sind rasch auf einer Zigarettenschachtel notiert oder auch nur per Handschlag besiegelt. Unehrlichkeit kann sich im Dorf, wo jeder jeden kennt, niemand leisten. Ein Rechtsanwaltstermin am wackeligen Kafeniotisch ist nichts Ungewöhnliches.

Frauen im Kafenio

Dass im Kafenio kaum Frauen anzutreffen sind, ist ein Ausdruck des kretischen Patriarchalismus. Nicht dass Frauen der Besuch verboten wäre oder man nie eine Frau dort sehen würde. Die traditionelle Rollenverteilung hält für sie lediglich andere Treffpunkte bereit. Früher war das meist der Waschplatz im Dorf; heute sitzen Frauen auf Bänken vor der Haustür beisammen, oder sie tauschen sich beim Einkaufen aus. In den Städten gehen die Mäd-

Kafenio und Dorf-Fraktionen

In jedem Dorf gibt es zumindest ein Kafenio. Die meisten haben mehrere, denn nicht alle Dorfbewohner vertragen sich. Man geht zu dem Wirt, dessen Gesinnung der eigenen entspricht. Dem aufmerksamen Kafeniobesucher entgeht nicht, welcher Partei Inhaber und Gäste nahe stehen:

Ein Plakat mit der grünen aufgehenden Sonne der sozialistischen PASOK, ein blau umrahmtes Foto des Vorsitzenden der Nea Dimokratia oder des vollbärtigen Aris Velouchiotis, des legendären kommunistischen Widerstandskämpfers, weisen auf die politische Orientierung hin. Über allen Parteien steht allein Eleftherios Venizelos (s. S. 79).

chen mit ihren Verehrern ins Zacharoplastio oder in eine Kafeteria, Cafés westeuropäischen Stils, wo auch Kuchen und kleine Snacks serviert werden – das gibt's im Kafenio nicht!

Griechischer Kaffee
Viele Touristen kennen nur drei Arten der Zubereitung des Kaffees: süß *(gr. gliko),* mittel *(metrio)* und ohne Zucker *(sketo).* Die Kaffeequalität setzt sich aber aus drei Variablen zusammen: Kaffee- und Zuckermenge sowie Dauer des Aufkochens. So kann man allein den mittelsüßen Kaffee in acht Varianten bestellen: z. B. *vrasto,* länger aufgekocht, oder *elaphro,* mit wenig Kaffee.

Unterwegs auf Kreta

Wenn die Feigenkakteen blühen, ist es am Meer am schönsten

Iráklio und sein Hinterland

Highlights❗

Archäologisches Museum Iráklio: Eines der Top-Museen der Welt mit einzigartiger Sammlung. Nirgendwo sonst kann man die rätselhafte Welt der ›minoischen‹ Kultur des 2. Jt. v. Chr. besser erleben. S. 99

Knossós: Die labyrinthische Palastanlage ist eine Top-Sehenswürdigkeit Kretas. Gebaut wurde sie von der ersten Hochkultur Europas. S. 106

Auf Entdeckungstour

El Greco und die Kretische Malschule: Der berühmte spanische Maler heißt eigentlich Domenikos Theotokopoulos. Er stammt aus dem Orangendorf Fódele und hat sein Handwerk auf Kreta gelernt. Zwei Gemälde im Historischen Museum werden ihm zugeschrieben. S. 96

Knossós – die Rätsel der minoischen Kultur: Wer durch das Archäologische Museum oder durch die Palastanlagen von Knossós bummelt, begegnet auf Wandmalereien schönen, weißhäutigen Frauen, die augenscheinlich bedeutender waren als die kleinen, rothäutigen Männer. War der minoische Staat von Frauen beherrscht? S. 108

Kretisches Meer

Fódele

Archäologisches
Museum

Iráklio
Néa Alikarnassos

El Greco und die
Kretische Malschule
Flughafen
Iráklio

Knossós
Die Rätsel der
minoischen Kultur

Nída-Hochebene

Ida-Gebirge

Kultur & Sehenswertes

Venezianisches Iráklio: Hinter gewaltigen Stadtmauern entdeckt man venezianische Bauten wie die Loggia und den Morosinibrunnen. S. 90

Ikonenmuseum: Hier werden wichtige Gemälde der ›kretischen Schule‹ gezeigt. S. 95

Aktiv & Kreativ

Spaziergang auf der Hafenmole: Neben dem verkehrsberuhigten Norden der Altstadt eine weitere Ruhezone. Fast bis zum Flughafen zieht sich die lange Hafenmole hin. S. 87

Wanderung auf der Stadtmauer: Man kann auf dem Wall zum Meer gehen und schöne Ausblicke genießen. S. 100

Ausflug ins Ida-Gebirge: Um der Sommerhitze zu entfliehen, fährt man auf die Nída-Hochebene. S. 116

Genießen & Atmosphäre

Tavernen am Hafen: In den Gassen gegenüber dem alten Hafen gibt es viele kleine, lauschige Restaurants. S. 104

Fischessen im Vorort Néa Alikarnassós: Unverfälschte kretische Küche mit Fisch und Mezedes. S. 104

Abends & Nachts

Iráklios Szeneviertel: Die Milatou-Straße hinter dem Rathaus und/oder Talos-Plaza, westlich der Stadtmauer am Hafen, in unmittelbarer Nähe zu Kino und Einkaufszentrum. S. 105

Kretas Hauptstadt

Ob von See her oder aus der Luft – der überwiegende Teil aller Besucher kommt in Kretas geschäftiger Hauptstadt Iráklio an. Die meisten von ihnen sind im ersten Moment ziemlich enttäuscht: Iráklio ist von gesichtslosen Neubauten geprägt. Es ist eine wild in die Außenbezirke wuchernde Stadt, die zu einem erheblichen Teil aus halbfertigen Betonskeletten zu bestehen scheint. Auf dem Weg vom Flughafen in die Innenstadt staut sich der dichte Verkehr in engen, mit Auspuffgasen geschwängerten Straßen.

Doch Iráklio kann mehr sein als ein verkehrstechnisch unvermeidbarer Einstieg in den Kreta-Urlaub. Die Stadt ist in den letzten Jahren durch Fußgängerzonen erheblich attraktiver geworden. Auf der Straße 25. Avgoustou, durch die einst der Verkehr brauste, schlendern heute Einheimische und Touristen. Links und rechts dieser Straße findet man lauschige, ruhige Ecken mit netten Cafés.

Für kulturhistorisch Interessierte beginnt in Iráklio die Zeitreise in die erste Hochkultur auf europäischem Boden. Außerdem spricht für Iráklio, dass man am normalen kretischen Leben abseits aller Folklore teilnehmen kann. Die Einheimischen, die tagsüber ihren Einkäufen und Geschäften nachgehen und sich abends geduscht und in Schale geworfen bei der *volta*, dem Abendbummel, zeigen, prägen das städtische Leben.

Reizvoll ist das hügelige, relativ grüne Hinterland mit dem Weindorf Archánes, dem Orangendorf Fódele und dem Ida-Gebirge mit den beiden kretischen Zeus-Höhlen. Archäologisch interessant ist Tílisos, ein ursprünglich gebliebenes Weinbauerndorf mit drei minoischen Villen im Ortsgebiet. Auch ein Besuch im CretAquarium im Vorort Goúrnes, einem mediterranen Meereszoo, kann einen Iráklio-Aufenthalt aufwerten. Selbst Baden ist an den Stränden östlich und westlich der Stadt gut möglich – es gibt auf Kreta jedoch weit bessere Badestrände.

Iráklio ▶ K/L 3

Mit etwa 140 000 Einwohnern ist Iráklio nach Athen, Thessaloníki und Pátra nicht nur die viertgrößte Stadt Griechenlands und die größte Kretas, sondern auch das wirtschaftliche, politische, kulturelle Zentrum der Insel. Touristen sind hier deutlich in der Minderzahl, insofern darf Iráklio als authentischste Stadt Kretas gelten.

Wirtschaftlich spielt Iráklio für Kreta die Rolle, die Athen für Griechenland spielt: Ballungsraum von Industrie, Gewerbe und Handel und damit Ziel der Landflüchtigen und Hoffnung für zahllose Menschen, die Arbeitslosigkeit oder unrentable Landarbeit von den Dörfern in die Städte treibt. Traum der meisten ist es, sich hier einmal mit einem *magazi*, einem Geschäft, selbstständig zu machen.

Iráklios Namensgeschichte spiegelt zugleich das wechselvolle Geschick der Stadt wider. Der Name leitet sich von Herakles her, was die altgriechische Schreibung ›Herakleion‹ noch besser erkennen lässt. Während der arabischen Herrschaft hieß der Ort Rabd al Khandak (›Grabenfestung‹), doch an jene frühmittelalterliche Zeit erinnert so gut wie nichts mehr. Die Byzantiner, die die Insel 961 zurückeroberten, nannten die Stadt Chandax. Als sie dann 1204 zu Venedig kam, wurde Chandax zu Candia, pars pro toto hieß für die Venezianer dann ganz Kreta Candia. Die Griechen nannten ihre Stadt zur Türkenzeit allerdings nicht Candia, sondern Megalo Kastro (›Großes Kastell‹), und so heißt sie auch in Kazantzakis' Romanen. Nach der Befreiung 1898 erhielt Herakleion/Iráklio dann seinen alten Namen wieder zurück.

Hauptstadt war Iráklio sowohl unter den Venezianern wie unter den Türken, und zwar bis 1852. Hier standen der Palazzo Ducale und der Amtssitz des türkischen Paschas, wovon denn nichts erhalten ist. Dann wurde Chaniá eine Weile Hauptstadt der Insel; erst ab 1972 wieder Iráklio.

Beim Hafen

Kastro Koules [1]
Di–So 8.30–19 Uhr, im Winter teils nur vormittags geöffnet, teils geschl.
Wer Iráklio mit dem Bus besucht, steigt an den Termini A oder C aus. Dann beginnt man einen Rundgang am besten am Hafen. Schöner Blickfang ist dort das Kastro Koules, die Festung auf der Mole. An drei Außenseiten trägt sie noch das venezianische Wappen, den Markuslöwen. Im Innern erwarten den Besucher schwach beleuchtete Gänge, in denen Amphoren und Kanonenkugeln ausgestellt sind, oben kann man an den Zinnen entlanglaufen und hat einen schönen Blick auf die Stadt, den Hafen und die venezianischen Arsenale, die als Trockendocks für Reparaturen dienten.

Hafenmole
Die weit ins Meer reichende Hafenmole bietet sich als Spazierweg an – eine Oase der Ruhe im lärmigen Iráklio. Man kann sich von den Steinen des Wellenbrechers sogar ins Meer gleiten lassen (Warnung: nur bei absolut ruhigem Seegang!); Badeschuhe empfehlen sich dabei jedoch unbedingt.

Ein Abstecher nach Westen am Meer entlang führt zur Kirche **Agios Petros** [2]. Sie entstand ursprünglich im 14. Jh. als venezianische Dominikaner-Kirche San Pietro. Wiederaufbau und Restaurierung dieser großen Basilika sind schon recht weit gediehen.

Historisches Museum [3]
Odos Sofokli Venizelou, Mo–Sa 9–17 Uhr, So geschl., Tel. 28 10 28 32 19, www.historical-museum.gr
In einem prächtigen klassizistischen Wohnhaus, das die alteingesessene Familie Kalokairinos der Stadt vermacht hat, ist das Historische Museum unter-

Iráklio

Sehenswert

1. Kastro Koules (Festung)
2. Kirche Agios Petros
3. Historisches Museum
4. Kirche Agios Titos
5. Venezianische Loggia
6. Morosini-Brunnen
7. Kirche Agios Markos
8. Ikonenmuseum
9. Kleine und Große Minas-
   kirche (Kathedrale)
10. Marktgasse Odos 1866
11. Bembo-Brunnen
12. Archäologisches Museum
13. Battle of Crete Museum
14. Kazantzakis-Grab
15. Naturhistorisches
    Museum

Übernachten

1. GDM Megaron
2. Lato
3. Pasiphae
4. Lena
5. Rea
6. Sofia

Essen & Trinken

1. Kyriakos
2. Ligo Krasi Ligo Thalassa
3. Merastri
4. Pantheon
5. Koursaros

Einkaufen

1. Road Edition Bookstore
2. Ikonenatelier Voula
   Manoussakis
3. Vasilakis
4. Wochenmarkt

Abends & Nachts

1. Mylos Club
2. Avissinos

gebracht. Ein Sohn der Familie namens Minos (!) hatte 1878 als Erster die Ruinen von Knossós entdeckt. In den 1990ern wurde das Museum um einen Glasanbau erweitert.

Die Exponate schließen zeitlich an die des Archäologischen Museums an, ihr Schwerpunkt liegt allerdings auf dem 19. Jh. mit den großen Befreiungskriegen gegen die Türken. Im Erdgeschoss lässt ein Holzmodell von Iráklio im Maßstab 1:500 die venezianische Zeit um 1645 lebendig werden. Des weiteren gibt es eine Keramikabteilung. Besondere Attraktion des ersten Obergeschosses sind zwei kleine Gemälde, die dem frühen El Greco zugeschrieben werden, eine Ansicht des Katharinenklosters auf dem Sinai von 1570/72 und eine Darstellung der Taufe von 1567/70. Beide zeigen die Stilmittel der Kretischen Schule: Raumtiefe, Bewegung und naturalistische Körper. Für El Greco typisch ist der Hell-Dunkel-Gegensatz (s. S. 96).

Im zweiten Stock sieht man vor allem Webarbeiten sowie eine Vitrine mit kretischen Lyren, außerdem die Rekonstruktion eines bäuerlichen Wohnraums. Im Neubau sind Fotos und Dokumente zur ›Schlacht um Kreta‹ 1941 und das nachgestellte Arbeitszimmer von Nikos Kazantzakis zu sehen (s. auch S. 78). Hier befindet sich auch eine Gedenkstätte für die ›erschossenen 62‹, die am 3.6.1942 von der Wehrmacht hingerichtet wurden.

Altstadt-Zentrum

Kirche Agios Titos 4
Vom Hafen führt die Straße 25. Avgoustou in die Innenstadt, zum El Greco-Park. In seiner Nähe liegt die Kirche Agios Titos, die dem Patron Kretas geweiht ist. Sie geht auf eine Zentralkuppelmoschee zurück, welche die

kretischen Türken noch bis 1923 benutzten. Die Außenmauern sind daher islamisch ornamentiert mit Arabesken und ›Eselsrücken‹. Der Bau ist nach Mekka ausgerichtet, im Narthex befinden sich noch zwei ehemalige Gebetsnischen mit islamischen Stalaktitgewölben (Muqarnas).

Die ursprüngliche Tituskirche errichtete man, als der orthodoxe Bischofssitz nach der Befreiung von der arabischen Herrschaft 961 von Górtis nach Iráklio verlegt wurde. Titus, bekannt aus dem Titusbrief der Bibel, war vom Apostel Paulus auf Kreta zurückgelassen worden, um die Bevölkerung zu christianisieren. Diese Episode wird in der Kirche auf monumentalen Ikonen aus dem 20. Jh. geschildert.

Im 15. Jh. bauten die Venezianer nach einem Erdbeben die Bischofskirche neu auf. Nach der Niederlage 1669 nahmen sie jedoch den Schädel des hl. Titus mit nach Venedig. Von dort sollte die Reliquie erst 300 Jahre später in einem feierlichen Festakt nach Iráklio zurückkehren. Heute wird sie in der linken Seitenkapelle des Narthex verwahrt.

Die neuen türkischen Herren Kretas bauten die Kirche zur Moschee (Vezir Tzami) um. Sie wurde durch ein Erdbeben 1856 nahezu vollständig vernichtet. 1856–1872 errichtete man unter Einbeziehung der alten Bausubstanz eine neue Moschee, der die heutige Tituskirche weitgehend entspricht. Mitte der 1920er-Jahre wurde das türkische Gotteshaus in eine orthodoxe Kirche zurückverwandelt, u. a. durch Anbau von drei Apsiden anstelle der Gebetsnische. Orthodoxe Kathedrale war zwischenzeitlich jedoch die Minas-Kirche geworden (s. S. 95).

Venezianische Loggia 5
Die venezianische Loggia von 1626–28 ist ein gutes Beispiel der kolonialen ve-

Fischerhafen von Iráklio mit dem Kastro Koules

nezianischen Repräsentationsarchitektur, die vom Stil Palladios inspiriert ist. Ursprünglich war sie eine Art Clubhaus für die Venezianer in der Stadt. Im Erdgeschoss verläuft über Arkaden ein dorisches Gesims und im Obergeschoss eine ionische Säulenordnung. Zwischen den Geschossen zeugt ein Fries mit Kriegstrophäen und Markuslöwen vom Machtanspruch Venedigs. Bei der

Weltausstellung von 1911 in Rom bauten die Italiener übrigens die Loggia von Iráklio exakt nach – eine historistische Erinnerung an vergangene Größe. Und auch Réthimno besitzt eine Loggia.

Die Innenwände der Vorhalle schmücken moderne Reliefs berühmter Männer aus Iráklio und Kreta, darunter der Knossós-Entdecker Minos

Lieblingsort

Hafenviertel von Iráklio

Zwischen dem Löwenbrunnen und der Küstenstraße ist die Altstadt von Iráklio seit einigen Jahren verkehrsberuhigt. Aus vielen Gassen und Winkeln ist der Autoverkehr sogar völlig verbannt. In der Straße 25 Avgoustou, an der bedeutende Sehenswürdigkeiten wie die venezianische Loggia, die Titus- und die Markuskirche sowie der Löwenbrunnen liegen, staute sich regelmäßig der Verkehr und verpestete die Luft. Heute ist sie für Autos komplett gesperrt. Auf den Plätzen und in den schmalen Gassen links und rechts von ihr haben sich kleine, preiswerte Ouzerien und Cafés angesiedelt, in der echte Altstadtatmosphäre aufkommt.

Früher eine Moschee – Kirche Agios Titos am El Greco-Park

Kalokairinos, der Maler Michael Damaskinos (s. S. 97) und sein Schüler El Greco, der Dichter und Nobelpreisträger Odysseas Elytis, der Barockdichter Vitsentzos Kornaros (s. S. 181) und natürlich Nikos Kazantzakis (s. S. 78). Das einstige Waffenarsenal der Venezianer hinter der Loggia, die **Armeria,** beherbergt heute das Bürgermeisteramt *(dimarchio).*

Morosini-Brunnen 6
Platia Venizelou
Etwa zeitgleich mit der Loggia entstand der Morosini-Brunnen. Gestiftet wurde er vom Statthalter Morosini, einem Onkel des späteren Verteidigers von Iráklio gegen die Türken. Der Brunnen war Teil eines Aquädukts, der

über eine 15 km lange Strecke Wasser vom Berg Joúchtas nach Iráklio leitete. Über acht Wasserbecken erhebt sich, von vier Löwen getragen, eine Wasserschale, die in venezianischer Zeit von einer Poseidonstatue gekrönt wurde. Der Brunnen ist mit Fabelwesen aus der Meereswelt reliefiert; unter den mythologischen Szenen lässt sich eine Europa mit dem Stier entdecken.

Kirche Agios Markos 7
Platia Venizelou
Die Kirche Agios Markos war einst die Kathedrale der Venezianer und Sitz des katholischen Erzbischofs. Die Basilika mit Lichtgaden von 1239 ist heute kommunales Ausstellungszentrum mit ständig wechselnden Ausstellungen

mit Werken moderner kretischer und auch ausländischer Künstler.

Ikonenmuseum 8

Sommer Mo–Fr ca. 9.30–18.30 Uhr, Sa 9.30–15 Uhr, So geschl., Winter Mo–Fr 10–16 Uhr, Sa 10–15 Uhr, So geschl.

Das Museum ist in der Kirche Agia Ekaterini untergebracht, die einst zu einer berühmten orthodoxen Klosterschule des 15. bis 17. Jh. gehörte, die Universitätsniveau aufwies. Finanziert wurde die Schule vom reichen Katharinenkloster auf der Sinai-Halbinsel. Prunkstücke des Museums sind vor allem sechs Ikonen der italo-byzantinischen Schule, die von Michael Damaskinos, dem Lehrer El Grecos, signiert sind.

Man nennt diese Stilrichtung auch ›Kretische Schule‹. Alle Ikonen zeigen im Unterschied zur ›steifen‹ traditionell-byzantinischen Malweise Räumlichkeit und Perspektive (s. S. 96).

Kleine und Große Minaskirche 9
Platia Agia Ekaterinis

Die beiden Kirchen direkt nebeneinander sind nach dem hl. Minas benannt, dem Stadtpatron von Iráklio. Nachdem die Tituskirche, ehemals Kathedrale, zur Moschee umfunktioniert worden war, diente zunächst die Kleine und ab 1895 dann die neu gebaute Megali Agios Minas als Mitropolis (Kathedrale) von Iráklio.

Die **Große Minaskirche** ist außen und zum Teil auch innen im Stil des westeuropäischen Klassizismus des 19. Jh. gestaltet. Die Baustruktur folgt jedoch den Prinzipien byzantinischer Architektur. Innen ist die Kirche fast vollständig mit großflächigen Bildern aus den 1960ern ausgemalt, die getreu den alten Traditionen folgen.

Die **Kleine Minaskirche,** deren ältester Teil auf das 15. Jh. zurückgeht, enthält eine prächtige holzgeschnitzte Ikonostase aus dem 18. Jh. sowie einige wertvolle Ikonen.

Odos 1866 10

Im dichten Gedränge der Marktgasse **Odos 1866** kommt fast orientalische Basaratmosphäre auf. Von Obst, Gemüse und Fleisch bis hin zu Kleidung, Souvenirs, Kurz- und Lederwaren ist in der **Laiki Agora** alles erhältlich. Im Preisvergleich sieht man auch, wie ungünstig einige Agrarprodukte Kretas gegenüber EU-Importen abschneiden: Feta-Käse aus Dänemark ist billiger als der einheimische. In den Nebengassen schließen sich kleine Geschäfte, Fischhändler und Handwerksbetriebe an.

Am Ende der Gasse steht der **Bembo-Brunnen** 11 aus ve- ▷ S. 99

Auf Entdeckungstour

El Greco und die Kretische Schule

Der kretische Maler Domenikos Theotokopoulos verließ mit 25 Jahren die Heimat und wurde danach im spanischen Toledo zu einem der berühmtesten Maler der Gegenreformation. Man nannte ihn dort El Greco.

Reisekarte: ▶ K 3

Zeit: 2–3 Std.

Öffnungszeiten: Historisches Museum **3** s. S. 87; Ikonenmuseum **8** s. S. 95

Abstecher: In Fódele (▶ J 3, ca. 30 km westlich von Iráklio) ist das vermeintliche Geburtshaus El Grecos mit einer kleinen Ausstellung von Reproduktionen seiner berühmtesten Gemälde zu besichtigen (s. S. 121).

El Greco, ›der Kreter‹

Das Historische Museum stellt in einem Raum im ersten Obergeschoss zwei kleine, unsignierte Gemälde aus, die dem frühen Domenikos Theotokopoulos zugeschrieben werden. Die Spanier nannten ihn wegen seines zungenbrecherischen Namens kurz und prägnant ›den Griechen‹. El Greco selbst signierte seine Bilder jedoch stets mit seinem griechischen Namen in griechischer Schrift und setzte diesem manchmal noch ein stolzes ›Kres‹ hinzu: der Kreter.

El Greco wurde 1541 wahrscheinlich im Dorf Fódele beim damaligen venezianischen Candia (später Iráklio) geboren. Mit ca. 25 Jahren verließ er Kreta und ging zu den Kolonialherren nach Venedig. Dort wurde er Schüler des hochbetagten Tizian.

Zwei Jahre später zog es ihn nach Rom, wo er mit anderen berühmten italienischen Künstlern in Kontakt kam und vom Kardinal Farnese finanziell gefördert wurde. Hin und wieder kehrte er nach Kreta zurück. Schließlich ließ er sich 1577 im spanischen Toledo nieder, wo er zu einem der bedeutendsten Maler der Gegenreformation wurde.

El Grecos Malerei

Die Darstellung der Taufe von ca. 1567 in Tempera und Öl auf Holz zeigt bewegte, körperbewusste Gestalten. Die Landschaft reicht weit in den Hintergrund. Typisch für El Grecos gesamtes Schaffen bleiben der Hell-Dunkel-Gegensatz und die düster gemalten Wolken. Die traditionelle byzantinische Kunst mit ihrer linearen und hieratisch-starren Darstellungsweise wird bewusst vermieden. El Grecos Ikonen zeigen Raumtiefe und Naturalismus und greifen auch Motive auf, die nur die katholische Kunst kennt.

Das zweite, ca. 1570 entstandene Bild zeigt das Katharinenkloster auf dem Sinai (s. S. 98). Auf traditionelle Art gemalt sind die hohen Berge mit ihren typischen ›Schuhsohlenplateaus‹. Auch das Kloster selbst erscheint in der typischen, bewusst verfälschten Perspektive. Allein die kleinen unscheinbaren Pilger und Hirten am unteren Bildrand sind räumlich und naturalistisch dargestellt.

Die Kretische Schule

Hervorgegangen ist die Kretische Schule aus dem Kontakt der venezianischen Oberschicht mit dem Osten. Die venezianischen Künstler auf Kreta brachten den Renaissancestil aus ihrer Heimat mit und trafen in Kreta auf Ikonenmaler und andere Künstler und Gelehrte, die aus der Hauptstadt Konstantinopel geflohen waren, nachdem diese 1453 von den Türken erobert worden war. Das venezianische ›Regno di Candia‹ war im 16. und 17. Jh. auch im übertragenen Sinne eine Insel, eine kleine Insel inmitten eines feindlich gesinnten Osmanischen Reiches.

Die Gemälde der Kretischen Schule im Ikonenmuseum

Auf dem Weg dorthin kann man passenderweise durch den El Greco-Park schlendern. Im Museum selbst interessieren uns sechs große Ikonen von Michail Damaskinos, dem Lehrer El Grecos, die man gleich hinter dem Eingang rechts an der Wand findet. Hier erfahren wir mehr über die Kretische Malschule.

Anbetung der Heiligen Drei Könige: Im Gewusel der Menschenmenge ist nicht Jesus der Blickfang, wie es nach byzantinischer Tradition sein sollte, sondern ein weißer, prächtiger Pferdepopo. Die weltlichen Figuren im Vordergrund sind nach italienischer Art gemalt, wogegen Jesus, Maria und Joseph (je mit Heiligenschein, links unten) byzantinisch-linear erscheinen. So auch die Engel im oberen Bildfeld. Ebenfalls griechischer Tradition entspricht der Goldgrund der Ikone.

Letztes Abendmahl: Auch hier ist dieser Unterschied zu beobachten. Jesus in der Mitte erscheint als byzantinischer Pantokrator, wogegen die Jünger verwestlicht dargestellt sind. Unter dem Tisch streiten sich ein Hund und eine Katze um einen Knochen, undenkbar für eine rein byzantinische Ikone.

Noli me tangere: Maria Magdalena mit ihrem rot-blauen Gewand steht im stilistischen Gegensatz zum hieratisch dargestellten Jesus Christus.

Bei den restlichen drei Bildern überwiegen die byzantinischen Elemente in Stil und Ikonographie. Zu sehen sind die Themen: Maria im brennenden Dornbusch, Heilige Liturgie und Konzil von Nikäa. Auf diesem Bild sitzen in der Mitte Konstantin der Große (mit Krone) und der Papst (mit Tiara). Dazwischen die Heilige Schrift, der auf diesem Konzil gegen die Arianer im Jahre 325 nach Ansicht der Athanasianer zur Geltung verholfen worden war. Der Häretiker Arius erscheint am unteren Bildrand und ist ›in den Keller‹ verbannt worden.

Damaskinos' Lebensdaten sind leider nicht überliefert: In Iráklio geboren, führte er hier um 1570 nachweislich erste Malaufträge aus. Nach Aufenthalten in Venedig (1577–82) und auf Korfu (1582–84) wirkte er erneut bis 1591 in seiner Heimatstadt. Zusammen mit seinem Schüler El Greco zählt er zu denjenigen Malern griechischer Herkunft, die sich am weitesten von der byzantinischen Maltradition abkehrten.

El Grecos Frühwerk ›Das Katharinenkloster auf dem Sinai‹, ca. 1570

nezianischer Zeit, mit einer kopflosen römischen Statue verziert. Daneben hat sich ein Kafenio in und an einem ehemaligen türkischen Reinigungs-brunnen etabliert – schön für eine Rast.

Archäologisches Museum! 12

Odós Xanthoudidou 1, während des Umbaus: Di–So 8–15 Uhr, Mo 13–17, im Sommer bis 20 Uhr, Eintritt 4 €
Bei Redaktionsschluss waren die Um-bauarbeiten des Museums noch nicht abgeschlossen. Bis zur Neueröffnung (Termin steht noch nicht fest) werden die wichtigsten Kunstwerke in einer Sonderausstellung gezeigt. Sie ist als Rundgang in chronologischer Reihen-folge konzipiert, die Nummerierung der Objekte wird hier beibehalten.

(1) ›Lilienprinz‹: Diese Figur wurde je nach Interpretation unterschiedlich betitelt: ›Priesterkönig‹, ›Prinz mit der Federkrone‹ oder (am häufigsten) ›Lili-enprinz‹. Die Interpretation als ›Pries-terkönig‹ geht auf Evans zurück, der für seinen ›Palast des Minos‹ einen Kö-nig brauchte. Sonst weist die mino-ische Palastmalerei keine größeren männlichen Einzeldarstellungen auf. Neuerdings wird auch die These ver-treten, dass die Teile des ›Lilienprinzen‹ zu drei verschiedenen Figuren gehö-ren, also falsch zusammengesetzt sind!

Vitrine: Das **Stadtmosaik von Knossós,** wichtigstes Zeugnis über das Aussehen minoischer Hausfassaden. Anhand sol-cher Bilder rekonstruierte Evans die Pa-lastanlage von Knossós. In der Nähe außerdem das **Hausmodell von Archá-nes,** eine Grabbeigabe, die sehr schön die Baumaterialien und die Außenori-entierung der minoischen Architektur zeigt.

(7) ›Königliches Schwert‹ aus Mália. Ein Akrobat ist eingraviert, der über ei-

ner aufrecht stehenden Speerspitze eine Brücke schlägt. Das erinnert an eine andere gewagte ›Sportart‹, den Stiersprung. Hier auch die ›Bienen von Mália‹, kostbarer Goldschmuck aus ei-ner Nekropole in Palastnähe.

(13) Stierkopfrhyton aus schwarzem Steatit. Rhyta wurden als Behälter für flüssige Opfergaben (Wein, Öl) be-nutzt. Sie haben ein Loch, das mit der Hand bis zum Ablassen des Inhalts über dem Altar zugehalten wurde.

(14) ›Schlangengöttinnen‹ aus einem Depot für ausgemusterte Weihge-schenke in Knossós. Ihre Attribute sind Schlangen, doch vielleicht stellen die Figuren auch nur Priesterinnen bei ei-nem Kult dar? Die Objekte besaßen selbst kultische Bedeutung, doch ist auch darüber nichts Genaues bekannt.

(16) Drei Vasen, zwei aus schwarzem Speckstein, eine aus Bergkristall, alle drei sind Rhyta. Auf dem ›Boxerrhyton‹ sieht man Boxszenen und eine Stier-sprungszene, wobei der Athlet vom Stierhorn verletzt wird. Auf der ›Schnittervase‹ marschiert eine sin-gende Schar von Erntearbeitern vor-bei. Einer – vermutlich betrunken – ist gestolpert; der vordere hält ein Sis-trum, ein ägyptisches Musikinstru-ment. Zuletzt das Rhyton aus Káto Zá-kros.

(17) Stierspringer aus Elfenbein. Diese vermutlich kultische Sportart ist ein-prägsam auf einem Fresko in der Nähe dargestellt. Es zeigt drei Phasen oder vielleicht auch drei Springer in Ab-folge: 1. Eine Frau ergreift die Hörner des Stiers, 2. Ein Mann macht einen Salto über den Rücken des Stieres, 3. Eine Frau nach dem Sprung. Ihr Gesicht ist dem Stier zugewandt, sie muss also auch noch eine Pirouette gedreht ha-ben. Inwieweit der Stiersprung eine rein sportliche Veranstaltung war oder eine kultische Handlung, eventuell so-gar ein Menschenopfer, darstellte, konnte bislang nicht eindeutig geklärt werden. Möglicherweise hat eine hohe Zahl an Todesfällen den späteren Mythos vom ›Menschen tötenden‹ Stier der Minoer provoziert.

(18) Der Diskos von Phaistós (Festós) mit seinen spiralförmig angeordneten hieroglyphischen Zeichen auf beiden Seiten gibt immer noch Rätsel auf. Von wissenschaftlicher Seite gilt die Schrift als nicht entziffert. Die Zeichen auf dem Diskos stellen reale Objekte dar, zum Beispiel einen Kopf mit ›Bürstenhaarschnitt‹, ein Fell, einen laufenden Mann in knappen ›Shorts‹, Werkzeuge und einen fliegenden Vogel. Die Zeichen dürften in einer frühen Epoche der Schriftentwicklung unmittelbar für die dargestellten Objekte gestanden haben (›Ideogramme‹). Hier sind sie für ein Schriftsystem verwendet worden, das aus 45 Einzelzeichen besteht.

(19) Sarkophag von Agía Triáda: Der besterhaltene Kalksteinsarkophag der minoischen Kultur ist vollständig bemalt und gilt als zentrale Quelle für unsere Kenntnis der frühen kretischen Religion. Zwei Friese auf den Längsseiten: 1. Priesterinnen opfern einen Stier. Im Hintergrund ist ein Mann zu sehen, der die Zeremonie mit Flötenspiel begleitet. 2. Links: Zwischen zwei Ständern mit Doppelaxt steht ein Gefäß, in das Frauen eine Opferflüssigkeit, vermutlich Öl, schütten. Rechts: Drei Männer bringen zwei Tiere und

---

Spaziergang auf der Mauer
Die Stadtverwaltung von Iráklio hat die Kuppen der gewaltigen Festungsmauern zu parkähnlichen Grünflächen umgestaltet. Ein Spazierweg führt von der Vituri-Bastion über das Kazantzakis-Grab auf der Martinengo-Bastion zum Chania-Tor und weiter bis zum Meer.

---

ein Bootsmodell zu einer armlosen Gestalt, die vor einem Schrein steht. Die Gestalt dürfte Objekt eines Kultes sein. Handelt es sich um einen Totenkult, oder haben wir es mit einem Gott zu tun?

Am Ende des Rundgangs bekommt man dann noch Objekte aus der Archaik, der Klassik, dem Hellenismus und der Römerzeit zu sehen.

The Battle of Crete Museum 13
Odos Bofor, Mo–Sa 9–13 Uhr, Eintritt frei
Nahe beim Archäologischen Museum befindet sich das Einraum-Museum zur Schlacht um Kreta. Es birgt eine Dokumentation zur deutschen Besatzung auf Kreta im Zweiten Weltkrieg. Der kurze Rundgang beginnt mit der Schlacht um Kreta am 20. Mai 1941 und endet mit der Unterzeichnung der Kapitulation am 9. und 10. Mai 1945. Ausgestellt sind Waffen und persönliche Gegenstände der beteiligten Soldaten und Widerstandskämpfer, ergänzt durch alte Fotodokumente. Thematisiert ist auch die handstreichartige Entführung des deutschen Generals von Kreipe (s. S. 117).

Stadtmauer und Kazantzakis-Grab

Stadtmauer
Die Hauptarbeiten an den gewaltigen venezianischen Festungsanlagen, im 16. Jh. die modernsten ihrer Zeit, dauerten nur zehn Jahre, von 1550 bis 1560. Die kretische Bevölkerung musste Fronarbeit leisten, einige Facharbeiter wurden aus Mitteleuropa angeworben. Kopf des Unternehmens war der Veroneser Architekt Michele Sanmicheli (s. S. 66).

Der Stadtmauer sind sieben herzblattförmige Bastionen vorgebaut, die

Kirche Agios Minas gerahmt von Sonnenschirmen

ein unterirdisches Tunnelsystem miteinander verband. Jede Bastion war auf mehreren Stockwerken mit Kanonen bestückt, die durch Schießscharten die einzelnen Mauerabschnitte und das Vorfeld bestreichen konnten. Zum Befestigungsring gehörten auch ein Wassergraben und das inzwischen abgetragene Außenfort San Dimitri.

21 Jahre lang, von 1648 bis 1669, konnte die Festung den Türken im ›Großen kretischen Krieg‹ widerstehen. In der Schlussphase der Belagerung standen nur 29 000 Venezianer und Verbündete unter dem Oberbefehl von Francesco Morosini der Übermacht von 108 000 Türken unter Achmed Köprülü gegenüber. Die Belagerung endete mit der Aufgabe Iráklios und einem geordneten Abzug der Venezianer.

Kazantzakis-Grab 14

Wer den kleinen Marsch nicht scheut, kann das Kazantzakis-Grab auf der Martinengo-Bastion der Stadtmauer besuchen. Dort erhebt sich ein einfaches Holzkreuz über einem schlichten Steingrab. Auf dem Grabstein drei Verse, die das Motto des berühmten Romanciers wiedergeben: »Ich hoffe nichts, ich fürchte nichts, ich bin frei.« Mit dieser Negation von Hoffnung und Furcht, tragenden Begriffen des Christentums, geriet Kazantzakis unweigerlich in Konflikt mit der orthodoxen Kirche. Die soll ihm auch ein ordentliches Begräbnis auf einem Friedhof verweigert haben.

Doch diese Auseinandersetzungen sind längst vergessen: Am 26. Oktober 1977, 20 Jahre nach dem Tod des Dichters, zelebrierte der Erzbischof von

Kreta erstmalig eine große Gedenkmesse auf der Martinengo-Bastion. Kazantzakis' Frau Eleni hat ihn lange überlebt. Sie wurde 100 Jahre alt und 2004 ebenfalls auf der Martinengo-Bastion beerdigt.

Etwas weiter nordwestlich können Filminteressierte hinter der Betlehembastion am Bethlehem-Tor einen Ausstellungsraum besuchen, in dem Kostüme und Fotos zu einem international berühmten Film des griechischen Regisseurs Iannis Smaragdis ausgestellt sind, El Greco von 2007, mit der Filmmusik von Vangelis, der schon für Ridley Scott die Musik zu ›Blade Runner‹ (1982) und später die Hymne der Fußballweltmeisterschaft 2002 komponiert hat. Eintritt frei, Di-Fr 8.30–15 Uhr, Sa 9–14, 17–20 Uhr, So 10–15 Uhr.

Naturhistorisches Museum

Sof. Venizelou, www.nhmc.uoc.gr, Mo–Fr 9–14, Sa–So 10–16 Uhr, 6 €
Vorwiegend Modelle von Landschaften und Pflanzen, darin ausgestopfte Tiere. Beeindruckend sind das Riesendeinotherium und ein ›Tisch‹, auf dem Besucher hautnah ein Erdbeben miterleben können. Das Museum ist noch nicht ganz fertiggestellt.

Übernachten

Das Preisniveau in Iráklio ist deutlich höher als das anderer Städte Kretas. Viele Gäste haben außerdem Probleme mit dem Verkehrs- und Fluglärm.

Alternative zur Stadt ist zum einen der westliche Strandvorort **Ammoudára** mit vielen ruhig gelegenen Pauschalreisehotels. Das Kraftwerk gleich westlich vom Strand macht Ammoudára jedoch nicht sehr schön. Man

kann auch in das dörfliche **Archánes** mit kleinen Pensionen, aber auch anspruchsvollen Unterkünften ausweichen. Von dort fahren etwa stündlich Busse in einer guten Stunde ins Stadtzentrum, nach Knossós ca. 30 Min.

Luxusklasse – **GDM Megaron** **1**: Oberhalb der Busstation A/C, Tel. 28 10 30 53 00, Fax 28 10 30 54 00, www.gdm megaron.gr, DZ/F 185–300 €. In einem ›Hochhaus‹ von 1925 in neoklassischer Architektur, das erste seiner Art auf Kreta. Mit Sauna und Fitnesseinrichtungen. Man kann auch nur zum Frühstück hingehen (Buffet 20 €), schöne Lage am Hafen.

Mit Hafenblick – **Lato** **2**: Epimenidou 15, Altstadt, Tel. 28 10 22 81 03, Fax 28

10 24 03 50, www.lato.gr, DZ/F 120–130 €. Schönes Boutique-Hotel mit 50 komfortablen, ganz unterschiedlich eingerichteten Zimmern, fast alle mit Blick auf den Hafen. Im Erdgeschoss ein futuristisch gestyltes Gourmet-Restaurant.

Ruhig in der Vorstadt – **Pasiphae** 3: Posidonos 34, Tel. 28 21 02 45 392, www.pasiphae-hotel.gr, DZ 55–60 €. Zweckmäßig eingerichtetes, relativ preiswertes Mittelklassehotel im Stadtteil Póros oberhalb des Fährhafens.

Ruhige Altstadtpension – **Lena** 4: Lachana 10, Tel. 28 10 22 32 80, Fax 28 10 24 28 26, www.lena-hotel.com, DZ/F 50–70 €. Sauberes kleines Hotel in Hafennähe, 15 teils geräumige Zimmer,

auch einige preiswertere mit Etagendusche.

Klein und preiswert in Altstadtgasse – **Rea** 5: Kalimeraki 1, www.hotelrea.gr, Tel. 28 10 22 36 38, DZ 25–45 €. 16-Zimmer-Pension, Zimmer teils mit Etagenduschen. In der Nähe des Historischen Museums.

Außerhalb des Zentrums

Ruhig trotz Flughafennähe – **Sofia** 6: Stadiou 57, Tel. 28 10 24 00 02, Fax 28 10 22 75 64, www.hotel-sofia.gr, DZ/F 60–80 €. 70 Zimmer, familiär geführt, untouristische Atmosphäre, mit Pool. Tipp: Das Haus wurde 2011 komplett renoviert und bietet ein sehr gutes Preis-Leistungs-Verhältnis.

In der Markthalle von Iráklio

Mein Tipp

Kretische Musik

Kretas größte Stadt hat das vielfältigste Nachtleben zu bieten. Aller Popmusik zum Trotz gehen Kreter immer noch gern in ein *kritikon kentron* und tanzen ihre Tänze zu Lyra- und Laouto-Musik. In diesen Lokalen werden oft auch Taufen und Hochzeiten gefeiert. Auf die Tanzfläche begibt man sich erst ab 23 Uhr. Vorher spielt die Musik zum Essen, zu dem man gegen 22 Uhr erscheint. Im Zentrum von Iráklio gibt es heute allerdings keine *kritika kentra* mehr, die täglich geöffnet haben. Man achte also auf Plakate, die auf Lyra-Abende in Tavernen oder Clubs in und um Iráklio verweisen. Jedes Wochenende, mit Ausnahme der Fastenzeiten, findet irgendwo ein Lyra-Abend statt. Als Tipp:

Avissinos 2: Außerhalb der Stadt, in Spília hinter Knossós, Tel. 28 10 23 33 55. Anspruchsvolles Lyra-Lokal, der Besitzer hält die Lyra-Tradition aufrecht.

Essen & Trinken

Sehr stimmungsvoll sitzt man in den Gassen am alten Hafen. Dort gibt es kleine Mezedopolia, die preiswert kretische Mezedes anbieten.

Feine kretische Speisen – **Kyriakos** 1: Dimokratias 53, Tel. 28 10 22 46 49, im Sommer So, im Winter Mi geschl. sowie Ende Juni bis Mitte Juli. In der Neustadt Richtung Knossós. Gehobenes Preisniveau, aber erschwinglich.

Bei Einheimischen beliebt – **Ligo Krasi Ligo Thalassa** 2: Am Rondell des alten Hafens, Tel. 28 10 30 00 20, Hauptgerichte 12–15 €, die einzelnen Mezedes um 5 €. Ein typisches Mezedopolion; der Name bedeutet »Ein bisschen Wein, ein bisschen Meer«. Hier lassen sich kretische Familien Fischmezedes und Hauswein schmecken.

Für den gemütlichen Abend – **Merastri** 3: Ecke Chrysostomou/Athanassiou, Tel. 28 10 22 19 10, nur abends geöffnet, außer So, Hauptgerichte um 10 €. Gutes Speiselokal in der Neustadt, untouristische Atmosphäre.

Marktatmosphäre – **Pantheon** 4: In der schmalen Gasse zur Marktstraße. Die letzte echte Markttaverne, morgens auch die Kuttelsuppe Patsá. Fleisch vom Holzkohlegrill und Garküche, Hauptgerichte 5–8 €.

Außerhalb

Néa Alikarnassos (► L 3)**:** An und in der Nähe der Platia des Vororts gibt es preiswerte Restaurants mit kretischen Spezialitäten, vor allem Fisch. Auch Mezedes in großer Vielfalt.

›Zum Korsaren‹ – **Koursaros** 5: Gleich neben der großen Kirche, Tel. 28 10 33 04 84. Linienbus zum Flughafen oder Taxi nehmen. Vom Hotel Sofia ist es nicht weit zu Fuß. Fisch ca. 45 €/kg.

Einkaufen

Kretische Naturprodukte – Olivenöl, Käse, Kräuter, Honig, Wein, Raki gibt es in der Marktgasse Odos 1866 oder am unteren Ende der 25 Augoustou.

Karten und Kreta-Bücher – **Road Edition Bookstore** 1: Chandakos 29, auch deutschsprachige Werke.

Ikonenatelier – **Voula Manoussakis** 2: Chandakos 32. Die wohl anerkannteste Ikonenmalerin Kretas. Vorwiegend Auftragsarbeiten, kleine Ikonen ab ca. 50 €.

Kretische Messer – **Vasilakis** 3: Karterou 23. Traditionelle Messerschmiede, die auch personalisierte Messer nach Wunsch des Käufers erstellt; ein typisch kretisches Geschenk. In der Nähe gibt es noch weitere Messergeschäfte.

Wochenmarkt – **Néa Alikarnassós** 4: jeden Sa bei der Kirche Agia Anna, vom neuen Hafen aus 1 km landeinwärts, Flohmarktatmosphäre.

Abends & Nachts

Das beste Angebot Kretas. Im Sommer finden viele Konzerte statt; man achte auf entsprechende Plakate. Szene-Treffs in der Altstadt sind die Lokale zwischen Eleftherias-Platz und dem ›Löwenbrunnen‹, insbesondere die Music-Bars entlang der Milatou-Straße. Westlich der Stadtmauer hat sich an der Uferpromenade in den letzten fünf Jahren ein zweites Szeneviertel rund um das Einkaufszentrum Talos-Plaza entwickelt.

Von Lyra bis Metal – **Mylos Club** 1: Tel. 28 10 34 31 99, Altstadt in Hafennähe, hinter Hotel Lena um die Ecke. Der Club bietet mindestens an den Wochenenden Live-Musik verschiedener Richtungen: Lyra, Bouzouki, Pop … bis hin zu Heavy Metal.

Kretische Musik – **Avissinos** 2: s. ›Mein Tipp‹ S. 104.

Infos & Termine

Touristeninformation
EOT-Pavillon: S. 86.

Termine
Summer Festival: Von Juni bis Sept. finden im Rahmen eines Sommerfestivals Konzerte im Stadion, Ausstellungen, Vorträge etc. statt. Man erkundige sich im Infobüro.

Agios Titos: 24. Aug., Prozession zu Ehren des Schutzheiligen von Kreta.

Agios Minas: 11. Nov., Feiertag des Schutzheiligen von Iráklio.

Flughafen
Der Nikos Kazantzakis Airport liegt 5 km östlich vom Zentrum. Flugauskunft: Tel. 28 10 24 56 44. In der Vorhalle Mietwagenunternehmen und Infobüro des EOT. Tickets für Inlandflüge am Airport und in den Reisebüros der 25 Avgoustou.

Weiterreise mit dem Stadtbus: Je nach Tageszeit fahren alle 5–20 Min. dunkelblaue Stadtbusse preiswert ins Zentrum (zur Platia Eleftherias). Tickets an der Haltestelle. Die Linien 6, 8, 10 und 12 fahren weiter über Dikeosinis und Kalokerinou zum Bus-Terminus B (für Süd- und Ostkreta, s. S. 106). Linie 6 fährt noch weiter zu den Strandhotels im Vorort Ammoudára. Linie 8 fährt vom Flughafen direkt zum Bus-Terminus A/C, ›Harbour‹.

Weiterreise mit dem Überlandbus: Alle Linienbusse nach Ostkreta halten am Flughafen.

… mit dem Taxi: Fahrt ins Zentrum von Iráklio ca. 10 €, inkl. Gepäckzuschläge. Zuschlag für Fahrten zu den Busstationen und zum Hafen ca. 1 €. Am Taxistand vor dem Flughafengebäude sind die Preise für Überlandfahrten angeschlagen: nach Chaniá ca. 170 €, nach Ágios Nikólaos ca. 70 €.

Rückreise: Die Überlandbusse aus Ágios Nikólaos, Sitía oder Ierápetra halten auch am Flughafen!

Ankunft mit der Fähre
Autofähre ab Pireas (Piräus) tgl. um ca. 5 Uhr, 9.30 Std. Fahrtzeit, per Schnellfähre 6 Std. Vom Hafen zu den ersten Altstadthotels sind es ca. 800 m, zum Bus-Terminus A ca. 600 m.

Weiterreise: Tgl. abends zwei Fähren zwischen 20 und 21 Uhr nach Pireas (Piräus). Im Sommer häufiger, im Winter seltener Fährverbindung mit Thessaloníki, den Kykladen sowie zum Dodekanes (Rhodos, Karpathos) und nach Zypern. Ausflugsschiffe, die auch Passagiere nur für die Hin-Strecke mitnehmen, fahren im Sommer tgl. nach Thíra (Santorin). Auskünfte in den kretischen Reisebüros.

Mietfahrzeuge

Autos – Die meisten der preiswerten einheimischen Autovermieter befinden sich in der 25 Avgoustou:
Mega Rent: 25 Avgoustou 15b, Tel./Fax 28 10 22 59 72, www.megarent.gr.
Tourings Rent a car: 25 Avgoustou 18, Tel. 28 10 28 32 11, www.tourings.gr. Beide Agenturen stellen ihre Fahrzeuge auch am Flughafen bereit.

In der Nebensaison bekommt man bei einer längeren Mietdauer Kleinfahrzeuge schon für 20–25 € pro Tag. Genausogut wie in der Stadt kann man aber auch am Flughafen gleich nach Ankunft die Preise der Mietwagenfirmen vergleichen. Zu Engpässen wird es hier in der Regel nicht kommen.

Fahrräder – **Blue Sea:** Kosma Zotou, Zugang von der 25 Avgoustou. Iráklio ist allerdings kein gutes Pflaster zum Radfahren.

Motorräder – **Motor Club:** Beim Rondell am alten Hafen, Tel. 28 10 22 24 08, Fax 28 10 22 28 62, www.motorclub.gr, auch Autos; auch andere Stationen auf Kreta.

Busverkehr

Die (grünen) Überlandbusse der KTEL starten von zwei Busstationen aus:
Bus-Terminus A/C (›Harbour‹) für die Linien entlang der Nordküste, 400 m östlich vom alten Hafen. Die beiden Busgesellschaften Kretas teilen sich dort das Gebäude. Nach Ágios Nikólaos mindestens stdl., ca. 5 x tgl. weiter nach Sitía, ca. 8 x tgl. nach Ierapetra, 2 x tgl. auf die Lassíthi-Ebene, nach Archánes jede volle Stunde, nach Réthimno und Chaniá stdl. (einige Busse fahren auch die ›Old Road‹ über Pérama nach Réthimno).

Bus-Terminus B (›Chanion Porta‹) für die Linien zur Landseite und zur Südküste: Er befindet sich an der Stadtmauer außerhalb des Chaniá-Tors und bedient auch die nähere Umgebung Iráklios. Wichtigste Linien ab Chanion Porta: nach Festós und Agía Galíni ca. 6 x tgl., nach Mátala im Sommer ebenfalls häufig, nach Anógia ca. 5 x tgl.
Fahrpläne im Internet:
www.ktelherlas.gr
www.bus-service-crete-ktel.com
Die beiden Busgesellschaften legen Fahrplan-Handzettel mit den wichtigsten Linien aus.
Preise: Nach Chaniá ca. 14 €, nach Réthimno und Ágios Nikólaos ca. 8 €.

Knossós! ►L 4

Mo–Sa 8–19, letzter Einlass 18 Uhr, So und in der Nebensaison 8.30–15 Uhr, Eintritt 6 €
Die rätselhafte Palastanlage, eine Top-Sehenswürdigkeit Kretas, liegt 5 km von Iráklio-Zentrum und ist mit der Stadtbuslinie 2 schnell erreicht. Knossós, der größte aller minoischen Paläste, war nach der Überlieferung der Sitz des sagenhaften Königs Minos. Das riesige Gebäudeensemble besaß etwa 1300 Räume in bis zu fünf Stockwerken und umfasste der Innenhöfe ca. 20 000 m^2 Wohn- und Nutzfläche. Näheres zur Geschichte von Knossós s. S. 50.

Stadtbuslinie 2 verkehrt ca. alle 20 Min. zwischen der Busstation A/C am Hafen von Iráklio und Knossós. Zusteigemöglichkeit an der Platia Eleftherias. Man kann nach der Besichtigung von Knossós dort den Überlandbus anhalten, der weiter nach Archánes fährt.

Die Entdeckung von Knossós

Einem kretischen ›Hobby-Archäologen‹, dem reichen Kaufmann und Juristen Minos Kalokairinos, der mit Ölen und Seifen handelte, gelang 1878 die Entdeckung des Palastes. Er grub zwei Magazinräume aus und förderte Vorratsgefäße und verschiedene Kultgegenstände zutage.

1886 besuchten den Troia-Entdecker Heinrich Schliemann und der Bauforscher und Archäologe Wilhelm Dörpfeld das Terrain von Knossós. Eine groß angelegte Grabung unter Führung des Deutschen Archäologischen Instituts kam jedoch nicht zustande; die türkischen Behörden verlangten einen Kaufpreis, den zu zahlen die Deutschen nicht bereit waren.

1894 kam der spätere Ausgräber, der damals 43-jährige Museumsdirektor, Ethnologe und Zeitungskorrespondent Arthur Evans, zum ersten Mal nach Kreta. Er war auf der Suche nach vorgriechischen Schriftzeugnissen, begeisterte sich aber schließlich für die neu entdeckte Kultur am Kefala-Hügel. Doch die Ausgrabung musste noch warten. Erst nachdem Kreta 1898 autonom geworden war und von einem westlich orientierten Hochkommissar verwaltet wurde, konnte man damit anfangen. Arthur Evans besaß genügend Geld, um als Hauptfinancier aufzutreten. Mit von der Partie war außerdem die neu gegründete Stiftung des Cretan Exploration Fund.

Die Ausgrabung begann zunächst mit 30 Arbeitern, später wurden es 200. In der Rekordgeschwindigkeit von nur drei Jahren, von 1900 bis 1903, wurden 20000 m² Palastareal freigelegt – jedoch nach Maßstäben verantwortungsbewusster Archäologen viel zu schnell. Evans und seine Mitarbeiter ließen zum Beispiel die mykenischen Schichten einfach abtragen, um so schnell wie möglich zu den minoischen Funden vorzudringen.

In der Eile wurde die Grabung nicht Schritt für Schritt dokumentiert, so dass heute manche Zweifel an der Rekonstruktion von Knossós bestehen. Kritisiert wird auch die vorschnelle Bezeichnung von Räumen wie z. B. ›Badezimmer der Königin‹ oder ›Karawanserei‹: dadurch sei eine Sicherheit im Befund suggeriert, die in Wahrheit gar nicht bestehe. Selbst die Berechtigung der Bezeichnung ›Palast‹ für das Gebilde von Knossós müsse erst noch bewiesen werden.

Und dann die Betonrekonstruktionen! Heute käme kaum ein Archäologe auf die Idee, frühgeschichtliche oder antike Ruinen mit Stahlbeton wieder aufzubauen und dadurch etwas zu schaffen, das man schon spöttisch als ›minoisches Disneyland‹ bezeichnet hat. Auf der anderen Seite muss man Evans im Kontext seiner Zeit sehen. Er stand in einer Tradition, die antike Ruinen im Geiste des philhellenischen Klassizismus wiederherzustellen suchte. Zugleich strebte Evans nicht danach, die gesamte Anlage zu rekonstruieren, sondern er ließ das architektonische Ensemble absichtlich unvollendet. Mit Gesimsen, die plötzlich malerisch abbrechen, mit hier und da aufgestellten Kulthörnern, Pithoi und Säulenbasen trug er der damals wie heute verbreiteten Nachfrage nach ›Ruinenromantik‹ Rechnung.

Schließlich sind allen Unkenrufen der Archäologen zum Trotz die meisten Touristen Evans heute dankbar. In Knossós ist ein minoischer Palast so zu besichtigen, wie er ausgesehen haben könnte. Diese Anschaulichkeit hilft, die weng aufregenden Grundmauern der anderen Paläste Kretas besser zu verstehen.

Auf Entdeckungstour

Knossós und die Rätsel der minoischen Kultur

Mehr als 100 Jahre nach der Entdeckung des Palastes sind ganz wesentliche Fragen der minoischen Kultur immer noch ungeklärt.

Reisekarte: ▶ L 4, Plan S. 110

Zeit: Um sich alles mit Muße anzusehen, benötigt man gute 2 Std.

Öffnungszeiten: Mo–Sa 8–19, letzter Eintritt 18 Uhr, So und in der Nebensaison 8.30–15 Uhr, Eintritt 6 €.

Waren die Minoer von Frauen beherrscht? Von König Minos nämlich findet sich in den archäologischen Zeugnissen keine Spur. War der Palast ein Tempel, wie viele Wissenschaftler meinen? Oder gar eine Nekropole, wie der deutsche Geologe Hans-Georg Wunderlich postuliert hat?

Labyrinth des Minotaurus

Der Palast lag unbefestigt auf dem Kefala-Hügel, im Tal floss der Kairatos vorbei ins Meer. Vielleicht war er zu minoischen Zeiten schiffbar? Dann wären Schiffe direkt bis zum Palast vorgefahren. Gesichert ist nur, dass Knossós zwei Seehäfen besaß, den einen bei Amnisós, den anderen an der Stelle des späteren Iráklio. Fraglich ist zudem, in welchem Verhältnis Knossós zu den anderen Palästen stand. Waren diese unabhängig oder hatte Knossós die Oberherrschaft?

Der von antiken Schriftstellern überlieferte Mythos vom Minotaurus, der auf Kreta in einem Labyrinth lebte und von Theseus getötet wurde, wird von den meisten Archäologen heute in Knossós lokalisiert. Ursprünglich war der Minotaurus wohl ein minoischer Oberpriester, der einen Stierhelm trug. Und die Palastanlage selbst sei das mythische Labyrinth gewesen, heißt es. ›Labyrinth‹ ist nämlich vorgriechisch und kommt von *labrys* (›Doppelaxt‹). Und die Doppelaxt konnte im Palast, auf Wände eingeritzt oder auf Dächern aufgestellt, eindeutig identifiziert werden. So hätte denn der Palast ursprünglich ›Haus der Doppelaxt‹ (›Labyrinth‹) geheißen. Wegen seiner verwirrenden und unregelmäßigen Architektur, die der späteren griechischen überhaupt nicht entspricht, sei aus dem vorgriechischen Wort ›Labyrinth‹ dann ein Synonym für ›Irrgarten‹ geworden.

Rundgang durch den Palast

Während des folgenden Rundgangs, der leicht von der Ausschilderung vor Ort abweicht, wird der Zustand des Palastes zur Zeit der Jüngeren Palastzeit (1700 oder 1630 bis 1450 v. Chr.) beschrieben. Die ›Königlichen Gemächer‹ sind seit vielen Jahren nur von außen durch Gitter einsehbar.

Am Weg zum Westhof steht die Bronzebüste des 1911 in den Adelsstand erhobenen Arthur Evans. Sie wurde 1935 in seinem Beisein aufgestellt. In den Jahren zuvor, 1921–35, waren die vier Bände seiner Publikation »The Palace of Minos« erschienen. Evans war damals schon über 70 Jahre alt. 1941, im Jahr der deutschen Besetzung Kretas, starb er im Alter von 90 Jahren.

Der Westflügel

Auf dem **Westhof** **1** beachte man die Prozessionswege und die runden Gruben. Auf dem Grund der Gruben wurden die ältesten Gebäudereste von Knossós entdeckt; sie stammen noch aus dem Neolithikum. Später waren die Gruben Depots für Opfergaben und Tierknochen, danach hat man sie zugeschüttet. An der Fassade des Palastes sind Brandspuren zu erkennen – Spuren seines Untergangs um 1450 v. Chr.?

Am **Westeingang** **2** erkennt man die Basis für eine mittig stehende Säule und die ›Betonkronen‹ auf den Resten der Polythyron-Toranlage. Links an der Wand war das ›Prozessionsfresko‹ (s. S. 51) angebracht, das einst den gesamten folgenden Prozessionskorridor schmückte. Dieser soll links abknickend zur monumentalen Toranlage der **Südpropyläen** **3** geführt haben (der gesamte Verlauf ist nicht erhalten). Dort ist die Rekonstruktion einiger Gabenträger des ›Prozessionsfreskos‹ zu se-

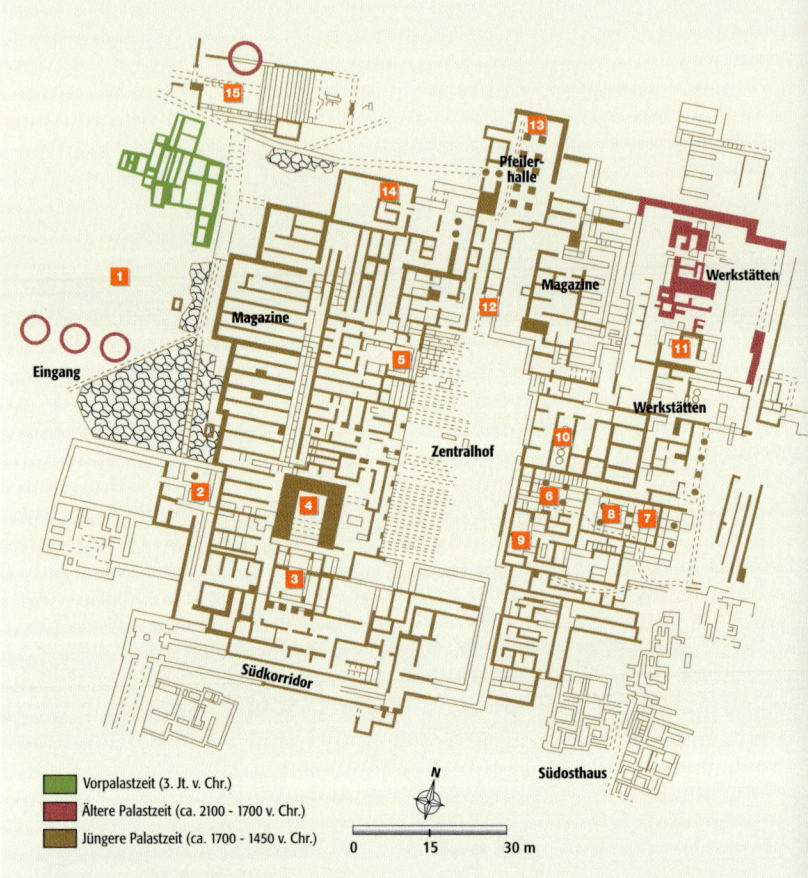

Vorpalastzeit (3. Jt. v. Chr.)

Ältere Palastzeit (ca. 2100 - 1700 v. Chr.)

Jüngere Palastzeit (ca. 1700 - 1450 v. Chr.)

N

0   15   30 m

hen. In der Nachpalastzeit wurde dieser Teil des Palastes als Lager benutzt, daher auch die herumstehenden Pithoi.

Eine – fragwürdig rekonstruierte – **Treppe** 4 führt zum ›Piano Nobile‹: Diese Bezeichnung verwendete Evans für das Obergeschoss in Analogie zum ersten Stockwerk italienischer Renaissance-Palazzi. Von dort hat man einen guten Blick auf die Magazine im Erdgeschoss des Westflügels. In schmalen Räumen sind jeweils Kammern zur Lagerung von Produkten (Lebensmittel?) in den Boden eingelassen. Um die Kammern herum haben die Ausgräber Pithoi aufgestellt, die großen minoischen Vorratsvasen. Im Längsgang steht ein Sockel für ein Doppelaxtmonument.

Über den Korridor erreicht man die Große Halle und zwei Säulenhallen, dahinter schließt die **Raum der Fresken** an, der mit Blick durch einen Lichtschacht in das Lustralbad genau über dem Thronsaal liegt. Ein Lustralbad dient ›kultischen Reinigungen‹, ein *lustrum* ist ein altrömisches Sühneopfer, das alle fünf Jahre abgehalten wurde. Im Raum der Fresken wurden etliche Freskenkopien aus dem Palast und dem ›Haus der Fresken‹ angebracht.

Von der **Veranda** hat man einen schönen Blick auf den Zentralhof. Hier oben hängen diverse Kopien minoischer Fresken. Man beachte, dass auf den Bildern auffällig oft hübsche, weißhäutige Frauen vorkommen. Die rotbraun gefärbten Männer sind in der Regel viel kleiner abgebildet.

Entweder im **Zentralhof** oder auf dem Westhof fanden die berühmten Stierspiele statt, an denen sich nach dem Zeugnis des ›Stiersprungfreskos‹ Frauen wie Männer beteiligten.

Über den Zentralhof gelangt man in den ›**Thronsaal**‹ **5**: Rechts der von niedrigen Bankreihen umgebene Thron, der auf das Lustralbad ausgerichtet ist. Er stammt noch aus der Älteren Palastzeit. Später wurde der Raum in mindestens vier Baustufen umgeformt. Die Greifen neben dem Thron sind mykenisch, also aus der Zeit nach 1400 v. Chr.

Wer aber saß auf dem Thron? Minos wird zum ersten Mal von Homer erwähnt, ca. 700 Jahre nach dem Untergang der minoischen Kultur. Kann man ihn ohne weiteres als Quelle benutzen?

Eine moderne Holzkopie des Thrones befindet sich im Vorraum des Thronsaals auf einem originalen Podest. Eine weitere Kopie befindet sich übrigens beim Internationalen Gerichtshof in Den Haag – in der griechischen Mythologie fungierten Minos

und sein Bruder Rhadamanthys in der Unterwelt als weise Richter.

Der Ostflügel

Schräg gegenüber dem Thronsaal liegt das **Treppenhaus 6** des Wohntrakts im Ostflügel. Um einen Lichtschacht herum führen Treppen hinunter in die tiefer gelegenen Räume am Hang. Erstaunlicherweise hatte das Treppenhaus keine Verbindung zum Zentralhof. Es ist nur von außen einsehbar, wie auch die ›**Halle der Doppeläxte**‹ **7**, die nach den Ritzzeichnungen an der Stirnwand benannt ist. Zusammen mit dem ›Megaron des Königs‹ mit Polythyron-Wänden und hölzerner Nachbildung eines Throns sollen diese Räume einst Ratssaal des Königs und seiner obersten Berater gewesen sein.

Gleiches gilt für das ›**Megaron der Königin**‹ **8**. Hier sind rekonstruierte Dekorationen aus der Jüngeren Palastzeit (Delfinfresko, Tänzerin) und aus mykenischer Zeit (Laufspiralen und Rosetten) zu sehen. Hinter einer Wand in Brusthöhe das vermeintliche ›**Badezimmer der Königin**‹ Die Badewanne wurde jedoch nicht dort, sondern in einem angrenzenden Raum gefunden.

Derzeit leider auch nicht zugänglich ist der ›**Dressing Room**‹ **9**, der vermeintliche Toilettenraum der Königin mit originalem Abort.

Nördlich schlossen sich Werkstätten, Magazine und Ställe an den Wohntrakt an, darunter das ›**Magazin der Medaillon-Pithoi**‹ **10**. Dahinter im Boden Tonröhren für die Wasserzufuhr; daneben ein offener Kanal mit blinden Ecken (Schmutz-Senkkästen) zur Reinigung des Regenwassers. Bemerkenswert auch die gigantischen, vielhenkligen Vorratsgefäße im ›**Magazin der Riesen-Pithoi**‹ **11**, die mit steinernen Noppen und angedeuteten Seilen geschmückt sind.

Der ›Theaterbezirk‹

Richtung Ausgang passiert man den Nordkorridor zum Zentralhof mit dem **Relief eines angreifenden Stiers** `12`. Eine Rampe führt hinauf in die **Pfeilerhalle** `13`, die von heutigen Archäologen für den Haupteingangsbereich gehalten wird.

Auf dem Weg zum Theaterbezirk geht es durch einen rechteckigen Hof mit dem freistehenden Bau eines **Lustralbades** `14`, der außerhalb des eigentlichen Palastes lag. In Evans Deutung war dies die ›Initiatory Area‹, das Areal zur Reinigung und Einweihung der Palastbesucher.

Kultische Zeremonien unter Beteiligung großer Menschenmengen dürften im ›**Theater**‹ `15` stattgefunden haben. Es handelt sich um eine L-förmige offene Freitreppe, zu der gepflasterte Prozessionswege führen. Zugleich ist sie Endpunkt des erhöhten Weges (›Königliche Straße‹), der vom Kleinen Palast heranführt.

War die minoische Kultur ein Matriarchat?

Knossós-Ausgräber Arthur Evans hat die von ihm erforschte Kultur ›minoisch‹ und das Bauwerk von Knossós ›Palast des Minos‹ genannt – ohne allerdings in den archäologischen Zeugnissen eine Spur des Minos zu finden!

Sucht der Besucher von Knossós oder des Archäologischen Museums in Iráklio an Ort und Stelle nach Spuren des Minos, so wird er nicht fündig werden. Auf den Wandmalereien aus den Palästen findet er keinen König, sondern auffällig oft hübsche Frauen, optisch hervorgehoben: weißhäutig, in kleinen Gruppen beieinander, umgeben von rotbraun gefärbten, kleiner abgebildeten und im Hintergrund in Massen zusammenstehenden Männern.

Haben also feministische Historiker und Historikerinnen Recht, wenn sie die von Evans so genannte minoische Kultur als Matriarchat oder Gynäkokratie (Frauenherrschaft) interpretieren? Oder liegt die ›patriarchalische‹ Wissenschaft richtig, die die minoischen Frauen nur als »natürlich sich gebende, freudige und anmutige Geschöpfe« sieht, wie es der angesehene Archäologe und Kretaforscher Friedrich Matz ausgedrückt hat.

Gesichert ist, dass die anderen Klassengesellschaften des 2. Jt., die den Minoern benachbart waren, die Hethiter in Anatolien, die Ägypter und die Stadtstaaten in Palästina, männliche Herrscher besaßen. Die Ausnahme waren lediglich einzelne Herrscherinnen, Königinnen wie Hatchepsut oder Nofretari in Ägypten oder wie Puduchepa bei den Hethitern.

Die Feministinnen belegen ihre Matriarchatsthese mit den Frauendarstellungen bei den Minoern. Beliebtes Zeugnis ist die ›Schlangengöttin‹. Doch, um ein Beispiel zu konstruieren: Wird man aus einer ›Madonna mit dem Jesuskind‹ oder aus der New Yorker Freiheitsstatue Rückschlüsse auf eine herausragende oder auch nur gleichberechtigte Stellung der Frau in den Gesellschaften, in denen diese Werke entstanden, wagen dürfen?

Vielleicht haben Frauen auch nur als Priesterinnen Führungspositionen inne gehabt. Aber warum lassen sich dann Minos und seine Vor- und Nachfahren nicht abbilden? So wie etwa zur selben Zeit die Pharaonen in Ägypten, die sich als Eroberer und sogar Götter feiern ließen. – Eine wichtige Frage, die sich aus den vorhandenen Quellen vorerst nicht beantworten lässt. Sicher ist nur eins: Die minoische Kultur wird auch künftig noch Wissenschaftlern wie Laien manche Rätsel aufgeben.

Archánes ▶ L4

Die Umgebung von Iráklio ist geprägt von Hügellandschaft mit größeren Weinbauflächen. Epáno Archánes, ca. 15 km südlich der Stadt gelegen, ist ein hübsches Großdorf, das seinen Wohlstand dem Weinanbau verdankt. Die neue Ortsumgehungsstraße hat den Durchgangsverkehr deutlich verringert. Am Ortseingang dokumentiert das private **Historical and Folklore Museum of the last Centuries** kretisches Landleben in den letzten 100 Jahren (Mi–Mo 9.30–14 Uhr, www.psaltakis museum.com). Im Fabrikgebäude der **Fantaxometocho Winery,** wo die renommierten Boutari-Weißweine gekeltert werden, ist jetzt ein modernes audio-visuelles Besucherzentrum aufgebaut worden, das sich mit Geschichte und Technik des Weinbaus auf Kreta beschäftigt und auch lokale Weine verkauft (Mo–Sa 9–16 Uhr). Am Ortsende überrascht ein schön restauriertes **Altstadtviertel** mit klassizistischen Hausfassaden und anheimelnden Cafés und Kafenia.

Bekannt geworden ist Archánes jedoch durch die Ausgrabungen des Archäologenehepaars Effi und Iannis Sakellarakis. Iannis Sakellarakis entdeckte, just mit dem Studium fertig geworden, 1964 auf dem **Hügel Foúrni** zwischen Epáno und dem unterhalb gelegenen Káto Archánes das erste Königsgrab Kretas und fand mitten im heutigen Dorf Archánes einen **minoischen Palast** (umzäunt und nicht zugänglich), dessen größerer Teil noch unter den Dorfhäusern verborgen liegt.

Tempel von Anemóspilia
Di–So 8.30–15 Uhr, Eintritt frei
Die Krönung von Sakellarakis' Ausgräberleben war 1979 die Entdeckung des Tempels von Anemóspilia, einer kultischen Opferstätte an den Hängen des Berges Joúchtas (gr. Gioúchtas). Die sensationellen Grabungsergebnisse sind im **Archanes Museum,** einem modernen Einraum-Museum in der Ortsmitte, anschaulich dokumentiert (Mi–Mo 8.30–14 Uhr, Eintritt frei).

Bei der Freilegung des Tempels stieß Sakellarakis wider alle Mutmaßungen über die minoische Kultur nicht auf ein Tier-, sondern auf ein Menschenopfer! Ein etwa 18-jähriger Jüngling lag, vermutlich gefesselt, auf einem Altar. Auf seiner Brust fand sich ein langes Messer. In demselben Raum wurden das Skelett eines etwa 37-jährigen Mannes und das einer etwa 28-jährigen Frau gefunden. Gerichtsmediziner bestätigten Sakellarakis' Vermutung, dass die beiden von herabstürzenden Gebälkteilen erschlagen wurden. Als die Erde bereits bebte und der erste Untergang der minoischen Kultur (um 1700 v. Chr.) begann, wurde an dieser Stätte zur Besänftigung der Naturgewalten ein verzweifeltes Menschenopfer vollzogen. Doch umsonst, das Opfer konnte die Naturkatastrophe nicht mehr aufhalten, und die Opfernden wurden selbst zu Opfern.

Nekropole Foúrni
Di–So 8.30–15 Uhr, im Winter geschl., Eintritt frei
Zur minoischen Grabanlage Foúrni fährt man auf einem Weg, der direkt vor Archánes abzweigt (ausgeschildert); zu Fuß nimmt man den Abzweig gegenüber der Taverna ›Philosophos‹ (ausgeschildert, 20 Min.). Man sieht die Ruinen von Schacht- und Kuppelgräbern aus der Bronzezeit, die mykenischen Ursprungs sind.

Übernachten

Noble Herberge – **Eliathos:** Mob. 69 44 84 63 67, Kiki Nikitakou, www.elia

thos.gr, 6 Apartments, ca. 90 €. Etwa 500 m außerhalb des Dorfes Epáno Archánes, absolut ruhig und ländlich, auf Wunsch wird Frühstück serviert.
Einfach und ausreichend – **Pension Orestis:** Erste Steilstraße links nach der Nikolaus-Kirche, auf Schilder »Villa Orestis« achten, Tel. 28 10 75 16 19, DZ/F ab 40 €. Zweckmäßig eingerichtete Zimmer, schöner Garten.

Essen & Trinken

Nette und preiswerte Restaurants befinden sich in der restaurierten ›Altstadt‹ am Ortsende.

Infos & Termine

Information: www.pinakas.de. Private Seite, mit Übernachtungsmöglichkeiten in Archánes.
Termine: Prozession zur Verklärungskirche auf den Berg Joúchtas am 5./6. Aug. Traubenfest Mitte Aug.
Verkehr: Busse nach Archánes jede volle Stunde vom Busbahnhof ›Harbour‹ in Iráklio. Halt in Knossós.

Vathípetro ►K 4

Di–So 8.30–15 Uhr
Eine weitere Sehenswürdigkeit des Altertums liegt auf einer luftigen Anhöhe 4 km südlich von Archánes an der Straße nach Choudétsi: Vathípetro, ein minoischer Landsitz aus der Jüngeren Palastzeit mit sehr gut erhaltener Weinpresse in einem überdachten Raum, auch heute noch inmitten von Weinbergen. Am Rande des Grabungsbereichs (Wärter fragen!) befindet sich außerdem eine Olivenpresse. Hier wurde ein Tonzuber gefunden, mit dem man das Restöl aus dem schon

ausgepressten Fruchtfleisch der Oliven gewonnen hatte. Nach dem Aufguss mit kochendem Wasser stieg es an die Oberfläche; durch eine Röhre am Boden des Tonzubers wurden dann Mark und Wasser nach unten abgelassen.

Auf halbem Wege nach Vathípetro zweigt rechts der Feldweg zum Joúchtas (gr. Gioúhtas) ab, dem Berg mit dem Profil des schlafenden Zeus. Vom Gipfel (811 m) hat man herrliche Blicke bis hin zum Ida- und zum Díkti-Massiv.

Infos

Vathípetro ist nur mit dem Taxi zu erreichen, Taxiplatz an der Platía im hinteren Ortsteil von Archánes.

Mirtiá ►L 4

Auch ein Besuch des Weindorfes Mirtiá lohnt sich (über Ágios Paraskiés fahren). Auffallend die gepflegten Häuser, vor denen Blumen in rostigen Olivenölkanistern stehen. Hier befindet sich, deutlich ausgeschildert, im Vaterhaus des berühmten Schriftstellers das Nikos Kazantzakis-Museum (tgl. 9–17 Uhr, Tel. 28 10 74 16 89), in dem Dokumente seines Lebens und Schaffens ausgestellt sind. Zusätzlich gibt es eine interessante Fotosammlung über Jules Dassins Dreharbeiten zu »Griechische Passion«. Hervorzuheben ist eine Video-Show, die Kazantzakis' einzelne Lebensstationen vorstellt (s. S. 78). Vor wenigen Jahren wurde das Museum komplett neu ausgestattet eingeweiht.

Infos

Bus: Vom Busbahnhof ›Harbour‹ in Iráklio Bus nach Kíssamos nehmen (6 x

Blick vom Berg Joúchtas zum Ida-Gebirge (Óros Idí)

tgl.), am Abzweig nach Mirtiá aussteigen und dann 2 km zu Fuß gehen.

Thrapsanó ▶ L 4

Wer sich für Töpferei interessiert, sollte neben Margarítes bei Réthimno auch Thrapsanó besuchen. Die Dächer des Dorfes tragen tönerne *pitharia* als Schornsteine. Getöpfert werden diese kindsgroßen Vorratsgefäße, die in die-

ser Form schon zur Zeit der minoischen Kultur benutzt wurden, auf hand- und auch maschinell gedrehten Scheiben. Die Brennereien befinden sich an der Durchgangsstraße am Ortsein- und -ausgang.

Infos

Bus: Thrapsanó steuert der Bus Iráklio–Kíssamos direkt an.

Am Nordhang des Ida-Gebirges

Für die Fahrt ins Ida-Gebirge benötigt man mit dem Mietwagen einen Tag. Die Orte sind aber auch per Bus zu erreichen.

Infos

Bus: Ca. 5 x tgl. Busse ab Iráklio, die über Arolíthos und Tílisos weiter nach Anógia fahren. In Axós hält der Bus aus Réthimno nach Anógia (2 x tgl.).

Koúmpedes und Arolíthos ▶ K 3

Kurz hinter Gazi liegt an der Old Road die türkische Herberge **Koúmpedes** mit zwei charakteristischen Kuppeln. Sie diente früher denen als Bleibe, die es bis Torschluss nicht mehr nach Iráklio schafften. Heute befindet sich darin ein Restaurant.

Arolíthos ist ein Hotel- und Museumsdorf. Die verlassenen Häuser wurden von einem Hotelunternehmen aufwendig restauriert und mit Original-Mobiliar ausgestattet. Abends finden hier oft ›Cretan Nights‹ statt.

Minoische Villa von Tílisos ▶ K 4

Di–So 8.30–15 Uhr, im Winter geschlossen. Am Eingang möchten einheimische Frauen Webwaren und Stickwaren verkaufen.
Die Villa wurde auf früheren Grundmauern um 1600 v. Chr., in der Jüngeren Palastzeit also, erbaut und teilte dann 1450 v. Chr. das Schicksal der Zerstörung mit vielen anderen kretischen Bauten (s. S. 50). Man erkennt leicht die typischen Merkmale minoischer Architektur und Hausausstattung: kleine ›labyrinthische‹ Räume, Lichthöfe, Polythyra, vereinzelt aufgestellte Pithoi.

In der Nachpalastzeit wurde Tílisos von Mykenern besiedelt, die hinter dem letzten der drei Häuser eine runde Zisterne anlegten. Über eine Treppe ist sie begehbar. Schließlich übernahmen Dorer den Ort und so blieb der vorgriechische Name Tílisos bewahrt.

Da sich hierher kaum Touristen verirren, kann man am runden Dorfplatz in einem der Kafenia typisch kretisches Dorfleben verfolgen.

Anógia ▶ J 4

Durch eine Schlucht führt die kurvige Straße, vorbei an der Ruine der minoischen **Villa von Sklavokámbos,** über Goniés weiter hinauf nach Anógia. Das größte Bergdorf Kretas liegt in klarer, frischer Gebirgsluft auf 800 m Höhe und ist im heißen Sommer ein angenehmes Standquartier. Im Winter regnet es viel, auch an Schnee ist man hier gewöhnt.

Anógia besteht genau genommen aus fünf Kleindörfern und besitzt somit fünf Kirchen. Die Bewohner leben von der Schaf- und Ziegenzucht und vom Tagestourismus. Eine der vier Platias, die im unteren Ortsteil, ist Hauptplatz und Zentrum des Dorflebens. Nahe der Kirche Ágios Ioánnis erinnert eine **Bronzestatue des ›Unbekannten Anogianers‹** an den Widerstandswillen der Dorfbewohner in den Jahren 1822, 1867 und 1944. Die ersten beiden Zahlen erinnern an türkische Zerstörungen während der Unabhängigkeitskämpfe, die letzte an die Totalzerstörung Anógias durch die deutsche Wehrmacht. Am 15. August 1944 brannten deutsche Soldaten das Dorf bis auf die Grundmauern nieder und erschossen alle männlichen Einwohner im Umkreis von einem Kilometer, derer sie habhaft werden konnten.

Gegenüber der Bronzestatue ist an der Wand des **Rathauses** (dimarchio) ein Relief angebracht: Es zeigt ein aufgeschlagenes Buch, in dessen linke Seite die Anordnung des Generals Friedrich Wilhelm Müller, Anógia dem Erdboden gleichzumachen, eingeritzt ist. Als Grund dafür wird unter anderem die Entführung des Generals Kreipe angegeben. Die rechte Seite des steinernen Buches handelt von der Verleihung eines Tapferkeitsordens des griechischen Staates an das Dorf im Mai 1946. Die Urkunde ist auf Deutsch und Englisch übersetzt.

Anógia ist bekannt für seine handgearbeiteten Web- und Stickarbeiten, die man in etlichen Läden im Dorf kaufen kann, und für seine berühmten Lyra-Musiker. Von hier stammen die berühmtesten Lyraspieler Kretas: aus der älteren Generation der bereits verstorbene Nikos Xilouris, sein Bruder mit dem Künstlernamen Psarandonis (›Fischer-Anton‹) und Vassilis Skoulas. Dieser besitzt außerhalb des Dorfes, an der Straße zur Nída-Hochebene, ein riesiges Veranstaltungszentrum mit einem angegliederten Vier-Sterne-Hotel (s. unten), wo regelmäßig Lyra-Abende, Hochzeiten und Taufen veranstaltet werden. Im Sommer (Mitte

Die Entführung des deutschen Generals Kreipe durch ein britisch-griechisches Kommandounternehmen

Am Abend des 26. 4. 1944 fuhr General Heinrich Kreipe, der Kommandeur der 22. deutschen Infanterie-Division auf Kreta, in seinem Opel Kapitän von seiner Dienststelle in Archánes in sein Privathaus bei Knossós. Er wohnte in der Villa Ariadne, die Arthur Evans gehörte, der damals gerade verstorben war. Auf dem Weg stoppten plötzlich Männer in deutschen Feldjägeruniformen den Wagen. Hinter den Uniformen verbargen sich zwei Briten und zwei Griechen, Anführer war der damals schon bekannte englische Schriftsteller Patrick Leigh-Fermor, der fließend Deutsch und Griechisch sprach. Mit dem entführten General im Wagen kam die Gruppe unbeschadet durch Iráklio. Ähnlich wie beim Hauptmann von Köpenick flößten die Uniformen und der schwere Wagen mit dem Generalsstander den deutschen Posten Respekt ein.

Kurz vor Réthimno ließ die Gruppe den Wagen stehen und floh in das damals wenig erschlossene Ida-Gebirge. Dort verbarg sie sich, während viele Zehntausend deutscher Soldaten die Insel auf der Suche nach dem General durchkämmten. Erst am 15. Mai erreichte die Gruppe nach Umwegen die Südküste, wo ein britisches U-Boot die Gruppe bei Káto Rodákino aufnehmen und nach Alexandria bringen konnte.

Die Entführung hatte eigentlich dem Vorgänger Kreipes, General Müller, gegolten, der sich vieler Kriegsverbrechen schuldig gemacht hatte. Anders als Müller, der nach dem Krieg in Athen abgeurteilt und erschossen wurde, kam Kreipe selbst glimpflich davon. Kriegsverbrechen wie die Zerstörung Anógias und Erschießungen von Zivilisten wurden ihm nicht angelastet. Nach einer kurzen Gefangenschaft wurde er von den Briten nach Kriegsende freigelassen und ist 1976 in Hannover gestorben.

August) findet in Anógia ein berühmtes Musikfestival statt.

Einige Kilometer oberhalb von Anógia Richtung Nída-Hochebene liegt die Kapelle **Agios Yakinthos.** Sie ist ohne Mörtel mit flachen Feldsteinen in der Bauweise eines Mitatos (Käserei) errichtet und wurde vom Dichter und Musiker Loudovikos gestiftet.

Übernachten

Spa der Luxusklasse – **Delina:** Ca. 2 km außerhalb an der Straße zur Nída-Ebene, Tel. 28 34 03 17 01, www. delina.gr, DZ/F ca. 80–110 €. Mountain Resort, das dem in ganz Griechenland bekannten Lyra-Spieler Vassilis Skoulas gehört. Mit Sauna, Kafenio, künstlichem See.

Einfach und familiär – **Aristea:** Zufahrt ab Ortseingang ausgeschildert, Tel. 28 34 03 14 59, 2 Pers. 35–40 €. Einfache, aber sehr saubere DZ und Studios, z. T. neueren Datums, tolles Frühstück, familiäre, sehr gastfreundliche Atmosphäre, herrlicher Bergblick.

Essen & Trinken

Bauerntavernen – In den **Tavernen von Anógia** könnte man Spaghetti mit Schafs- oder Ziegenkäse probieren, Spezialität der Gegend. Ansonsten gibt es Lamm- und Ziegenfleisch vom Grill und ländliche Mezedes.

Infos & Termine

Termine

Agios Yakinthos: Festlichkeiten mit Musik und Tanz am 3. Juli.
10.–15. August: Musikveranstaltungen und Ausstellungen, anschließend Ehrung der Toten vom 15. 8. 1944.

Verkehr

Ca. 5 x tgl. (So nur 2 x) Busse ab Iráklio, Station Chanion Porta, über Tílisos nach Anógia. Von Réthimno fährt ein Bus nur frühmorgens und am Nachmittag.

Axós und Zonianá ▶ J 4

In **Axós** fertigen die Frauen des Dorfes wie in Anógia auf althergebrachte Weise am Webstuhl Schafwollteppiche zum Verkauf an Touristen.

2 km entfernt, am Ortsrand von Zonianá, führen Schilder zur **Tropfsteinhöhle Sfedóni** (Spíleo Sfentóni), eine der beeindruckendsten Höhlen Kretas (April–Okt. 9–18 Uhr, im Winter nur Fr–So 9–16 Uhr. Geführte Besichtigung von 20 Min. Dauer, Eintritt 4 €). Die 15 Säle mit Stalagmiten und Stalaktiten reichen gut 145 m in den Berg hinein. Es sind viele interessante Gesteinsformationen zu sehen, denen die Wärter je nach Form klangvolle Namen gegeben haben.

Nída-Hochebene ▶ J 4

Der interessanteste Abstecher von Anógia führt hinauf auf die Nída-Hochebene in 1400 m Höhe, 22 kurvige Kilometer auf einer guten Asphaltstraße sind zu fahren. Man passiert steinerne Käsereien, die *mitata,* Sommerfarmen, die sich mit ihren Pferchen kaum vom bröckligen Gestein der Berge abheben.

Nach 15 km führt links ein Abzweig zur **Sternwarte Skinákas,** 1760 m hoch auf einem der Ausläufer des Ida-Massivs. Das Observatorium ist von Mai bis September an manchen Sonntagen im Jahr zu besichtigen (Info in den EOT-Büros von Iráklio und Réthimno oder unter http://skinakas.physics.noc.gr).

Wenig später ist der Pass zur Hochebene erreicht, ein flaches, von einigen Fahrwegen durchzogenes Plateau von wenigen Kilometern Ausmaß, zu dem nun die Straße hinabführt. Endstation ist ein auffälliges ehemaliges Gästehaus aus Beton, in dem im Sommer eine Taverne geöffnet hat. Hier beginnen Wanderer die Besteigung des 2456 m hohen **Psilorítis,** des höchsten Berges Kretas (Teil des Europawanderweges E4). Das ganze Gebiet ist Nationalpark.

Grotte Idéon Ándron ▶ J 4

Weniger weit, nur eine gute Viertelstunde zu Fuß, ist es zur Idéon Ándron, der **Idäischen Zeushöhle.** Von 1600 v.

Chr. bis zum letzten heidnischen Römerkaiser Julian Apostata im 4. Jh. n. Chr. diente die Grotte kultischen Zwecken. Vor dem Eingang wurde ein heruntergestürzter Felsen zu einem Altar mit Stufen behauen.

In der Mythologie gilt die Höhle als Ort, an dem die Kureten, die Diener der Kronos-Gattin Rhea, mit dem Geklirr ihrer Waffentänze das Geplärr des kleinen Zeus übertönten. So wollten sie verhindern, dass Vater Kronos ihn finden konnte, denn der wollte seinen Sohn wie seine anderen Kinder auch verschlingen, um zu verhindern, dass er ihn entthronte. Tatsächlich hat man in der Höhle Schilde als Votivgaben gefunden (s. auch S. 154).

Grüne Oase im Gebirge: die Nída-Hochebene

›Partisan – Monument des Friedens‹ ▶ J 4

Ein weiterer kurzer Spaziergang führt in ost-südöstlicher Richtung an den Rand der Ebene. Hier trifft man auf eine 32 x 9 m große Steinskulptur, die Anfang der 1990er-Jahre von der Berlinerin Karina Raeck aus unbehauenen Felsbrocken auf dem flachen Boden ausgelegt wurde. ›Partisan – Monument des Friedens‹ nennt die Künstlerin den geflügelten Widerstandskämpfer im Tanzschritt. Die Steine wurden unter Mithilfe der Hirten von Anógia von der Ebene herbeigeschafft – sie waren im Weltkrieg dorthin verbracht worden, um eine Landung deutscher Flugzeuge zu verhindern.

Westlich von Iráklio

Rodiá und Moní Savathíaná ▶ K 3

Das Bergdorf **Rodiá** bietet einen herrlichen Blick auf die Bucht von Iráklio. Zum Wochenende kommen viele Städter hier heraus, um in einer der Tavernen zu speisen, die sich entlang der Zufahrtsstraße befinden.

Im Ort selbst wohnten einst Angehörige der venezianischen Oberschicht: Die Hausruinen mit gotischen Fenstern und Türrahmen fallen auf, ein prächtiges Herrenhaus unterhalb der Durchgangsstraße ist noch sehr gut erhalten.

Moní Savathíaná
Vormittags bis 13, 16–19 Uhr
Das Kloster Savathíana befindet sich, versteckt in einer Felskluft unter Zypressen, etwas außerhalb des Dorfes. Es stand in der ersten Hälfte des 20. Jh. halb verfallen leer, bis sich nach dem Zweiten Weltkrieg Nonnen vom Pelo-

ponnes berufen fühlten, das Kloster weiterzuführen. Sie verwandelten die Anlage in einen blühenden Garten, der allein schon einen Besuch wert ist. Überall plätschert Wasser. Man sollte nach dem Besuch der Hauptkirche nicht versäumen, einen Spaziergang in den hinteren Teil des Klostergartens zu machen. Ein Kreuzweg führt zur Höhlenkapelle des hl. Antonios, des Urvaters aller Mönche.

Nach Abschluss der Besichtigung bieten die Nonnen in einem Gästezimmer in der Regel etwas Marmelade an, das traditionelle ›Süße vom Löffel‹ *(glyko tou koutaliou),* und ein Glas Wasser, eventuell auch Raki und Kaffee. Man revanchiert sich, indem man unauffällig Geld hinterlässt oder bestickte Decken und Tücher kauft, die die Nonnen selbst fertigen.

Essen & Trinken

Kretisches Ausflugslokal – **I Remvi:** In Rodiá, am Ortseingang rechts, Tel. 28 10 84 14 41, Di geschl. Herrlicher Blick auf die Bucht von Iráklio und gute und preiswerte kretische Küche, z. B. *tsingariasto,* zartes Ziegengulasch ohne Knochen. Auch abends einen Ausflug wert – man speist hoch über den glitzernden Lichtern der Großstadt.

Infos

Frühbus ab Iráklio 6.45 und 10.15 Uhr. Auch ein Taxi ist für die 13 km nach Rodiá erschwinglich. Zurück mit dem Linienbus gegen 15 Uhr.

Mietwagenfahrer, die am selben Tag Fódele besuchen wollen, können von Rodiá aus, ohne auf die Schnellstraße zurückzukehren, auf einem Fahrweg (teils Piste) über Acháda nach Fódele fahren.

Fódele ►J 3

Das kleine Dorf mit einfachen, weiß gekalkten Häusern liegt an einem Flusslauf zwischen Orangen-, Mandarinen- und Zitronenbäumen. Fódele gilt als Geburtsort El Grecos, mit bürgerlichem Namen Domenikos Theotokopoulos, der als Maler in Spanien zu Ruhm kam (s. Entdeckungstour S. 96). Auf der Platia am Ortsende steht eine Büste des Künstlers. Nahebei erinnert eine spanische Inschrift an ein 1934 von der Universität Valladolid gespendetes Denkmal, das inzwischen verschwunden ist.

Das vermutete **Geburtshaus El Grecos** liegt 1,5 km außerhalb beim Flecken Loumbiniés (15 Min. zu Fuß, über die Brücke, dann links einen Fahrweg entlang). Es wurde in den 1990-ern zu einem Museum mit Kopien der Werke El Grecos und zu einem Rastplatz unter Johannisbrotbäumen ausgestaltet.

Neben der Anlage verdient die mittelbyzantinische Kreuzkuppelkirche **Panagía Loumbiniés** Aufmerksamkeit: ein selten harmonischer Bau mit Blendarkaden und Ziegelstein-Schmuckbändern unter einem Tambour mit elf schmalen Fenstern. Die Kirche birgt gut erhaltene Freskenreste, die ältesten wohl noch aus der Entstehungszeit des 11. Jh., die jüngeren laut Stifterinschrift von 1323.

Fódele gilt wie Anógia, Axós oder Kritsá als Einkaufsparadies für Web-, Häkel- und Stickwaren. Nicht alles ist jedoch handgearbeitet.

Agía Pelagía ► K 3

Am Meer, tief unter der New Road nach Réthimno, ist die ehemalige Fischersiedlung Agía Pelagía heute ein Ferienzentrum mit zahlreichen Hotels und Apartments, interreressant für preisbewusste Urlauber, die gute Wassersport- und Tauchmöglichkeiten zu

Mein Tipp

Zum Kochen und zum Broteinkauf nach Márathos ► J 3
Eine Frauengenossenschaft in Márathos, an der Old Road von Iráklio nach Westen, produziert die typisch kretischen **Koulourakia**, kunstvoll verzierte Brote für Hochzeiten, Taufen und Heiligenfeste. Sie werden gegessen oder als Erinnerungsstücke aufbewahrt, ähnlich wie unsere Hochzeitsbrote. Im Kafenio nachfragen. Ein ungewöhnliches Angebot an Leute, die an der kretischen Kochkunst interessiert sind: Man kann gegen Bezahlung mit Mitgliedern der Kooperative zu Hause kochen und anschließend essen (Anfragen bei Stella Skoutelis, die gut Deutsch spricht, Tel. 28 10 31 61 20, Mob. 697 431 73 93, stellaskouteli@gmail.com).

schätzen wissen und die sich an der Zersiedlung der Landschaft ringsum nicht stören.

Infos

Linienbusse nur 2 x tgl., frühmorgens und am frühen Nachmittag, Rückkehr jeweils gleich nach Ankunft. Man kann auch die häufig fahrenden Überlandbusse nach Réthimno nehmen und dann nur 3 km auf der wenig befahrenen Straße nach Fódele hineinlaufen.

Wer mit einem **Mietfahrzeug** unterwegs ist, kann anstelle der Schnellstraße einen reizvollen, ländlichen Weg wählen: über einen unasphaltierten Fahrweg am Kloster Moní Pandeleímon vorbei über Márathos an der Old Road.

Zwischen Ida-Gebirge und Südküste

Highlight!

Minoischer Palast von Festós (Phaistos): Das minoische Ruinenensemble liegt wunderschön auf einem Felsvorsprung über der Messará-Ebene. Festós gilt seit der Antike als Sitz des Rhadamanthys, Totenrichter und Bruder des Minos. S. 131

Kultur & Sehenswertes

Römische Hauptstadt Górtis: Ein weit-
läufiges Ruinengelände, das bisher nur
zum Teil ausgegraben wurde. Viele
Bauten liegen verstreut in Olivenhainen. S. 129

Minoische Villa von Agía Triáda: Nur
3 km von Festós entfernt liegt ein weiterer minoischer Palast am Hang eines
Hügels, deutlich einsamer und weniger
besucht als Festós. S. 134

Aktiv & Kreativ

Wanderung in die Roúvas-Schlucht:
Ein gut ausgebauter Wanderweg führt
von einem angelegten See durch die
Schlucht hinauf zu einem hübschen
Kermeseichenwald. S. 125

Bootsausflug nach Agiofárango: Vorbei an den Klippen am Kap Líthino
geht es ab Mátala und Agía Galíni zu
dieser einsamen Schlucht, in die man
hineinwandern kann. S. 139

Genießen & Atmosphäre

Rast am See von Záros: Ein Stausee mit
lauschigem Lokal, wo man gut Forellen
essen kann. S. 125

Volksmarkt in Míres: Viel Atmosphäre
hat jeden Samstag der große Volksmarkt von Míres, dem Hauptort der
Messará-Ebene. S. 131

Einsamkeit im Asteroúsia-Gebirge: In
das Bergdorf Kapetaniá führt nur
eine schmale Asphaltstraße. Herrliche
Blicke über Berge und Meer. S. 141

Abends & Nachts

**Man sieht sich in Agía Galíni oder Má-
tala:** Clubs und Bars und viel internationales, junges Publikum, die Namen
der Szenetreffs wechseln fast jährlich.
S. 137, 138

Badeorte und antike Ruinen südlich von Iráklio

Die Südausläufer des Ida-Gebirges (gr. Óros Idí) verlocken zum Forellenessen und Wandern. In der fruchtbaren Messará-Ebene unterhalb der Berge liegen die Ruinen der römischen Provinzhauptstadt Górtis und die minoischen Paläste von Festós und Agía Triáda. Es handelt sich um die größte Tiefebene Kretas, gut 40 x 20 km groß und von silbrig-glänzenden Olivenbäumen bedeckt. Messará heißt ›zwischen den Bergen‹ – im Norden erhebt sich das Ida-Gebirge, nach Süden schiebt sich das Asteroúsia-Gebirge wie ein Riegel vor die Südküste und grenzt damit die Ebene vom Meer ab.

Großhotels wie an manchen Stellen der Nordküste findet man im Süden Zentralkretas nicht. Während der Saison fahren allerdings täglich Ausflugsbusse in ungewollten Konvois von Iráklio her über die Berge, um den Besuchern des Nordens die minoischen Paläste und Górtis zu zeigen und um in Mátala eine Mittags- und Badepause einzulegen. Ansonsten beherrschen Individualtouristen die Szene. Sie schätzen die perfekten Bademöglichkeiten und die gute Lage für den Besuch der großen Sehenswürdigkeiten Kretas. Ein Tagesausflug von hier nach Iráklio und Knossós ist ohne Probleme machbar.

Übernachtungsmöglichkeiten gibt es nicht nur in Agía Galíni oder Mátala, die viele kleinere Hotels und Pensionen mit der dazugehörigen Infrastruktur besitzen. Einfache Unterkünfte bieten auch die kleinen, unberührteren Strandorte Kókkinos Pírgos und Kalamáki. Sogar die küstennahen Dörfer Pitsídia, Sívas und Kamilári sind als ruhige Alternative zu den Strandorten zu empfehlen.

An der Südküste unterhalb des Asteroúsia-Gebirges ist weit weniger los. Zwischen Tsoútsouros und dem Kap Líthino südlich von Mátala stürzen die Berge steil ins Meer. Zahllose Schluchten durchziehen Hänge von Nord nach Süd. An ihren Ausgängen finden sich einsame Strände, auch Klöster und einige wenige Orte. Zu ihnen führen über viele Serpentinen schmale Straßen die Berge hinunter. Léndas ist ein guter Ort für Erholungsuchende. Als

Standort für Ausflüge kommen diese Orte wegen der langen Anfahrt weniger in Frage.

Ins Ida-Gebirge

Die Route von Iráklio Richtung Messará-Ebene führt zunächst durch ein klassisches Weinanbaugebiet. Früher wurde hier die Malvasiertraube aus Monemvasia angebaut, aus der man einen süßen Dessertwein, den Malavazia di Candia, kelterte – ein Exportschlager, der an die Fürstenhöfe Europas geliefert wurde. Nach dem Ende der venezianischen Herrschaft kultivierten Engländer die Rebe auf Sizilien und Madeira, die Produktion im türkischen Kreta kam gänzlich zum Erliegen. Heute wird in diesem Gebiet vorwiegend die aus Kleinasien stammende, kernlose Sultani-Traube angebaut. Links und rechts der Straße fallen Drahtgestelle auf, auf denen ›Sultaninen‹ trocknen.

Bei **Agía Varvára** (▶ K 5) verzweigt sich die Straße zu den Südausläufern des Ida-Gebirges bzw. in die Messará-Ebene. Der Ort liegt ziemlich genau auf der Wasserscheide zwischen Nord- und Südkreta. Rechts an der Durchgangsstraße kann man ein kleines Volkskundemuseum mit landschaftlichen Geräten besuchen.

Zarós und Roúvas-Schlucht ▶ J 5

Anstatt gleich hinunter in die Ebene zu fahren, sollte man zunächst 15 km Richtung Ida-Massiv fahren, um bei **Zarós** die beeindruckende Roúvas-Schlucht zu sehen und zu einem Forellenessen einzukehren. **Zarós** ist vor allem durch sein Mineralwasser bekannt – überall auf Kreta ist es in Plastikflaschen erhältlich. Schon in der Antike wurde Górtis von hier aus über ein Aquädukt mit Wasser versorgt.

Attraktionen von Zarós sind ein künstlicher See, einige Restaurants, die Zuchtforellen anbieten, und eine alte Wassermühle für Getreide beim Idi-Hotel. Die Forellenzucht von Zarós ist auf ganz Kreta bekannt. Es handelt sich um eine kanadische Art, eigentlich ist die Forelle auf Kreta nicht heimisch.

Roúvas-Schlucht

Oberhalb des Ortes beginnt beim See die Wanderung in eine der schönsten Schluchten Kretas, die Roúvas-Schlucht, in die ein gut ausgebauter und gesicherter Pfad führt. Nach einem Kilometer erreicht man das **Kloster Ágios Nikólaos,** in dem Mönche und Nonnen in verschiedenen Trakten zusammenleben. Dies ist als Ausnahme hier deshalb möglich und nötig, weil es das einzige Kloster auf Kreta ist, das noch nach dem altchristlichen julianischen Kalender lebt.

Nach etwa zwei Stunden ist ein **Picknickplatz** unter Kermeseichen und dann die **Ioánniskapelle** mit einer Quelle erreicht, an der man besser umkehren sollte.

Seit 2011 führt eine schmale Asphaltstraße vom Dorf Gergeri bei Záros hinauf zur Sternwarte des Ida-Gebirges und auf die Nida-Ebene.

Übernachten

Ruhig am Ortsrand – **Idi:** Zarós, Tel. 28 94 03 13 02, Fax 28 94 03 15 11, www.idi-hotel.com, DZ mit Frühstück 40–50 €. Familiär geführt, 59 komplett restaurierte Zimmer. Mit Garten, Pool und inzwischen auch mit Hallenbad. Auf Anfrage (über die Website) besteht die Möglichkeit, an bäuerlichen Aktivitäten wie Olivenernte oder Raki-Brennen teilzunehmen. Auch Kochseminare werden angeboten.

Lieblingsort

Am See von Záros ▶ J 5

Besonders im Sommer bietet sich der Hitze wegen ein Ausflug in das wasserreiche Bergdorf Záros an. Zahlreiche Kanäle und Rohre führen das kostbare Nass in die Häuser der Bewohner und auf die Felder. Eine Mineralwasserfabrik vertreibt Záros-Gebirgswasser auf ganz Kreta. In den Tavernen wird dieses Wasser in großen Glaskaraffen kostenlos gereicht. Einplanen sollte man ein Forellen- oder Welsessen am Stausee von Záros und eine Wanderung auf gut angelegtem Pfad hinauf in die Roúvas-Schlucht.

Essen & Trinken

Die beiden empfehlenswerten Tavernen an der Straße vom Hotel zum See bieten Forellen, Lachsforellen und Welse aus eigener Zucht an. Forelle mit Beilagen ca. 10 €.

Einkaufen

Musikinstrumente – **Antonios Stefanakis,** Werkstatt und Ausstellungsraum an der Hauptstraße von Zarós. Besucher sind willkommen, der 85 Jahre alte Herr Stefanakis spricht sehr gut Deutsch.

Infos

Busse nach Zarós und Vorízia verkehren 2 x tgl., frühmorgens und am frühen Nachmittag, ab Iráklio, Chanion Porta. Nachmittags gegen 14 Uhr fährt auch ein Bus ab Míres in der Messará-Ebene.

Kloster Vrondisíou ▶ J 5

Das Kloster Moní Vrondisíou unweit von Zarós, das an der Straße nach Vorízia liegt, wird inzwischen nur noch von einem Mönch bewohnt. Vor der Anlage steht ein venezianischer Brunnen mit einem Hochrelief von Adam und Eva unter dem Paradiesbaum. Darunter vier Wasserspeier, die köstliches Wasser spenden, Symbole für die vier Paradiesflüsse. Die Türken haben den Figuren von Adam und Eva den Kopf abgeschlagen. Die Klosterkirche enthält einige qualitätvolle Fresken des 14. Jh.

Im Gästeraum des Klosters erinnern Fotos an die Hilfe, die Mönche den Widerstandskämpfern während der türkischen und der deutschen Herrschaft geleistet haben.

Kloster Valsamónerou

▶ J 5

In der Hochsaison Mo–Sa 9–14 Uhr
Wer weiter zum Kloster Moní Valsamónerou möchte, kläre bereits in Vrondisíou ab, ob der Wärter gerade am Kloster oder in Vorízia ist. Alternative zum Fahrweg: Ein Wanderpfad, Teil des E 4, führt in einer Stunde durch eine Schlucht zum Kloster.

Die einstige Klosterkirche von Valsamónerou ist ganz mit Fresken aus dem 14.–16. Jahrhundert ausgemalt, die zu den bedeutendsten Kretas zählen. Abgebildet sind die Strophen des Akathistos-Hymnos (ein traditioneller Marienzyklus, der ›nicht sitzend‹, *akathistos,* also folglich im Stehen in der Osterwoche gesungen wird) sowie Szenen aus dem Leben und vom Tod Johannes des Täufers.

Friedenskapelle in Grigoría ▶ J 5

www.friedenskapelle-kreta.de,
Schlüssel in der Taverne Ermis
nebenan
Sehenswert ist auch die ›Friedenskapelle‹ im kleinen Dorf **Grigoría** (etwas abgelegen bei Kamáres), eine Stiftung des deutschen Künstlerehepaares Hilde und Albert Kerber von 1992. Thematisiert werden auf Ölgemälden im Innern die Zerstörung von Kalávrita auf dem Peloponnes und die Erschießung von ca. 1000 Einwohnern durch deutsche Soldaten im Dezember 1943. Kalávrita ist wie Oradour in Frankreich oder Anógia und Kándanos auf Kreta ein bitteres Symbol für die Barbarei der Wehrmacht in der Nazi-Zeit.

Die Messará-Ebene

Górtis ►J 5

Tgl. 8 bis mindestens 17, im Winter bis 15 Uhr, Eintritt 4 €

Kurz hinter Agii Deka kommen links und rechts der Hauptstraße die Ruinen von Górtis (auch Gortys, Gortyn(a)) in Sicht. Südlich der Straße sind sie frei zugänglich, nördlich muss man Eintritt zahlen.

Die Stadt erlebte zwei Blütezeiten: Vom 5. bis 3. Jh. v. Chr. war Górtis eine der mächtigsten Poleis Kretas. Das Stadtrecht diente als Vorbild für andere Stadtstaaten in ganz Griechenland; schließlich konnte Górtis im 3. Jh. Festós und seinen Hafen Mátala unter-

werfen und wurde zur mächtigsten Stadt der Messará-Ebene. Als die Römer 68–66 v. Chr. nach Kreta expandierten, kollaborierten die Herren von Górtis mit den Eroberern. Diese machten Górtis im Gegenzug zur Hauptstadt der römischen Provinz Kreta und der Kyrenaika in Nordafrika. Diese zweite Blütezeit dauerte bis zum Einfall der Araber 823 n. Chr. Górtis wurde zerstört und dann von den Einwohnern verlassen.

Tituskirche **1**

Von der einst monumentalen Tituskirche, der frühchristlichen Bischofskirche aus dem 6. oder 7. Jh., steht nur noch der Altarbereich aufrecht. Titus, der mit dem Apostel Paulus an der Südküste bei Kalí Liménes abgesetzt wor-

In der Apsis der zerstörten Tituskirche wird der Heilige heute noch verehrt

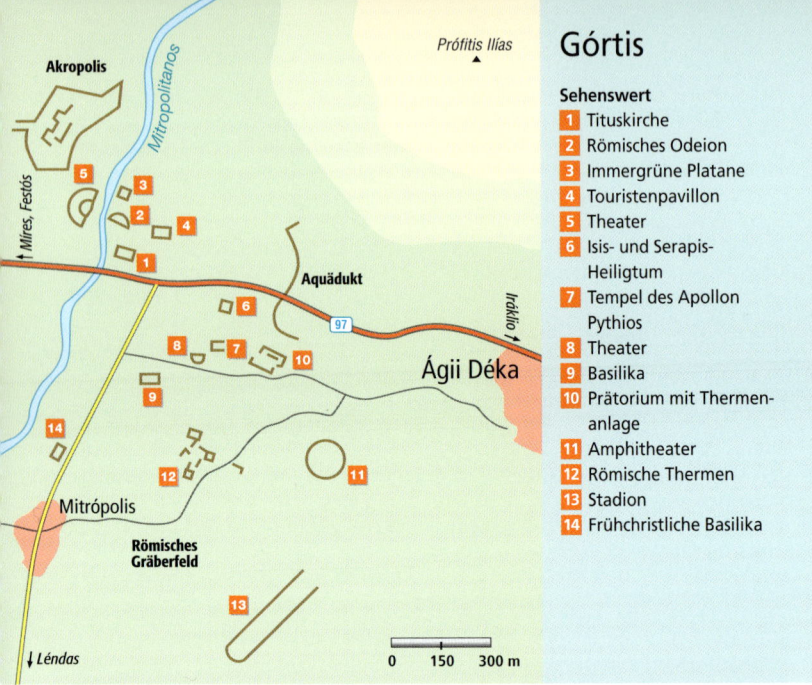

Górtis

Sehenswert

1 Tituskirche
2 Römisches Odeion
3 Immergrüne Platane
4 Touristenpavillon
5 Theater
6 Isis- und Serapis-
  Heiligtum
7 Tempel des Apollon
  Pythios
8 Theater
9 Basilika
10 Prätorium mit Thermen-
  anlage
11 Amphitheater
12 Römische Thermen
13 Stadion
14 Frühchristliche Basilika

den war, wurde zum ersten Missionar Kretas. Zentrum seines Wirkens war die damalige Weltstadt Górtis. Drei Längsschiffe sind deutlich zu erkennen, es handelt sich also um eine Kirche des Basilika-Typus. Über den mächtigen Vierungspfeilern wölbte sich eine Kuppel. Architekturfragmente von antiken Gebäuden wurden reichlich verwendet.

Römisches Odeion 2

Archäologisch bedeutendster Bau der Stadt ist das römische Odeion: In der Wand, die einst rückseitig die Sitze des kleinen kaiserzeitlichen Theaters stützte, haben römische Architekten zwölf ältere Steinblöcke als Spolien verbaut, in die eine Rechtsinschrift aus klassischer Zeit (5. Jh. v. Chr.) eingemeißelt war. Ursprünglich war das berühmte ›Stadtrecht von Górtis‹ irgendwo auf der Agora zur allgemeinen Kenntnisnahme aufgestellt. Dank der römischen ›Materialverwertung‹ ist einer der besterhaltenen öffentlichen Gesetzestexte der griechischen Antike überliefert worden.

Die ›Königin der griechischen Inschriften‹ besteht aus Großbuchstaben (Kleinbuchstaben kamen erst in byzantinischer Zeit auf), die in exakten Kolumnen untereinander stehen. Eine Entzifferung fällt auch Archäologen schwer: Nicht nur fehlen Leerräume zwischen den Wörtern, die Zeilen verlaufen auch noch abwechselnd von rechts nach links und von links nach rechts. Dieses Schriftbild nennt man Boustrophedon (›wie der Pflug die Richtung wechselnd‹). Es stammt aus der Frühzeit der griechischen Epigraphik und war in Griechenland weit verbreitet.

Staats- und privatrechtliche Bestimmungen sind Inhalt der Inschrift. Großen Raum nimmt das Ehe- und Erbrecht ein. Ausführlich werden Heiraten zwischen Freien und Sklaven und auch die Rechtsfolgen von Ehebruch geregelt: »Wenn einer aber im Ehebruch mit einer Freien im Hause ihres Vaters, ihres Bruders oder ihres Mannes ertappt wird, so soll er 100 Statere bezahlen, wenn aber im Haus eines anderen, 50.« An erster Stelle wurde also nicht der Tatbestand des Ehebruchs bestraft, sondern die Verletzung der Ehre eines Sippenverbandes.

Immergrüne Platane

Auf jeden Fall sollten Sie dann noch der **Immergrünen Platane,** einem sagenumwobenen Ort unweit des Odeions, einen Besuch abstatten. Humorvoll weist ein Schild auf die Bedeutung dieses Exemplars einer *Platanus orientalis cretica* hin. »Seltenes Exemplar einer Platane der immergrünen Art. Hier zeugte Zeus mit Europa den Minos … Das Forstamt.«

Weitere Ruinen

Nach einem Blick in ein kleines vergittertes Museum am Wächterhäuschen kann ein Streifzug zu den verstreut unter Olivenbäumen liegenden Ruinen auf der anderen Seite der Straße folgen. Am besten erhalten sind hier die Ruine des **Tempels des Apollon Pythios** `7` mit einem Stufenaltar und das **Prätorium** `10`. Letzteres, einst Sitz des Statthalters, ist ein riesiger Bau, in den eine Thermenanlage integriert war. Die noch mehrere Meter hoch erhaltenen Ziegelsteinwände sind jedoch nur über den Zaun zu besichtigen.

Infos

Busse nach Górtis ca. stdl. ab Iráklio, Chanion Porta, sie fahren weiter nach Festós, Mátala oder Agía Galíni.

Míres ▶ J 5

Die Hauptstraße führt weiter nach Míres, dem heutigen Zentrum der Messará – ein großes Reihendorf entlang der Hauptstraße, schon fast eine Kleinstadt mit unzähligen Läden, Werkstätten und Kafenia. Nicht attraktiv, aber ein sehr authentisches Stück Kreta. Míres ist Busknotenpunkt, Arbeitsmarkt und Schulstadt für die kleineren Dörfer der Messará. Viele Osteuropäer warten hier morgens darauf, dass sie jemand als Tagelöhner beschäftigt.

Jeden Samstag findet entlang der Hauptstraße ein großer, wuseliger **Volksmarkt** statt. Bauern bieten ihre Produkte, fliegende Händler Werkzeug, Schuhe, Kleidung und Haushaltswaren an.

Festós (Phaistos)❗ ▶ J 5

Tgl. 8–19, im Winter bis 15 Uhr

7 km hinter Míres liegt links der Abzweig zum Palast von Festós. Zur Zeit der älteren Paläste 2000–1700 v.Chr. war Festós, in alter Schreibung Phaistos, das beherrschende Zentrum der Ebene und in dieser Zeit sogar mächtiger als Knossós. Der Sage nach soll hier Rhadamanthys, der Bruder des Minos, residiert haben.

Die italienischen Archäologen, die parallel zu Evans' Knossós-Unternehmung Festós ausgruben, vermieden es, die Palastanlage mit Eisenbeton und bunter Farbe wiederherzurichten und die Räumlichkeiten mit romantischen Bezeichnungen zu etikettieren wie in Knossós. Die Ausgräber Federico Halbherr, Luigi Pernier und Doro Levi zogen zur Unterscheidung der Räume römische Buchstaben vor, die eine Interpretation zunächst offen lassen. Außerdem unterschieden sie bei der abschließenden Präsentation der Ausgrabung die zwei Bauphasen der Jüngeren und Älteren Palastzeit.

Der Palast von Festós begeistert durch seine wunderschöne Lage – der Blick reicht von hier weit über die Messará-Ebene. Der Zentralhof ist auf zwei fast 2000 m hohe Bergspitzen des Ida-Massivs ausgerichtet, die durch einen Sattel miteinander verbunden sind. Unter dem östlichen Gipfel ist ein dunkles Loch zu erkennen: die **Kamares-Höhle,** ein minoischer Kultort. Merkwürdig ist, dass der Palast keinen bildlichen Freskenschmuck aufweist,

nur einige lineare Motive wurden entdeckt.

Rundgang

Vom Wärterhäuschen steigt man hinunter zum **Westhof** 1 mit Freitreppe und Sitzbänken für zeremonielle Schauspiele, ähnlich dem ›Theater‹ in Knossós; auf dem Hof verlaufen Prozessionswege.

Man steht zunächst auf den Fundamenten des älteren Palastes und blickt auf den 1 m tiefer gelegenen Hof, der ebenfalls zur Älteren Palastzeit gehört.

Der minoische Palast von Festós (Phaistos) und die fruchtbare Messará-Ebene

Eingang

West-hof

Zentral-hof

Festós (Phaistos)

Sehenswert

1. Westhof
2. Magazine Ält. Palastzeit
3. Stadtgebiet
4. Eingangstor
5. Lustralbad
6. Magazine Jüng. Palastzeit
7. Zentralhof
8. Wohntrakt mit Lustralbad
9. Osthof
10. Königliche Gemächer
11. Archiv Ält. Palastzeit

Ältere Palastzeit (ca. 2100 - 1700 v. Chr.)
Jüngere Palastzeit (ca. 1700 - 1450 v. Chr.)
Nachpalastzeit (ca. 1400 - 1000 v. Chr.)

N

15   30 m

Nach der Zerstörung um 1700 v. Chr. wurde die Westwand des jüngeren Palastes, vor dessen Quader der Besucher steht, etwa 10 m nach Osten versetzt. Unter einer modernen Betondecke kann man in ein **Magazin** 2 des älteren Palastes blicken: Pithoi und Auffangbecken für Flüssigkeiten.

Südlich am Berghang liegt das alte **Stadtgebiet** 3 von Festós. Wo der Westhof abbricht, sieht man runde Si-los, die Depots für ›ausgemusterte‹ Opfergaben waren, ähnlich wie in Knossós und Mália.

Eine breite Treppe führt zum monumentalen **Eingangstor** 4 mit Mittelsäule. Wir betreten jetzt das Areal der Jüngeren Palastzeit. Nach rechts gelangt man in einen Raum mit anschließendem **Lustralbad** 5, der nach Lage und Gestalt dem ›Thronraum‹ in Knossós entspricht.

Dort auch ein Durchgang zu dahinter liegenden **Magazinen** 6 . Diese Magazine weisen rätselhafte Zeichen an den vorstehenden Zwischenwänden auf. Im hinteren Raum rechts wieder aufgestellte Pithoi und im Boden ein Sammelbecken für Flüssigkeiten, vielleicht Öl oder Wein, die beim Abfüllen danebenlaufen konnten.

Im **Zentralhof** 7 sind an der Westseite Vertiefungen zu erkennen, die das Niveau des älteren Palastes anzeigen. Im südlichen Teil wird der Hof von rätselhaften ›Karrenspuren‹ durchfurcht, die am Osthang abbrechen.

Dahinter schließt ein vermutlicher **Wohntrakt mit Lustralbad** 8 an, durch den man ein Polythyron mit Lichthof erreicht. Nordöstlich davon der **Osthof** 9 mit einem Bronze- oder Töpferofen (umzäunt). Auch hier gab es also (wie in Knossós) in unmittelbarer Nähe der Wohntrakte Produktionsstätten mit Lärm und Ruß.

Ein repräsentativer Wohntrakt, die sogenannten **Königlichen Gemächer** 10 , weisen eine Verkleidung aus Alabasterplatten, des Weiteren Bänke, Polythyron, Lichthof und ein Bad auf.

Dahinter liegen Kammern, die das ›**Archiv**‹ 11 aus der Älteren Palastzeit enthielten. Dort wurden die Linear A-Täfelchen und der berühmte ›Diskos von Phaistós‹ gefunden (s. S. 100).

Infos

Die **Busse** von Iráklio nach Mátala und Agía Galíni halten ca. stdl. in Festós.

Minoische Villa Agía Triáda ►H 5

Tgl. 8.30–15 Uhr
Ca. 3 km entfernt von Festós liegen im Schatten von Pinien die Ruinen von Agía Triáda. Agía Triáda bedeutet Heilige Trinität, die Stätte ist also nach einer byzantinischen Kirche in der Nähe benannt. Den minoischen Namen kennt man nicht.

Die Funktion dieser minoischen Siedlung in unmittelbarer Nachbarschaft von Festós wird kontrovers diskutiert: Königliche Villa, Landsitz, Palast, Herrenhaus oder gar Heiligtum? Die Funde von Agía Triáda sind jedenfalls besonders prächtig und reichhaltig: ›Boxerrhyton‹, ›Schnittervase‹, ›Prinzenbecher‹ sowie der Sarkophag von Agía Triáda, Prunkstücke des AMI, wurden hier entdeckt (s. S. 100).

Verglichen mit den anderen Palastanlagen weist Agía Triáda einige Besonderheiten auf: Es fehlt ein Zentralhof, zudem ist der Ort erst in der Jüngeren Palastzeit bebaut worden, und schließlich haben die Mykener nach dem Untergang der minoischen Kultur auf den Ruinen des Palastes ganz neu gebaut: ein rechteckiges Megaron, dessen Fundamente noch ganz deutlich auf den tiefer liegenden minoischen Mauern zu sehen sind. Daneben errichteten die Mykener einen Platz mit Läden und Wohnhäusern, die sogenannte ›Agora‹.

Rundgang

Vom Wärterhaus hinabsteigend gelangt man zum **Südhof** 1 , den die italienischen Archäologen *Piazzale dei Sacelli* (Platz der Opfergaben) nannten. Um diesen Platz herum erstreckt sich U-förmig die ›Villa‹: östlich Wohn- und Kulträume, nördlich das mykenische Megaron, westlich, hinter der Kapelle des Agios Georgios, repräsentative Säle und einfache Wohnräume der ›Villa‹.

Vom Hof führt eine Treppe hinab zu einer **Pflasterstraße** 2 , die einst zum Meer führte; die Italiener bezeichneten sie als ›Rampa del mare‹. Davor

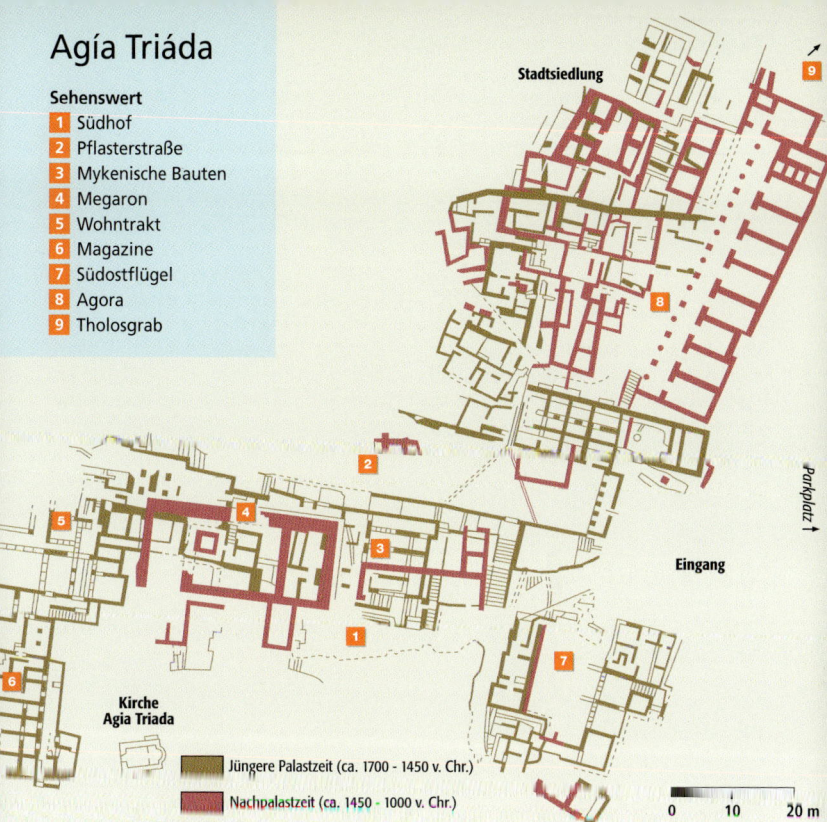

Agía Triáda

Sehenswert

1 Südhof
2 Pflasterstraße
3 Mykenische Bauten
4 Megaron
5 Wohntrakt
6 Magazine
7 Südostflügel
8 Agora
9 Tholosgrab

Stadtsiedlung

Parkplatz

Eingang

Kirche
Agia Triada

Jüngere Palastzeit (ca. 1700 - 1450 v. Chr.)

Nachpalastzeit (ca. 1450 - 1000 v. Chr.)

0   10   20 m

liegt **mykenische Bausubstanz** 3; zu erkennen sind noch Polythyronreste und Wandverputz. Das lässt darauf schließen, dass es sich um ehemals minoische Wohnräume handelt oder dass zu mykenischer Zeit minoische Kulturtechniken fortbestanden.

Unter dem westlich anschließenden **Megaron** 4 befinden sich minoische Magazinräume mit Pithoi. Hier wurden auch die 19 bronzenen Kupfertalente gefunden, die im AMI, Saal VII, ausgestellt sind (s. S. 99).

Weiter nach Westen folgt ein **Wohntrakt** 5, der Repräsentationszwecken diente. Die Wände eines Raumes waren völlig mit Alabasterplatten ausge-

kleidet. Wer aber saß auf den umlaufenden Bänken? In einem Nebenraum findet man ein niedriges Podest in der Größe eines Bettes. Südlich schließen **Magazine** 6 an, dort im Korridor wurde der ›Prinzenbecher‹ gefunden (AMI, Saal VII, s. S. 99).

Die Bauten des **Südostflügels** 7 unterhalb des Eingangs werden oft als ›Dienerwohnungen‹ interpretiert, denn hier wurde ein Bronzeschmelzofen mit Lüftungskanälen wie in Káto Zákros gefunden.

Nach Norden gelangt man zu einer Art ›**Agora**‹ 8, die von einer in minoischer und mykenischer Zeit genutzten Stadtsiedlung begrenzt wird.

Ganz im Norden liegt noch ein **Tholosgrab** , das vom Wärterhäuschen am Zaun entlang zu erreichen ist. Es war der Fundort des bemalten Kalksteinsarkophags von Agía Triáda (AMI, s. S. 100).

Infos

Verkehr: Keine Linienbusverbindung, man geht von Féstos aber nur 3 km. Tipp: Nicht zurückkehren, sondern am Tholosgrab von Agía Triáda vorbei auf Feldwegen zur Überlandstraße Timbáki – Míres, dort Bus der Linie Agía Galíni – Iráklio anhalten.

Vóri ► H/J 5

Tgl. 10–19 Uhr, im Winter Sa geschl. und kürzere Öffnungszeiten

Es gibt viele Volkskundemuseen auf Kreta, aber keines ist hinsichtlich Auswahl, Didaktik und Präsentation der Objekte so gut wie das **Museum der kretischen Ethnologie** in Vóri. In ausgeleuchteten Vitrinen sind Tätigkeiten aus Handwerk und Landwirtschaft dargestellt: Spinner, Weber, Instrumentenbauer, Sattler, Schreiner, Maurer, dazu alte Techniken der Viehzüchter und der Getreidewirtschaft, die heute fast verschwunden ist. Erklärungen aber nur auf Englisch und Griechisch.

Übernachten

Dörflich – **Pension Margit:** Vóri, Tel. 28 92 09 11 29, www.pension-margit.mes sara.de, DZ 20–30 €. Sechs ordentliche, mit viel Holz ausgestattete Zimmer. Gut für Wanderer, die ins Ida-Gebirge aufsteigen wollen.

Der beliebte Ferienort Agía Galíni

Die Südküste Zentralkretas

Agía Galíni ► H 5

Agía Galíni ist ein lebhafter, aber trotzdem überschaubarer Touristenort, der vor allem junge Leute anzieht, die Beach- und Nightlife mögen. Daneben ist Agía Galíni auch ein guter Standort für Ausflüge zu den archäologischen Stätten der Messará-Ebene oder für Wanderungen ins Ida-Gebirge.

Vor 30 Jahren war Agía Galíni noch ein reiner Fischerort. Zuerst als Geheimtipp gehandelt, strömten dann Individual- und Rucksacktouristen in Scharen herbei, Hotels und Pensionen wuchsen den Hügel hinauf. Seine Atmosphäre hat Agía Galíni aber dank strenger baupolizeilicher Vorschriften

bewahren können: ein kleiner Hafen, in dem bunte Fischerboote vertäut liegen, ein Hafenplatz mit Cafétischen unter bunten Markisen, darüber staffeln sich die weißen Fassaden der Häuser. Die Tavernen sind jedoch gänzlich auf Tourismus eingestellt und keine wirklichen Höhepunkte.

Aktiv & Kreativ

Westlich von Agía Galíni reihen sich viele attraktive Strände aneinander, zu denen im Sommer täglich Badeboote fahren: Ágios Geórgios, Ágios Pávlos und Triópetra, benannt nach drei charakteristischen Felstürmen.

Übernachten

Bungalow-Hotel – **Irini Mare:** am östlichen Ortsrand, Tel. 28 32 09 14 88, www.irinimare.com, gutes Pauschalreisehotel mit Garten, in Strandnähe. *Strandnah* – **Romantika:** unterhalb Hotel Irini Mare, Tel. 28 32 09 13 88, DZ 25–50 €. Taverne und Pension mit sauberen, gut möblierten Zimmern und Apartments. Österreichisch-kretische Leitung. Kurzer Fußweg am Strand entlang nach Agía Galíni.

Infos

Information: www.agia galini.com
Busse: Alle 1–3 Std. nach Réthimno und Iráklio.

Kókkinos Pírgos ► H 5

Dörflicher geht es in der kleinen Streusiedlung Kókkinos Pírgos östlich von Agía Galíni zu. Der Ort ist nicht wirklich schön zu nennen: einige Wohn-

Mein Tipp

Urlaub im Dorf ▶ H 6

In vielen Dörfern der Messará-Ebene kann man ›Urlaub auf dem Lande‹ verbringen. Auch in der kalten Jahreszeit ist das Klima angenehm.

Pitsídia ist von diesen Orten am beliebtesten und verfügt über die meisten Zimmer. Individualisten, Alternative usw. kommen immer wieder hierher. Ein ca. 1,5 km langer Fußweg führt zum hervorragenden Strand.
Pension Nikos: Pitsídia, Tel. 28 92 04 51 30, 30–60 €. Ruhige Pension mit 8 Zimmern.

Sívas ist kleiner und ländlicher als Pitsídia. Die Restaurants und Pensionen bemühen sich sehr um die Gäste, denn die 7 km entfernten Strände sind nicht leicht zu Fuß erreichbar – dafür sind Atmosphäre und Essen gut.
Villa Kunterbunt: Tel./Fax 28 92 04 26 49, www.villa-kunterbunt.gr, DZ/F 30–38 €. Ca. einmal pro Woche laden die Wirtsleute alle Gäste zum gemeinsamen Abendessen ein. Schöner Garten.
Shivas Village: Tel. 28 92 04 27 50, www.shivas.com. Komfortable All-in-Apartmentanlage am Hang mit 25 Wohneinheiten und Pool, z. B. über Neckermann pauschal zu buchen.

Kamilári liegt auf einem kleinen Hügel, von hier zum Strand sind es etwa 3,5 km.
Koula: Kamilári, Mob. 693 672 03 18, Fax 28 92 02 24 38, rigakisk@altec net.gr, 30–35 €. Einfache Apartments für zwei oder mehr Personen am Ortsrand.

häuser, einige Unterkünfte, dazwischen Plastikgewächshäuser und Felder rund um einen modernen Fischerhafen. Als Plus zählen der lange Kiesel-Sand-Strand mit Duschen zu beiden Seiten des Hafens – und dass Kókkinos Pírgos relativ untouristisch geblieben ist.

Übernachten

Qualität zu gutem Preis – **Little Inn:** Tel. 28 92 05 24 55, Fax 28 92 05 26 50, www.littleinn.net, DZ/F 45–60 €. Weitläufige 3–4-Sterne-Anlage um einen Innenhof mit Grünflächen, im Ort bleibt nur dieses (mit Warmluft beheizbare) Hotel auch im Winter geöffnet.

Essen & Trinken

Preiswert und gut – **Faros:** Ca. 100 m hinter dem Little Inn, Tel. 28 92 05 24 94. Ausgezeichnete Taverne, die kretische Spezialitäten bietet.

Aktiv & Kreativ

Kretische Tänze lernen – **Ambeliotissa Apartments** in Kamilari, jeden So 18–20 Uhr, Anmeldung bei Stefan Petersilge, Tel. 28 92 04 26 90, www.psi loritis.de. Der Hamburger Musiker erforscht die kretische und balkanische Musik und bietet für ca. 8 € pro Person Tanzunterricht. Auch absolute Anfänger sind willkommen.

Mátala ▶ H 6

Klares, sauberes Wasser und deutlich mehr Hitze als im Norden prägen alle Küstenorte im Süden, die im Übrigen recht unterschiedlich sind: teils dörflich, teils touristisch. Günstig zu den Sehenswürdigkeiten der Messará-Ebene liegt Mátala: Einst ging hier Zeus mit Europa an Land, heute ist der ehemalige Hafen von Festós und Górtis ein viel besuchter Badeort mit Sand-Kiesel-Strand zwischen mächtig aufragenden Kalksandsteinklippen, die schräg im Meer versinken – eine tolle Kulisse. Viele Ausflugsbusse machen hier Station, denn nach den anstrengenden Besichtigungen ist ein Bad in der Brandung von Mátala ein erfrischendes Erlebnis.

An der Nordseite des Strandes ist der Felsen wie ein Schweizer Käse gelöchert: durch **Wohnhöhlen** aus dem Neolithikum, die in frühchristlicher Zeit als Gräber genutzt wurden. In den 1960er und frühen 1970er-Jahren richteten sich hier Hippies aus ganz Westeuropa und Amerika ein. Ohne sanitäre Einrichtungen war dann allerdings nach kurzer Zeit viel vom Zauber Mátalas verflogen. Nachdem die Höhlen von den kretischen Behörden zur archäologischen Zone erklärt worden waren und der Massentourismus in Mátala Fuß gefasst hatte, sind die Blumenkinder weitergezogen.

Im Süden von Mátala ist der schöne **Red Beach** ebenfalls über einen Pfad zu erreichen: 30 Min., ausgeschildert ab der Einkaufspromenade.

Übernachten

Matala besitzt ein kleines Hotelviertel landeinwärts. Riesige Auswahl an Mittelklassehotels und Pensionen.

Einfach und sauber I – **Orama:** Tel. 28 92 04 57 54, Fax 28 92 04 51 15, www. hotel-orama.com, DZ 40–50 €. Etwas außerhalb im Hinterland, 5 Min. zu Fuß zum Strand. Ruhig.

Einfach und sauber II – **Eva-Marina:** Tel. 28 92 04 51 25, www.evamarina.com,

DZ 40–45 €. Freundliche 14-Zimmer-Pension; Bäder mit ungewöhnlich viel Ablagefläche.

Aktiv & Kreativ

Vom Himmel fallen – **Skydive Crete:** Flugplatz Timbáki, www.skydivecrete. gr, Tel. 28 92 05 18 86 und Mob. 69 70 55 54 26. Tandemsprung für 210 € (plus 70 € für ein Video, falls gewünscht) mit einem erfahrenen Fallschirmspringer aus fast 4000 m Höhe, nach 4–5 Std. springt man allein.

Infos

Verkehr: Bus ab Iráklio über Míres und Phaistós etwa im Stundenrhythmus. Mátala ist Endstation.

Agiofárango ▶ H 6

Diese einsame Badebucht am Ende einer Schlucht heißt Heilige Schlucht, weil hier von frühchristlicher Zeit bis zum Ende der 19. Jh. zahlreiche Fremlten in Wohnhöhlen lebten. Wer mit einem Badeboot von Mátala oder Agía Galíni her vorbeischaut, trifft nach ca. zehn Gehminuten auf die kleine **Ágios Antónios-Kapelle,** die in eine Felswand hineingebaut wurde. Ein romantisches Plätzchen. Antonius gilt als der Urvater aller Mönche. Hier gibt es auch einen Trinkwasserbrunnen.

Mit dem Auto kann man die Schlucht von Norden her erreichen. Man fährt zum Kloster Moní Odigítrias und dann Richtung Kalí Liménes am Flußbett entlang, soweit es der Schotterweg erlaubt. Am Ende des Fahrwegs geht man links am Fluss weiter. Ein schmaler Pfad führt am oder im Flussbett in ca. 45 Min. zum Meer.

Bilderbuch-Taverne am Strand von Mátala

Léndas ▶ J 6

Léndas ist der stillste und beschaulichste Badeort an der Küste Zentralkretas. Man erreicht ihn nach langer Fahrt über die scheinbar endlosen Serpentinen des Asteroúsia-Gebirges mit seinen verkarsteten Hängen. Die wenigen Häuser liegen an einer kleinen Bucht oberhalb des Strandes, der westlich von einem vorspringenden Kap begrenzt ist. Vorwiegend Rucksacktouristen zieht es hierher, die kein Interesse an langen Ausfahrten oder Besichtigungen haben.

In 15 Min. läuft man von Léndas auf einem Pfad über die Felsnase zum Weststrand **Ditikó Beach** mit herrlich grauem Sand. Hier campen immer einige Leute wild, es wird meist nackt gebadet.

Oberhalb des Ortes liegen die bescheidenen Ruinen des antiken **Asklepios-Heiligtums** von Levín (Lebena). Die Anlage geht auf das 4. Jh. v. Chr. zurück, die heute sichtbaren Baustrukturen entstanden aber erst im 2./3. Jh. Zu entdecken sind eine Grube für Weihgeschenke und das Mosaik einer Stoa, das einen Hippokampen darstellt – ein Pferd mit Vorderbeinen und einem Fischschwanz.

Aktiv & Kreativ

Tauchen auch für Kinder – **Levin Scuba Base:** Manólis Koulentákis, Tel.

Infos

Bus: Ab Iráklio 1 x tgl. nach Léndas (Abfahrt am frühen Nachmittag).

Kapetaniáná ► K 6

Freunde frischer, klarer Bergluft und schöner Ausblicke sollten unbedingt die 8 km Asphaltstraße ab Loúkia ins Asteroúsia-Gebirge hinauffahren. Kurz unterhalb des Passes liegt angeschmiegt an einen Hang unterhalb des 1236 m hohen Kofínas auf 800 m Höhe das Ober- und das Unterdorf von Kapetaniáná. Weit schweift der Blick von hier in die Unendlichkeit des Libyschen Meeres, das man im blauen Dunst erahnt.

Das Auto muss in beiden Ortsteilen vor dem Dorf stehen bleiben. Die Dorfwege sind nur für Maultiere und Fußgänger geplant worden. Im Zweiten Weltkrieg wurden die Viehzüchterfamilien von Kapetaniáná vertrieben. Die Wehrmacht wollte von hier oben aus die Südküste überwachen. Nicht alle sind nach dem Krieg in die Bergeinsamkeit zurückgekehrt, weitere Familien sind ausgewandert, um in der Fremde Gastarbeiter zu werden.

28 92 02 45 45 (nur 9–10 Uhr) oder 69 78 24 52 00 (9–11 und 21–23 Uhr). In der Bucht von Tsigoúnas westlich von Léndas haben die Archäologen das Tauchen gestattet. Manólis bietet hier Tauchkurse, auch für Kinder ab 10 Jahren, und geführte Tauchgänge für ausgebildete Taucher an.

Übernachten

Abgelegen – **Lentas:** Tel. 28 92 09 52 21, Fax 28 92 09 52 22, DZ/F 30–50 €. 13 einfache, aber saubere Zimmer in fünf einzeln stehenden Bungalows. Gefrühstückt wird in einer kleinen Taverne am Meer, die dem Hotelwirt gehört.

Übernachten

Bergeinsamkeit – **Pension Kofinas:** Tel./Fax 20 93 04 14 40, www.korifi.de. Bitte voranmelden, da oft ausgebucht, DZ ca. 30 €. Kleine Pension, 4 Zimmer mit Gemeinschaftsbad. Die Österreicher Luise und Gunnar Schuschnigg kennen alle Wandermöglichkeiten in der Umgebung und zeigen z. B. den Weg auf den Kofínas. In Zusammenarbeit mit einem tschechischen Unternehmen bieten sie Klettermöglichkeiten und organisieren auch Kochkurse.

Bucht von Mália und Lassíthi-Ebene

Highlight!

CretAquarium: Das Meeresaquarium, griechisch ThalassoCosmos, ist das größte seiner Art in ganz Griechenland. Eintauchen in die geheimnisvolle und unerwartet reiche Unterwasserwelt des Mittelmeeres. S. 144

Auf Entdeckungstour

Die Zeushöhle von Psichró: Ein Aufstieg von ca. 20 Minuten führt zu einer Tropfsteinhöhle über der Lassíthi-Hochebene. Der schöne Ausblick, Begegnung mit der Geburtshöhle des Göttervaters und der griechischen Mythologie belohnen die Mühe. S. 154

Kultur & Sehenswertes

Minoischer Palast von Mália: Der nach Knossós und Festós drittgrößte der minoischen Paläste liegt schön am Meer. Zweimal täglich hochinteressante Führungen. Gute Möglichkeit zu einem Küstenspaziergang. S. 146

Aktiv & Kreativ

Wanderung auf den Kárfi: Eine lohnende Bergbesteigung, während der man Lämmergeier und eine aufgegebene minoische Bergsiedlung zu sehen bekommt. Von oben grandioser Blick auf Berge und Meer. S. 152

Attraktives Country Hotel mit Reitstall bei Avdou: Ausritte an den Hängen des Dikti-Gebirges und Super-Taverne, S. 153

Genießen & Atmosphäre

Taverne Platanos: Urige, preiswerte Taverne mit kretischen Spezialitäten im Schatten einer orientalischen Platane an einem sprudelnden Brunnen im ursprünglich gebliebenen Dorf Vrachási. S. 152

Pension Maria: Wer die ländliche Ruhe und Beschaulichkeit der Lassíthi-Ebene ganz genießen will, verbringt eine Nacht in dieser idyllischen Pension in Ágios Geórgios. S. 157

Abends & Nachts

Clubs in Mália und Chersónisos: Nicht Jedermanns Sache – das heißeste Nachtleben von Kreta bieten die Badeorte Mália und Chersónisos. Das Credo des bunt gemischten, internationalen Publikums: tagsüber an den Strand, abends auf die Piste. S. 145

Zwischen Urlaubsküste und Díkti-Gebirge

Zwischen Iráklio und Sísi reiht sich eine größere Hotelanlage an die andere, es handelt sich um eines der wichtigsten Ferienzentren Kretas. Diese Region ist mit ihren Oliven- und Zypressenbäumen landschaftlich sehr reizvoll und besitzt zudem einige der schönsten Feinsandstrände Kretas. Überall entlang der Küste findet man gute Bade- und Wassersportmöglichkeiten und dazu auch ein intensives Nachtleben mit zahlreichen Music-Bars und großen Disco-Clubs. Einen freien Blick aufs Meer genießt man wieder hinter Mália, rund um den minoischen Palast ist die Küste noch unverbaut.

Oberhalb der Küste geht es in den Dörfern wie Gouvés, Chersónisos, Kou-touloúfari oder Piskopianó noch beschaulicher zu. Die blumengeschmückten Tavernen dort sind ein beliebtes Ziel für den Abendausflug.

Ein Ausflug ins Díkti-Massiv auf die 800 m hoch gelegene **Lassíthi-Ebene** gehört zum ›Pflichtprogramm‹ jeder Kreta-Reise. Die Hochebene lässt sich von Mália, Iráklio oder Ágios Nikólaos gut auf einem Tagesausflug erschließen. Im Sommer ist eine Unterkunft auf der Hochebene des kühlen Klimas wegen angenehm. Von hier aus hat man gute Wandermöglichkeiten ins Díkti-Massiv und auf den Kárfi; Tafeln zeigen die besten Wanderrouten.

Amnisós und Nírou Cháni

Wenige Kilometer hinter dem Flughafen passiert man **Amnisós** (▶ L 3), einen der Häfen von Knossós (Di–So 8.30–15 Uhr). Die Minoer zogen hier ihre Schiffe auf den Strand. Erhalten sind die umzäunten Grundmauern einer Villa, das ›Haus des Hafenkommandanten‹. Daneben eine urige und preiswerte Strandtaverne.

Besser erhalten ist 6 km weiter rechts an der Straße die ebenfalls minoische **Villa von Nírou Cháni,** Fundort der Doppeläxte in Saal VII des AMI (Di–So 8.30–15 Uhr).

CretAquarium! ▶ L 3

Juni–Sept. 9–21, Okt.–Mai 9–19 Uhr, Eintritt 8 €, www.cretaquarium.gr

Chersónisos, Mosaikboden der Basilika Kastriou (Basilika B)

»Tauchen Sie ein in die Welt des Mittelmeeres … Von den großen räuberischen Haien bis zu den winzigen Seepferdchen präsentiert sich die Vielfalt der mediterranen Arten«, heißt es in der Broschüre des staatlichen Griechischen Zentrums für Meeresforschung, zu dem das Aquarium gehört. Ende 2005 wurde es auf der ehemaligen amerikanischen Basis bei **Goúrnes** eröffnet. In mehr als 30 Becken, die 1,6 Mio. Liter Meerwasser fassen, haben die Wissenschaftler mehr als 250 Arten in je eigenen Unterwasserlandschaften untergebracht.

Modernste Museumspädagogik und raffinierte Ausleuchtung machen den Rundgang zu einem echten Erlebnis. Beruhigt nimmt man dabei zur Kenntnis, dass die bis zu 3 m langen Mittelmeer-Sandhaie mit ihren nadelspitzen Zähnen noch nie Menschen angefallen haben …

Chersónisos, Stalída, Mália ► M 3, M 4

Es folgen Chersónisos, Stalída und Mália, heute ein miteinander verwachsener Großort, der sich fest in der Hand des internationalen Tourismus befindet. Einen sehenswerten Dorfkern mit schönen alten Natursteinhäusern besitzt allein Mália.

Die Hotels von **Liménas Chersonísou** (›Hafen von Chersónisos‹) stehen auf

145

den Ruinen einer antiken Hafen- und frühchristlichen Bischofsstadt, wie Reste der römischen Hafenmolen und zweier frühchristlicher Basiliken bezeugen. Von den ornamentalen und floralen Fußbodenmosaiken des 5./6. Jh. sind noch beachtliche Reste zu sehen. Die Basilika Kastriou (Basilika B) erhob sich auf einer Klippe oberhalb des Hafens, die Basilika Agios Nikolaos (Basilika A) stand ebenfalls am Meer; heute findet man sie auf dem Grundstück des Eri Beach Clubs in der Nähe eines Aqua Parks.

Für die meisten spannender dürfte allerdings das private **Freilichtmuseum Lychnostates** (ausgeschildert) sein. Eine Führung auf Deutsch gibt einen guten Einblick in das Leben auf Kreta in den letzten 100 Jahren. Ein Besuch des 7000 m^2 großen Areals lohnt unbedingt (www.lychnostatis.com, nur Mitte April bis Oktober geöffnet).

Ein Volkskundemuseum (Agrotiko Mouseio) besitzt auch das Hangdorf **Piskopianó** (▶ M 3). In einer restaurierten Olivenölfabrik zeigt man Techniken aus Landwirtschaft und Handwerk.

Aktiv & Kreativ

Für Mutige – **Bungeespringen im Star Beach Water Park:** Am östlichen Ortsrand von Liménas Chersónisos, www.starbeach.gr, 1 Sprung 65 € (4. Sprung frei). Hier springt man von einem Kran direkt am Meeresufer aus 49 m Höhe in die Tiefe.

Für Familien – **Eselsritte auf der Kriti Farm:** Hinter Potamiés an der Straße von Chersónisos auf die Lassíthi-Hochebene, Tel. 28 97 05 15 46. 40-minütige geführte Eselsritte durch ländliche Umgebung (12 €), mit Taverne und Streichelzoo.

Mit Handicap – **Crete Golf Club:** An der Straße von Chersónisos nach Iráklio,

Tel. 28 97 02 60 00, www.crete-golf.biz. Kretas erster 18-Loch-Golfplatz an den Hängen eines engen Tals.

Übernachten

In Chersónisos, Stalída und Mália übernachtet in der Regel nur, wer pauschal gebucht hat. Die Kataloge der Reiseveranstalter bieten eine Riesenauswahl in jeder Preiskategorie.

Essen & Trinken

Die Zahl der Speiselokale ist schier unendlich. Die größte Auswahl an wirklich guten Tavernen findet man im alten Dorfteil von **Mália** und an der schönen Platía im Binnendorf **Chersónisos.**

Abends & Nachts

Das heißeste Nachtleben Kretas haben **Mália** (an der Stichstraße zum Strand) und **Liménas Chersonísou** (entlang der Uferpromenade). Von Jahr zu Jahr wechselnde In-Treffs.

Minoischer Palast von Mália ▶ N 4

Di–So 8.30–15 Uhr
Der drittgrößte der minoischen Paläste liegt ebenso wie der von Zákros nahe dem Meer in der Küstenebene. Daher auch sein Name: Mália kommt von griech. *omala* (›eben‹), ist also ein nachminoischer Name. Den Originalnamen kennen wir leider nicht.

1921 erwarb die Französische Schule für Archäologie das Recht, in Mália zu forschen. Mit Unterbrechung durch

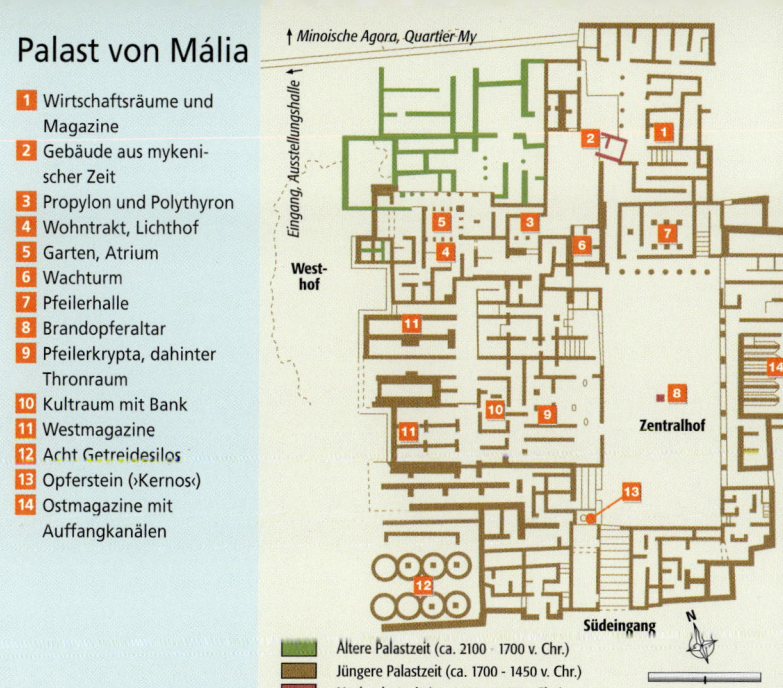

Palast von Mália

1. Wirtschaftsräume und Magazine
2. Gebäude aus mykenischer Zeit
3. Propylon und Polythyron
4. Wohntrakt, Lichthof
5. Garten, Atrium
6. Wachturm
7. Pfeilerhalle
8. Brandopferaltar
9. Pfeilerkrypta, dahinter Thronraum
10. Kultraum mit Bank
11. Westmagazine
12. Acht Getreidesilos
13. Opferstein (›Kernos‹)
14. Ostmagazine mit Auffangkanälen

↑ *Minoische Agora, Quartier My*

Eingang, Ausstellungshalle

West-hof

Zentralhof

Südeingang

N

Ältere Palastzeit (ca. 2100 - 1700 v. Chr.)
Jüngere Palastzeit (ca. 1700 - 1450 v. Chr.)
Nachpalastzeit (ca. 1400 - 1000 v. Chr.)

0   10   20 m

den Zweiten Weltkrieg graben die Franzosen seither jährlich in Mália. So konnten neben dem Palast Teile einer großen Wohnstadt freigelegt werden. Futuristisch anmutende, schirmartige Schutzdächer für die gegen Regen und Touristenfüße empfindlichen minoischen Hausruinen sind mit EU-Geldern errichtet worden.

Wie in Festós wurden in Mália keine figürlichen Wandbilder gefunden. Die Grabung zeigt hier wie bei fast allen minoischen Stätten im Wesentlichen den Zustand des Palastes zur Jüngeren Palastzeit (1700–1450 v. Chr.). Der Grundriss der Anlage stimmt mit den Palästen von Knossós, Phaistós und Zákros weitgehend überein.

Um den Zentralhof gruppieren sich die Magazine, die Wirtschaftsräume, die Repräsentations- und Wohntrakte.

Auf dem Westhof sieht man noch die etwas erhöhten Prozessionswege. Die Ausgrabungen sind in einem Ausstellungsgebäude am Eingang und am Westhof mit Fotos, Plänen und einem Modell der Anlage gut dokumentiert.

Opfersteine

Eine Besonderheit von Mália stellen **Opfersteine** dar, runde Blöcke mit napfartigen Eintiefungen. Ein Exemplar, das ein Bauer auf seinem Acker gefunden hat, liegt vor dem Ausstellungsgebäude. Ein weiterer, ziemlich komplett erhaltener Rundstein mit 35 napfartigen Eintiefungen befindet sich im Durchgang zwischen Zentralhof und Getreidespeichern (Lage in situ). Ein dritter, ganz ähnlicher Stein wurde in der Nekropole Chryssolakkos (s. u.) gefunden und ist dort noch in ei-

147

Lieblingsort

Der Palast von Mália ▶ N 4

Der Palast von Malia ist nur der drittgrößte der minoischen Paläste. Dafür wird er weit weniger besucht als Knossós oder Festós, und er liegt wunderschön im Grünen. Die französischen Ausgräber haben auf Rekonstruktionen weitgehend verzichtet und lassen allein die Ruinen sprechen. Ein besonderes Erlebnis ist die anschauliche und unterhaltsame Führung des ortsansässigen Reiseführers Giorgos Pothos, während der Saison tgl. ca. 11 und 13 Uhr. Ich verbinde den Palast-Besuch gerne mit einem Spaziergang zur Küste. Sie ist hier völlig unbebaut. Fährt man am Palast vorbei auf der Asphaltstraße ca. 400 m weiter nach Westen, erreicht man den gepflegten **Strand Potamós** mit Duschen und einer einfachen Taverne.

Ein Sonnenplatz am Meer

nem heute vergitterten Raum zu sehen. Vermutlich waren diese Blöcke Opfersteine (›Kernoi‹); die Minoer legten in jede Eintiefung Produkte ihrer Agrarwirtschaft: verschiedene Samen, Wein, Öl, Brot oder auch Wolle.

Für Opferhandlungen wurde wohl auch die Grube mit den vier Ziegelsteinpfeilern ungefähr in der Mitte des Zentralhofs genutzt. Auf den Pfeilern dürfte einst ein Rost gelegen haben, auf dem man Fleischstücke von Tieren verbrannte.

Agora

Eine weitere Besonderheit von Mália ist die Platzanlage unmittelbar nördlich des Palastes, die im Grundriss weitläufigen Marktplätzen hellenistischer und römischer Zeit ähnelt. Daher haben die Franzosen den Platz auch ›Agora‹ getauft. Wahrscheinlich fanden hier politische Versammlungen

oder auch sportlich-kultische Wettkämpfe wie das Stiersprungspiel statt. Unter dem Schutzdach fällt dort ein eingetiefter Raum mit Bänken auf, der an Magazine angrenzt. Vermutlich ein Versammlungsraum, die Franzosen haben ihn ›Crypte hypostyle‹ genannt.

›Quartier My‹

Die Besichtigung endet beim ›Quartier My‹, einem Stadtviertel der Älteren Palastzeit, in dem Töpfer, Siegelschneider und Bronzegießer arbeiteten – dazu gibt es eine Dokumentation im Ausstellungsgebäude. Hier befindet sich das älteste Kultbassin Kretas.

Nekropole Chrysolakkos

Nach Verlassen des eingezäunten Areals könnte sich ein kurzer Spaziergang Richtung Küste zur minoischen Nekropole Chrysolakkos (›Goldgrube‹) aus der Älteren Palastzeit anschließen. In einer der Grabkammern fand man die berühmten goldenen ›Bienen von Mália‹, die als Schmuckstück wahrscheinlich einst den Hals einer minoischen Dame zierten. In der Nähe befanden sich auch die beiden Häfen Málias. Vom Westhafen sieht man bis heute noch einen in den Felsen geschnittenen Zufahrtskanal.

Sísi ► N 3

Nach dem unbebauten Küstenstrich rund um den Palast von Mália folgt **Sísi**. Der ehemalige Ort zum Verschiffen von Johannesbrot liegt an einem malerischen kleinen Fjord. Die Küste ist hier felsig und steinig, östlich des Ortes findet man jedoch einige winzige Sandbuchten, die zum Baden gut geeignet sind. Im Gegensatz zu Chersónisos und Mália geht es in Sísi merklich ruhiger zu.

Übernachten

Preiswert, klein, ruhig – **Acolos**: Sísi, Tel./Fax 28 41 02 29 21, www.sísikreta.de, Transfer vom Flughafen wird organisiert, ca. 50 €; Studio ca. 30–40 €, Apartment ca. 40–50 €. Ferienwohnungen am Dorfrand, abseits des Massentourismus, ca. 2 km vom Meer. Vorbildliche Betreuung durch deutsch-griechisches Besitzerehepaar: Hin und wieder veranstalten sie Grillabende und Wanderungen zum Kräutersammeln. Eine Karte mit den wichtigsten Wanderrouten der Umgebung liegt aus.

Essen & Trinken

Hier kocht die Mama – **Liofito**: In Sísi, am Ortseingang links, nach dem Kafenio, Tel. 28 41 07 17 96, Hauptgerichte

ab 6 €. Sehr gute kretische Küche, offener Wein.
Für Insider – **Sofia**: Kafenio/Restaurant ohne Schild an der New Road, Bushaltestelle ca. 500 m vor der Abzweigung nach Sísi, Tel. 28 41 07 14 08. Hausgemachte, täglich wechselnde Spezialitäten, sehr preiswert.

Mílatos ► N 3

Weiter im Osten liegt Mílatos, das schon nicht mehr in der Küstenebene, sondern auf der hergigen Halbinsel zwischen den Kaps Poúnta und Agíos Ioánnis liegt. Paralía Mílatos, ›Strand von Mílatos‹ heißt der Ferienort an der Küste, das Dorf Mílatos liegt ca. 3 km im Hinterland. Hier ist es noch ruhiger als in Sísi, der Ort besteht allerdings nur aus Pensionen, Ferienhäusern und Restaurants, der Strand mit grobem Kies ist ganz passabel. Im Ort wird weiterhin viel gebaut, trotzdem: Mílatos ist ganz klar ein Tipp. Von Sísi aus kann man auf einem Küstenfeldweg dorthin fahren.

Spílco Milatoú ► N 3

Ca. 4 km östlich von Paralía Mílatos lohnt der Besuch einer Höhle, die für Kreter verbunden ist mit einem Martyrium aus den Befreiungskriegen gegen die türkische Herrschaft. Im Jahre 1823, während des griechischen Unabhängkeitskrieges, hatten sich in der einsamen Höhle 3600 Frauen und Kinder, einige Männer versteckt. Sie wurden wochenlang belagert und anschließend getötet oder in die Sklaverei verschleppt. Zur Höhle führt ein mit Geländern gesicherter Pfad (ca. 300 m). Man kann durch eine niedrige Vorhöhle mit eingezogenem Kopf zu einer Höhlenkapelle gelangen, braucht dann aber zum weiterem Vordringen unbedingt eine Taschenlampe.

Übernachten

Meeresrauschen inklusive – **Porto Bello:** Mílatos, Tel. 28 41 08 10 01, www.portobello-villas.gr, 50–60 €. 12 ordentliche, nett geführte Apartments mit Pool am Fischerhafen.

Essen & Trinken

Kretische Küche – **Miliaras:** In Latsída (▶ N 4), von Neápoli kommend links, Tel. 28 41 03 18 83, Hauptgerichte ab ca. 6 €. Einheimische kommen von weit her, um die hausgemachten kretischen Spezialitäten zu genießen.

Am plätschernden Brunnen – **Platanos:** Vrachási (▶ N 4), Tel. 28 41 03 14 88, Hauptgerichte ab ca. 6 €. Ein bekanntes, einfaches Ausflugslokal in einem Bergdorf, Spezialitäten sind Kaninchen mit Zwiebeln oder Tintenfisch mit Fenchel. Sogar die Königin von Jordanien ist von Eloúnda hierher zum Essen gefahren worden. Ca. 200 m oberhalb der Durchgangsstraße am Dorfrand. Bei den blauen Briefkästen geht's hoch.

Mein Tipp

Besteigung des Kárfi
Die Routen auf den 1150 m hohen Gipfel mit der markanten Felsspitze sind auf Tafeln eingezeichnet, die immer mal wieder an der Zufahrtsstraße auf die Lassíthi-Ebene aufgestellt sind. Am einfachsten geht es in rund zwei Stunden ab Tzermiádo (s. S. 157). Man kann auch den Gipfel auslassen und bergab nach Krási absteigen.

Kloster Kerá Kardiótissay

Das Nonnenkloster Panagía Kerá Kardiótissa an der Auffahrt zur Lassíthi-Ebene ist für seine spätbyzantinischen Wandmalereien aus dem 14. Jh. in der Klosterkirche berühmt. Darunter ist ein 12-Feste-Zyklus, im Altarraum wurden Szenen aus der Vita von Anna und Joachim dargestellt. Fließende Gewänder umgeben die elegant gestalteten Körper, die Gesichter sind ausdrucksstark und lebendig. Im Mittelpunkt der Verehrung steht eine Marienikone, die mit einer dicken Kette ›geschmückt‹ ist: Der Legende nach wurde die Ikone dreimal nach Konstantinopel entführt, kehrte aber jedes Mal wieder zurück. Zuletzt hatte man sie in Konstantinopel an eine Säule gekettet. Doch auch von dort kehrte Maria samt Säule und Kette heim.

Im Kloster befand sich übrigens eine jener legendären ›Geheimschulen‹, in denen zu osmanischer Zeit die griechische Jugend illegal von Priestern unterrichtet und in nationalem Geiste und orthodoxer Religion erzogen wurde.

Kárfi-Gipfel ▶ N 4
Oberhalb des Klosters erhebt sich ein steiler Berg mit markantem Gipfel, der schon bei der Anfahrt auffällt: der Kárfi, auf Deutsch ›Nagel‹. Auf dem Sattel unterhalb des buckligen, nagelköpfigen Gipfels lag eine **postminoische Siedlung,** in die sich zwischen 1200 und 1100 v. Chr. ca. 3500 Minoer vor dem Ansturm der Dorer zurückgezogen hatten. Besonders im Winter, bei Schnee und eisigen Winden, muss das Leben in dieser unwirtlichen Zuflucht hart gewesen sein. Einige Grundmauern sind noch recht gut erhalten.

Hinter dem Kerá-Kloster passiert man das gleichnamige Dorf und wenig später links an der Straße ein privates Freilichtmuseum nebst riesiger Taverne mit schöner Aussicht: Das **Homo Sapiens Museum** gestaltet die Entwicklung des Menschen vom Höhlenbewohner zum Astronauten nach.

Infos

Termine

Kirchweihfest im Kloster Kerá Kardiótissa, 8. Sept.

Lassíthi-Ebene

▶ M/N 4/5

Von Chersónisos und Mália her führen drei Straßen hinauf zur Ebene. Am kürzesten ist die östlichste, die über **Krási** führt. Der Weg in dieses malerische Dorf mit seinen Nussbäumen lohnt. Es gibt hier einige gute Tavernen, und auf der Platia steht neben einem venezianischen Quellhaus die größte Platane Kretas.

Wer Lassíthi auf der Hauptstraße von Chersónisos aus ansteuert, gelangt am neuen, 2012 noch im Bau befindlichen Stausee vorbei ins Dorf **Avdou**. In der Dorfmitte, kurz vor der urigen Taverne Strovili, zweigt eine schmale Straße ab, die zur Höhle Agía Fotíni und zum Landhotel Velani (s. o. Mein Tipp) führt.

Vom **Pass Seli Ambelou** mit seinen teils restaurierten Getreide-Windmühlen blickt man auf die kreisrunde Lassíthi-Ebene hinunter, deren 17 Dörfer allesamt am Rande errichtet sind, um nicht kostbares Ackerland zu verschenken. Vorwiegend Kartoffeln, Gemüse und Kernobst werden angebaut, für die Olive ist es hier oben zu kalt.

Mein Tipp

Nicht nur für Reiter
Etwa 2 km außerhalb von Avdou, liegt frei in der kretischen Landschaft dieses 12-Zimmer-Sporthotel, das einen Reitstall unterhält. Holländisch-griechische Leitung, gute Landtaverne.
Country Hotel Velani: ▶ M 4, Tel. 289 70 510 80, www.countryhotel.gr.

Im Hochsommer bewässern einige wenige Bauern ihre Felder immer noch mit Hilfe mechanischer Pumpen, die von segeltuchbespannten **Windrädern** angetrieben werden, andere Mühlen sind nur für die Touristen aufgestellt. Leider sind die meisten Windräder von lärmenden und stinkenden Motorpumpen abgelöst worden: Was uns als ökologischer Rückschritt anmutet, war für die Bauern hier oben lang ersehnter technischer Fortschritt.

Der Mechanismus der segeltuchbespannten Windräder ist recht einfach. Eine Pleuelstange überträgt die Kraft des Windrades auf einen Kolben, der sich in einem Rohr auf und nieder bewegt, das bis ins Grundwasser hinabreicht. Stoßweise drückt der Kolben das Grundwasser in ein Sammelbecken, von dem es über Kanäle und Schläuche auf die Felder geleitet wird.

Früher waren die kretischen Hochebenen, zu denen keine Straßen führten, Rückzugsgebiete der Widerstandskämpfer. Im 13. Jh., zu Beginn der venezianischen Herrschaft, haben sich besonders die Bewohner der Lassíthi-Ebene im Widerstand hervorgetan. Die Besatzer reagierten darauf rigoros: Sie verboten im Jahr 1263 jegliche Bewirtschaftung der ▷ S. 156

Auf Entdeckungstour

Die Zeushöhle von Psichró

Am Hang des Díkti-Gebirges liegt über der Lassíthi-Ebene die eindrucksvolle Tropfsteinhöhle Diktéo Ándro, die seit der Antike als Geburtshöhle des Zeus gilt.

Reisekarte: ▶ M 5

Planung: Tgl. 10.30–16 Uhr; dem größten Andrang kann man entgehen, wenn man gleich um 10.30 oder kurz vor 16 Uhr da ist. Vom Parkplatz bei Psichró 20 Min. Aufstieg zu Fuß oder auf Eseln (einfach 15 €, h/z 20 €).

Wander-Tipp: Auf Feldwegen über die Lassíthi-Ebene, auf der oft Schafherden ziehen, nach Tzermiádo; ca. 2 Std. Gegen 16 Uhr fährt ein Bus über Psichró nach Iráklio zurück.

Der kürzeste Weg zur Diktéo Ándro, der mythischen Geburtshöhle des Zeus, führt über Káto Metóchi, vorbei am verlassenen Kloster Moní Vidianís und einem Informationszentrum für den geschützten Bartgeier (s. S. 156).

Über Betonstufen geht es in die 84 m tiefe Tropfsteinhöhle hinein. 20 m hoch sind die Hallen, in denen gewaltige, teils bemooste Stalaktiten und Stalagmiten beeindrucken. Den Gesteinsformationen geben die Fremdenführer klingende Namen wie ›Zeus in Windeln‹, ›Wiege des Zeus‹ usw.

Der Mythos und seine Hintergründe

Zeus war Vater des Minos. Zeus' Vater, der Titan Kronos, verschlang alle seine Kinder, die ihm Rhea gebar, weil ihm von Uranos, seinem Vater, geweissagt worden war, dass ihn dereinst sein eigener Sohn enthaupten würde. Die enttäuschte Mutter Rhea ersann daraufhin eine List. Sie gab Kronos anstelle des kleinen Zeus einen in Windeln gewickelten Stein zu fressen. Den Zeus versteckte sie in einer Höhle, wo er von der Milch-Ziege Amaltheia großgezogen wurde. Die Kureten, Diener der Rhea, übertönten durch den Lärm ihrer Waffentänze das Schreien des kleinen Zeus. Erwachsen geworden, verabreichte Zeus dem Vater ein Brechmittel, Kronos spuckte daraufhin alle seine Kinder aus – diese wurden dann die olympischen Götter. Zuvor mussten sie noch in einer gewaltigen Schlacht, der Titanomachie, den Kronos und seine Kumpane erschlagen.

Die im Kronos-Zeus-Mythos thematisierte Furcht des Vaters vor dem Sohn, der ihm die Herrschaft streitig macht, kommt auch in anderen griechischen Mythen vor. Auch Kronos' Vater, der Himmelsgott Uranos, fürchtete die Entmachtung durch seine Kinder

und verbannte die Neugeborenen in den Bauch der Erdgöttin Gaia. Zur Strafe entmannte Kronos seinen Vater und bemächtigte sich der Weltherrschaft. Oder das Beispiel des Ödipus. Sein Vater Laios setzte ihn aus, um seinem Schicksal zu entgehen. Doch umsonst – bekanntlich tötete Ödipus den Vater und heiratete die eigene Mutter. In diesen Mythen wird ein Generationskonflikt verarbeitet, der offenbar ewig-menschlich ist: Das Alte weicht oft nur unter Gewalt dem Neuen.

Nutzungen der Zeushöhle

Die Zeus-Höhle ist nicht nur mythologisch, sondern auch archäologisch bedeutsam. Zeitgleich zur Ausgrabung von Knossós wurde hier vom Britischen Archäologischen Institut in Athen unter H. D. Hogarth reiches Fundmaterial zutage gefördert. Im Neolithikum war die Höhle Wohnort, in frühminoischer Zeit Begräbnisstätte, ab dem Mittelminoikum Kultort für einen Vegetationsgott. Später wurde die Höhle von den Dorern weiter genutzt, nun aber als Stätte für den importierten Zeus-Kult.

Eine zweite Zeushöhle

Allerdings gibt es auf Kreta im Ida-Massiv noch eine andere minoische Kulthöhle, die in der Folgezeit ebenfalls zur Zeus-Höhle umfunktioniert worden war.

Das Problem der doppelten Zeushöhle auf Kreta ist von Fremdenführern wie folgt gelöst worden: Die Dikti-Höhle beansprucht den Titel der Geburtsstätte, wohingegen die Ida-Grotte als eine Art ›Kindertagesstätte‹ des Göttervaters gilt. Bleibt aber anzumerken, dass ein ›Zeus Diktaios‹ auch in Palékastro verehrt wurde, und auf dem griechischen Festland machte Arkadien Kreta den Rang als Herkunftsort des Zeus streitig.

Mein Tipp

Bartgeier über dem Pass Seli Ambelou beobachten
Unmittelbar bevor man die Lassíthi-Hochebene erreicht, sieht man über dem Pass Seli Ambelou mit etwas Glück Bartgeier (auch Lämmergeier genannt, *Gypaetus barbatus)* am Himmel kreisen. Sie nutzen die am Pass herrschende Thermik. Die mächtigen Vögel haben eine Spannweite von bis zu 2,80 m und kommen sonst nur noch in den Pyrenäen vor.

Ebene. Doch als 200 Jahre später Lebensmittelknappheit auf Kreta herrschte, ließen die Venezianer die Bewirtschaftung und Besiedlung der Lassíthi-Ebene wieder zu.

Ágios Geórgios ▶ N 4
Im Dorf Ágios Geórgios kann man zwei kleinen Museen einen Besuch abstatten, die von den Bewohnern mit viel Liebe und Stolz eingerichtet wurden.

Das **Folklore Museum** (tgl. 10–16 Uhr) präsentiert die Innenausstattung eines typischen Dorfhauses und eine interessante Fotosammlung zu Nikos Kazantzakis (Leben und Werk, s. S. 78), der von der kretischen Dorfbevölkerung sehr verehrt wird .

Weite Aussicht über die Lassíthi-Ebene zum Diktí-Massiv

Das **Eleftherios Venizelos Museum** (tgl. 10–16 Uhr) unmittelbar nebenan zeigt den Lebensweg dieses kretischen Kämpfers für die Union mit Griechenland und späterer griechischen Ministerpräsidenten.

Tzermiádo ► N 4

Das Straßendorf Tzermiádo ist der Hauptort der Lassíthi-Ebene. Links und rechts der Hauptstraße reihen sich viele Souvenirgeschäfte, die die üblichen kretischen Webwaren anbieten – die man aber genausogut auch in Axós, Anógia oder Kritsá erstehen kann. In Tzermiádo gibt es einige Pensionen, Kafenia und Tavernen, aber auch Banken und Post.

Übernachten

Guesthouse aus Naturstein – **Argoulias:** am oberen Ortsrand von Tzermiádo, Tel. 28 44 24 46 96, www.argoulias.gr, ca. 70 €. Zehn verhältnismäßig luxuriöse Apartments sogar mit Kamin.

Kleine Pension – **Kourites:** Am Ortsausgang von Tzermiádo, Richtung Psichró, Tel. 28 44 02 21 94, www.kourites.net, DZ/F 25–35 €. Zweckmäßig eingerichtete Zimmer, auch ein ländliches Frühstück wird serviert.

Ländlich-stille Pension – **Maria:** Ágios Geórgios, Tel. 28 44 03 12 09, 25–35 €. Liebevoll geführte Pension mit pieksauberen, kretisch dekorierten Zimmern, ruhig am Dorfrand gelegen, mit guter Taverne unter Schatten spendenden Bäumen.

Essen & Trinken

Gute kretische Küche – **Kri-Kri:** In Tzermiádo, an der Hauptstraße, Tel. 28 44 02 21 70. *Gida*, ›ältere Ziege‹, mit Reis oder *katsikaki*, Zicklein, probieren!

Infos & Termine

Infos

www.oropediolas.gov.gr: Website der Kommune, auch auf englisch.

Termine

Kirchweihfest des ›Bauern- und Hirtenheiligen‹ Georg in Ágios Geórgios, 23. April.
Kirchweihfest im Kloster Kerá Kardiótissa, 8. Sept.

Verkehr

Bus: Nur jeweils ein Früh- und ein Nachmittagsbus ab Ágios Nikoláos über Neápoli.

Ágios Nikólaos und der Mirabello-Golf

Highlight!

Fort Spinalónga und die Bucht von Eloúnda: Die venezianische Festungsinsel aus dem 17. Jh. beschützte einst einen riesigen Naturhafen. Die Küste bei Eloúnda gehört zu den malerischsten Kretas. Deshalb befinden sich hier auch die meisten Luxushotels der Insel. S. 165

Auf Entdeckungstour

Die Panagía i Kerá und die byzantinischen Heiligenbilder: Die malerisch unterhalb von Krítsa gelegene Kirche wird als Titelfoto von unzähligen Kreta-Führern benutzt. Ihr Innenraum ist vollständig ausgemalt und bietet somit eine gute Möglichkeit, das byzantinische Bildprogramm kennenzulernen. S. 168

Kultur & Sehenswertes

Dorische Bergstadt Lató: Die antike Siedlung liegt befestigt und gut versteckt auf einem Sattel zwischen zwei Bergspitzen. Die Mauern der Häuser und Tempel, die Zisternen, Wege und Plätze sind gut erhalten. S. 172

Minoische Stadt Gourniá: Eine minoische Kleinstadt gruppiert sich um ein Herrenhaus auf einem Hügel. Nirgendwo sonst auf Kreta bekommt man einen so guten Eindruck von einer kompletten minoischen Stadtanlage. S. 173

Aktiv & Kreativ

Bootstour nach Spinalónga: Von Ágios Nikólaos, Eloúnda und Pláka aus verkehren täglich Boote zur venezianischen Festungsinsel, die bis 1957 auch als Ghetto für Leprakranke diente. Heute ist der Besuch völlig ungefährlich. Die Boote aus Ágios Nikólaos legen über der versunkenen antiken Polis Oloús einen Badestopp ein. S. 165

Genießen & Atmosphäre

Ökorestaurant Natural: Auf der Fahrt von Ágios Nikólaos nach Sitía sollte man an der Abzweigung nach Móchlos eine Rast einlegen. Eine hervorragende Landtaverne, von der aus man einen herrlichen Panoramablick auf Meer und Küste hat. S. 175

Küstenort Mochlos: Eine Bilderbuch-Hafenbucht gegenüber einer winzigen Insel mit den Resten eines minoischen Dorfes. Ein Platz für ruhige, unbeschwerte Ferientage. S. 175, 177

Abends & Nachts

Bars am See von Ágios Nikólaos: Die Metropole des Pauschaltourismus bietet ähnlich wie Mália oder Liménas Chersonísou ein lebhaftes Nachtleben. Szenetreffs sind die Bars und Clubs rund um den Voulisméni-See, aber auch an der Küstenpromenade Richtung Eloúnda. Trendlokal seit 1982 ist der Aquarius Pub. S. 164

Sympathische Stadt am malerischen Golf

Dank seiner Lage am malerischen Mirabello-Golf entwickelte sich Ágios Nikólaos zur touristischen Boomtown Ostkretas. Dennoch wirkt die Stadt sehr sympathisch. Wie der Name bereits sagt, bieten die Küsten am Golf schöne Ausblicke auf zahlreiche Inseln und aufs jeweils gegenüberliegende Festlandufer mit seinen steil aufragenden Klippen und Bergen, deren Konturen aus dem stets vorhandenen Dunst oft nur schemenhaft auftauchen.

In den Orten und Landschaften entlang der Küste und im Hinterland trifft man auf Gegensätze, die größer nicht sein können. Die Halbinsel nördlich von Eloúnda gehört zu den am wenigsten besuchten Gebieten Kretas. Die Steilküsten westlich und südlich des Kaps Ágios Ioánnis waren für Tourismus-Investoren uninteressant. Bis 2005 waren die Zufahrtsstraßen zu den abgelegenen Dörfern noch nicht asphaltiert. Nur einige Jeep-Safaris aus Ágios Nikólaos verirrten sich hierher. Heute erwachen die Dörfer allmählich aus ihrem Schlaf, jedes Jahr eröffnen neue Tavernen, und es wird wohl nicht lange dauern, bis auch Übernachtungsgäste kommen.

Von Eloúnda über Ágios Nikólaos bis Ístro folgt dann eine ›gut geölte‹ Tourismusindustrie. Eloúnda ist bekannt für seine malerische Umgebung mit Luxushotels, die zu den besten der Welt zählen. Ágios Nikólaos und die südöstlich angrenzende Küste ist Ziel des Pauschaltourismus, entsprechend zersiedelt sind viele Küstenstriche.

Hinter Ístro schließt die ›Kretische Reviera‹ an, der landschaftlich schönste Teil der New Road. Zunächst führt sie küstennah durch eine liebliche Landschaft entlang sanft abfallender, mit Olivenbäumen bepflanzter Hänge, dann steigt sie auf und schlängelt sich um die steilen Hänge des Ornó-Gebirges vor Sitía. In diesem Abschnitt ist der Badeort Móchlos eine Top-Adresse für Individualisten.

Infos

Internet
www.aghiosnikolaos.gr. Städtisches Informationsportal

Ankommen und Weiterkommen
Fähren: 2–3 x wöchentlich nach Karpathos und Rhodos über Sitía bzw. in die andere Richtung über Milos nach Piréas (Piräus).
Überlandbusse: Mindestens jede Stunde von und nach Iráklio, Sitía und Ierápetra.
Dorfbusse: nach Kritsá jede Stunde, weiter nach Kroústas ca. 5 x tgl. Halbstündig fährt ein Bus nach Eloúnda, weiter nach Pláka ca. 4 x tgl. Auf die Lassíthi-Ebene (s. S. 153) geht es 2 x tgl., somit ist dorthin ein Tagesausflug mit dem Linienbus möglich.

Ágios Nikólaos ► O 4

Reiseprospekte preisen Ágios Nikólaos immer noch als ehemaligen Fischerort an. Das trifft sachlich zu, doch mit einem ursprünglichen Fischerort hat der heutige Ferienort nicht mehr viel zu

Ágios Nikólaos am Voulisméni-See

tun. Ein Besuch lohnt dennoch, denn Ágios Nikólaos liegt atemberaubend schön an der Mirabello-Bucht und bietet gute Bade- und Wassersportmöglichkeiten. Dank einer Kläranlage ist das Wasser sauber, Badestellen gibt es vom Sandstrand bis zur felsigen Klippe. Das Abend- und Nachtleben ist ausgesprochen lebhaft und spielt sich rund um den Voulisméni-See ab. Zudem eignet sich die Stadt gut als Standort für Exkursionen in ganz Ostkreta.

In der Antike lag hier die Hafenstadt Kamara, die zur Polis Lató gehörte. Kern der Stadt unter den Vene-

zianern war die Halbinsel, auf deren Spitze sich einst das Kastell Mirabello (ital. ›gute Sicht‹) erhob. Genuesen, die den Venezianern die gerade erst errungene Herrschaft über Kreta streitig machten (s. S. 52), errichteten es nach 1204. Nach dem Sieg der Venezianer wurde die Festung erweitert und in den Türkenkriegen schließlich geschleift. So war Ágios Nikólaos zur Türkenzeit ein winziges Fischernest. Sein Aufstieg zur Hauptstadt eines der vier Bezirke Kretas (ab 1905) begann Ende des 19. Jh. mit dem Zuzug von Siedlern aus Krítsa und aus der Sfakia.

Ágios Nikólaos

In dieser Zeit wurden allgemein in ganz Griechenland die Küstenorte wieder besiedelt.

Man erwarte in Ágios Nikólaos daher kein historisches Ambiente wie in Iráklio, Réthimno oder Chaniá, den anderen Bezirkshauptstädten. Doch während die große **Kathedrale 1** an der Hauptplatia mit neueren Wandmalereien geschmückt ist, zeigt die **Panagia-Kirche 2** Fresken aus dem 14. Jh.

Am Voulisméni-See

Der frühere Süßwassersee wurde um 1870 durch einen Kanal mit dem Meer verbunden und dient seitdem als weiteres Hafenbecken für Fischerboote – sofern sie unter der Hafenbrücke hindurchpassen. Er ist mit 67 m verhältnismäßig tief, sein Wasser schimmert stets dunkelgrün.

Nahe der Brücke, beim Infobüro, zeigt ein privates **Folklore-Museum 3** Erinnerungen an die alten Zeiten.

Zu Fuß kann man an den Restaurants der Uferpromenade am Nordufer zu einem reizvollen Plätzchen unterhalb der steilen Felswand entlanggehen, wo man unter Tamarisken auf Natursteinbänken angenehm rastet. Von hier aus führt ein mit Geländern gesicherter Pfad bergauf zu den Panoramarestaurants oberhalb des Sees.

Archäologisches Museum 4

Odos K. Paleologou 68, Ausfallstraße nach Iráklio, Di–So 8.30–15 Uhr

Das Archäologische Museum, Hauptsehenswürdigkeit der Stadt, liegt etwas außerhalb in der Neustadt. Sieben Säle zeigen Funde aus Ostkreta von der minoischen Epoche bis zur Römerzeit. Herausragend in Saal II die ›Göttin von Myrtos‹, ein Spendgefäß (Rhyton). Eine Opferflüssigkeit wurde aus dem Krug gegossen, den sie mit ihren spindeldürren Armen hält. Besonders sehenswert ist noch ein römischer Totenschädel im letzten Saal. Die Archäologen fanden ihn mit einer Münze im Mund auf – dies sollte ein Obolus für Charon, den Fährmann der Toten in der griechischen Mythologie, sein.

Strände

Im Ortsbereich drei kleine Strände, vor allem der **Kitroplatia Beach,** am östlichen Stadtrand, ist im Sommer überfüllt. Schönere Badebuchten in Richtung Sitía (z. B. Strand am Hotel Istron oder bei Kaló Chorió (▶ O 5) oder bei Pláka (▶ O 3).

Übernachten

Die örtlichen Luxushotels bucht man preiswerter über Reiseveranstalter. Das Infobüro der Stadt vermittelt Zimmer, so findet man in der Hauptsaison rasch eine Unterkunft nach Wunsch.

Gepflegt und ruhig – **Sgouros 1**: Am Kitroplatia-Strand, Tel. 28 41 02 89 31, www.sgourosgrouphotels.co, DZ mit Frühstück 45–70 €. Bessere Mittelklasse

mit schönem Blick über den Strand, durchgehend klimatisiert.

Am Stadtrand – **Creta** 2: Sarolidi 22, Tel. 28 41 02 00 99, Fax 28 41 02 59 03, www.agiosnikolaos-hotels.gr/creta, DZ/F 50–70 €. Ruhige, gepflegte Studios, modern und mit Klimaanlage.

Preiswert und ruhig – **Pergola** 3: Sarolidi 20, neben Creta, Tel. 28 41 02 81 52, DZ 25–50 €, Frühstück extra. Nette Pension, saubere Studios und Zimmer.

Außerhalb

Luxusklasse – **Minos Beach Art'Otel** 4: Richtung Eloúnda, Tel. 28 41 02 23 45,

Fax 28 41 02 25 48, www.bluegr.com. Traditionshotel mit Werken zeitgenössischer Kunst, Zimmer nach Feng-Shui-Kriterien ausgestattet, Bungalows an der Küste. Teuer, über Reiseveranstalter buchen.

Essen & Trinken

Fisch vom Feinsten – **Pelagos** 1: Stratigou Koraka 10, tgl. ab 11.30 Uhr, nahe der Seebrücke, Hauptgerichte bis 22 €. Gutes Fischrestaurant in einem neoklassizistischen Gebäude mit stimmungsvollem Garten. Der Fisch ist garantiert frisch, die Weinauswahl groß.

Kretische Spezialitäten – **Katsarolakia** **2**: Polytechniou 1, Tel. 28 41 02 19 55. Netter Szenetreff, preiswerte Mezedes, gute Zutaten.

Rustikal und einfach – **Itanos** **3**: Am Hauptplatz neben der Kathedrale, Hauptgerichte bis 10 €. Nach Eigenwerbung die letzte authentische Taverne der Stadt.

Aktiv & Kreativ

MartinBike **1**: Am Hotel Sunlight an der Eloúnda-Straße, Tel. 28 41 02 66 22, www.martinbike.com. Bike-Verleih mit angeschlossenem Biker-Hotel unter deutscher Leitung. Rennräder und Scott-Mountainbikes, viele geführte Touren, z. B. 7 Tage DZ/F, 5 Touren, pro Pers. 595 €.

Abends & Nachts

Bis spät abends herrscht quirliges Leben am Hafen und an der langen Promenade, fetzige Sommerhits beschallen die Straße.

Barstreet – **25 Martiou** **1**: Die Straße bei der OTE wird im Slang auch Soho genannt, hier reiht sich ein Club an den nächsten.

Zum Abfeiern – **Aquarius Pub** **2**: Akti Koundourou 6, www.aquariusbar.gr. Trendige Bar mit britischen Biersorten und vorwiegend skandinavischem und englischem Publikum.

Infos & Termine

Infobüro: An der Hafenbrücke, Tel. 28 41 02 23 57, Fax 28 41 02 63 98, im Sommer 8.30–21.30 Uhr.

Termine: Lató-Festival, Juli–Sept., Konzerte, Theater, Tanz am Kitroplatia Beach und auf der Seebühne.

Parken: Großer Parkplatz am Yachthafen. In den Straßen im Zentrum ist nun schwer ein freier Platz zu finden, gute Chancen hat man entlang der Konstantinou Paleologou, die von der Seebrücke stadtauswärts führt oder hinter der Präfektur.

Eloúnda! ▶ O 4

Schon die Anfahrt ist ein Erlebnis. Aus luftiger Höhe fährt man die Kehren der Küstenstraße nach Eloúnda hinab und hat dabei stets eine lagunenartige Bucht vor Augen. Verständlich, dass sich hier die besten Hotels Kretas angesiedelt haben. Vor dem Strandort Eloúnda liegt die lang gestreckte, fast unbebaute Insel Spinalónga, die über einen begehbaren Damm mit dem Festland verbunden ist. *Spina longa* ist italienisch und heißt ›langer Dorn‹.

Infolge von Erdbewegungen (s. S. 57) sind Teile Ostkretas allmählich im Meer versunken, während sich der Westteil der Insel bei Falásarna erhoben hat. Ursprünglich war Spinalónga also eine Halbinsel und bildete mit der Festlandküste einen hervorragenden und geräumigen Schutzhafen, der nur von Norden her zugänglich war.

Der Name Eloúnda leitet sich von der antiken Vorgängerstadt Oloús her, von der noch Grundmauern und ein frühchristliches Mosaik auszumachen sind: Nach Überquerung des Spinalónga-Damms gelangt man zu Windmühlen und rechts zur lohnenden Taverne Kanali. Dahinter erkennt man den Grundriss einer frühchristlichen **Basilika.** In ihrem Hauptschiff beherbergt sie ein Fußbodenmosaik, das Delfine und Fische zeigt, umrahmt von Blumen und Girlanden. Ein paar

Schritte hinter der geschlossenen Canal Bar sieht man dann im Wasser die Grundmauern von Oloús.

Der schmale, aufgeschüttete **Sandstrand** von Eloúnda ist in der Saison stark frequentiert. Einsamer badet man auf der Meerseite von Spinalónga über den Ruinen von Oloús mit schönem Blick auf den gegenüberliegenden Hang mit den Luxushotels oder am Strand von **Kolokithía**. Zu erreichen über den Damm, dann 1 km Fahrweg und 1 km Fußweg.

Übernachten

Luxusklasse – **Eloúnda Mare:** Am Ortsrand Richtung Ágios Nikólaos, Tel. 28 41 04 11 02, Fax 28 41 04 13 07, www.elounda.com, DZ/F ab ca. 190 €. 45 Bungalows mit Privatpool und weitere 35 Zimmer im Hauptgebäude. Einziges Mitglied der Nobelhotel-Kette Relais & Château in Griechenland.

Historische Dorfhäuser – **Anemos:** Tel. 28 10 24 37 14, Fax 28 10 24 05 40, info@traditional-homes.gr, ab ca. 80 €.

Ruhig direkt am Meer – **Hotel Aristea:** Unweit des Hafens, Tel. 28 41 04 13 00, Fax 28 41 04 13 02, DZ/F 30–60 €. Klein und familiär, die 33 Zimmer sind schlicht, haben aber schönen Meerblick.

Essen & Trinken

Essen am Kai – **Poulis:** Eloúnda, Hauptgerichte 6,50–18 €. Fischtaverne etwas südlich des Anlegers der Spinalónga-Boote. Ein rustikaler Innenraum in einem alten Fischerhaus, gegenüber schattige Plätze am Kai.

Traditionelle Küche – **Kandouni:** Richtung Pláka bei Mavrikianó, ausgeschildert. Mezedes aus Nordgriechenland. Viele Einheimische gehen hier essen.

Typisches Mezédes-Essen mit offenem Wein ca. 15–20 €. Nur abends.

Aktiv & Kreativ

Tauchschulen – **Crete Underwater Center:** Im Hotel Mirabéllo an der Straße nach Eloúnda, Tel./Fax 28 41 02 24 06, www.creteunderwatercenter.com. **Pelagos:** Im Hotel Mínos Beach, Tel. 28 41 02 43 76, Fax 28 41 02 44 28, www.divecrete.com.

Infos

Bus: Jede halbe Stunde verkehrt ein Bus zwischen Ágios Nikólaos nach Eloúnda, seltener auch weiter nach Pláka. Von Eloúnda nach Pláka fährt stündlich ein Miniatur-Zug auf Gummirädern.

Fort Spinalónga !

▶ O 3

Zum Fort Spinalónga (Kalidon) in der Hochsaison sehr häufige Überfahrten von Eloúnda oder Pláka. Teurer ist die Fahrt ab Ágios Nikólaos. Man hat die Wahl zwischen geführten und ungeführten Ausflügen. Manche Anbieter laufen auch die unter Wasser zu erkennenden Ruinen von Oloús an oder stoppen an einsamen Buchten zum Schwimmen.

Auf dem kleinen Felseneiland erbauten die Venezianer eine gewaltige Festung. Besonders gut hat sich die halbmondförmige Bastion der Oberburg erhalten, die einst den Eingang zum Schutzhafen überwachte. Die Insel war bestens ausgebaut und befestigt, das Fort Spinalónga wurde nie erobert. Nachdem Kreta bereits 1669 an die Türken gefallen war, vermochte eine Wachmannschaft unter türkischer Duldung hier so lange auszuharren, bis Venedig die Insel 1715 zusammen mit Soúda und der Kykladeninsel Tínos endgültig aufgab. In einem ›mare turcicum‹ war sie strategisch wertlos geworden.

In der Folgezeit siedelten sich Türken auf der Festungsinsel an. 1903 mussten jedoch auch sie das Eiland verlassen, denn die griechische Regierung hatte beschlossen, die Kalidon-Insel als Ghetto für Leprakranke einzurichten. Bis 1957 lebten die Kranken in einer Dorfgemeinschaft mit kompletter Infrastruktur: Es gab eine Schule, eine Wäscherei, einen Lebensmittelladen, ja sogar eine Taverne. Die ›Aussätzigen‹ veranstalteten Tanzabende und Filmvorführungen und konnten von ihren Angehörigen besucht werden. An der Westseite der Insel legte das Fährboot an, das von Pláka herüberkam. Und hier hatte man für Besucher auch einen Desinfektionsraum eingerichtet. Begraben wurden die Leprakranken in Betonsarkophagen auf der Ostseite der Insel nahe dem heutigen Schiffsanleger.

Imposant: die venezianische Festungsinsel Spinalónga

Pláka ► 03

Direkt gegenüber der Festungsinsel liegt Pláka, ein ehemaliges Fischerdorf, in dem es einige einfache Tavernen und Unterkünfte gibt. Der Ort ist vor allem Durchgangsstation für die Spinalonga-Fahrer. Der Strand hier ist zwar steinig, dafür aber noch recht einsam. Der Nordstrand ist der beste, hier parken stets einige Wohnmobile. Sehr hübsch anzuschauen ist der Anleger für die Spinalónga-Fähre mit den Tavernen darüber. Schöner Blick auf die venezianische Inselfeste.

Übernachten

Absoluter Luxus – **Blue Palace Resort:** Am Ortseingang von Pláka, Tel. 28 41 06 55 00, www.bluepalace.gr. 2003 erbaute Anlage mit Naturstein-Outfit, marokkanischen Ruheoasen, privatem Pool pro Wohneinheit, allen Thalasso- und Beauty-Einrichtungen, Gourmetrestaurant. Teuer, über Reiseveranstalter buchen.

Krítsa ► 05

Mit ca. 3000 Einwohnern ist Krítsa schon fast eine kleine Stadt. Ihr ansprechendes architektonisches Ensemble breitet sich oberhalb der Küstenebene an einem steilen Berghang aus. Unterhalb des Ortes erstrecken sich weite Olivenhaine. Krítsa ist bekannt für seine Web- und Häkelarbeiten und als ›Einkaufsparadies‹ ein beliebtes Ziel für Ausflugsbusse aus den Hotelorten.

Weil das Dorf so schön am Hang ausgebreitet liegt, durfte es den Hintergrund für Jules Dassins Film ›Celui qui doit mourir‹ abgeben. In Melina Mercouris Autobiografie ›Ich bin als Griechin geboren‹ wird das Geschehen vor und hinter der Kamera höchst lebendig geschildert. Die Bauern von Krítsa hatte man als Laienschauspieler verpflichtet.

Übernachten

Ländliches Ambiente – **Argyro:** Krítsa, Tel. 28 41 05 11 74, www.argyrorent rooms.gr, DZ/oF 30–40 €. Kleine, ordentliche Pension am Ortseingang, mit Caféterrasse. Gute, preiswerte Halbpension mit selbst gezogenem Gemüse. Frühstück mit frischem Orangensaft 5 €.   ▷ S. 172

Auf Entdeckungstour

Die Panagía i Kerá und die byzantinischen Heiligenbilder

Unterhalb von Krítsa liegt unter schlanken Zypressen die Kirche der Panagía i Kerá. Ihre Fresken gehören zu den besterhaltenen byzantinischen Wandmalereien auf Kreta.

Reisekarte: ▶ O 5

Öffnungszeiten: Mo–Sa 9–15, So 9–14 Uhr

Mit dem Dorf Krítsa im Hintergrund stellt die weiße, mit ihren später hinzugefügten Stützen weit ausladende Panagía i Kerá eines der beliebtesten Fotomotive der Insel dar. Die Kirche, deren Name soviel wie ›Allheilige Herrin‹ bedeutet, ist in mindestens drei Phasen im 13. und 14. Jh. erbaut und bemalt worden, also in den ersten Jahrhunderten der venezianischen Herrschaft auf Kreta. Den Innenraum schmücken drei Bildzyklen, die jeweils diesen drei Phasen entsprechen.

Das byzantische Bildprogramm

Jede byzantinische Kirche ist nach einem Bildprogramm ausgemalt, das dem Gläubigen immer wieder begegnete. Es tritt aber kaum jemals in reiner Form auf. Statt dessen ist es modifiziert durch verschiedene Maler und Stifter, durch orthodoxe oder fränkische Auftraggeber, durch ihre soziale Stellung bzw. Ausbildung und nicht zuletzt auch durch die architektonische Form des Innenraums.

1. Baustufe: das überkuppelte Mittelschiff aus dem 13. Jh.

Traditionelle, orthodoxe Malerei, lineare Zeichnung der Motive, hieratische Gestalten, wenig Bewegung, wenig Plastizität. Venezianischer Einfluss ist in der Auswahl der Heiligen spürbar: am nördlichen Mittelpfeiler ist z. B. der katholische **Franziskus von Assisi (1)** abgebildet (beschriftet in griechischen Buchstaben mit: ΓΡΑ ΖΕΩ ΚΟ)

Die Ausmalung einer byzantinischen Kirche lässt sich nach einer vertikalen und horizontalen Hierarchie aufschlüsseln. In der horizontalen Hierarchie beginnt die Abstufung mit der Apsis des Altarraums im Osten, wo die heiligen Kirchenväter dargestellt sind, und endet mit dem Ausgang im Westen – hier stehen links und rechts des

Portals Kaiser Konstantin und seine Mutter Helena.

In der vertikalen Hierarchie symbolisiert die Kuppel die himmlische Sphäre. Dort thront normalerweise Christus als Allesbeherrscher (›Pantokrator‹), dann folgen die obersten Engelhierarchien und im Tambour schließlich die Propheten des Alten Testamentes. In der Panagía i Kerá verhält es sich etwas anders. Hier ist der Pantokrator weggelassen. Stattdessen ist die Kuppel durch die Gewölberippen in vier Zonen aufgeteilt, in die der Auftraggeber (von dem wir nichts weiter wissen) vier Szenen aus einem Zyklus untergebracht hat, der die zwölf wichtigen christlichen Jahresfeste zeigt. Wir sehen reihum die **Auferweckung des Lazarus (2)**, die **Taufe Jesu (3)**, die **Darstellung im Tempel (4)** und die Palmenträger beim **Einzug in Jerusalem (5)**.

Bilder des Festezyklus gehören normalerweise in die mittlere Sphäre der Kirche, die den Übergang zum irdischen Bereich darstellt. Tatsächlich wird denn auch in Krítsa der Festezyklus im Tonnengewölbe nah am Ausgang fortgeführt. Wir erkennen **Geburt Jesu (6)**. Unten wird der junge Jesus im Badezuber als zweites Mal auf diesem Bild dargestellt. Daneben der trauernde Joseph, der an der Jungfräulichkeit seiner Gattin zweifelte und von Hirten getröstet wird.

Höllenfahrt (7): Im Ostkirchenbereich wird als Osterbildnis regelmäßig nicht die Auferstehung (wie in der westlichen Ikonographie), sondern die Höllenfahrt Jesu dargestellt. Christus zertritt die Höllentüren und befreit die Vorfahren des Alten Testaments, z. B. David und Salomon.

Abendmahl (8): Der hässlich gemalte Judas taucht seine Hand in die Schale. Zur Entstehungszeit kursierten regelrechte Malerhandbücher, in denen dieses Detail so als Muster vorgegeben war.

Nicht zum 12-Feste-Zyklus gehören:

Gastmahl bei Herodes (9): Unten rechts wird Johannes enthauptet, oben rechts sehen wir die tanzende Salome mit dem abgeschlagenen Kopf des Täufers.

Kindermord zu Bethlehem (10): Soldaten haben Kinderleiber aufgespießt. Unten rechts die trauernde Rahel mit den Köpfen ihrer drei ermordeten Kinder. Oben rechts verbirgt Elisabeth Johannes den Täufer in einer Felsenkluft.

Paradiesszene des Jüngsten Gerichts (11): Dargestellt sind die Erzväter Abraham, Isaak und Jakob mit den Seelen derjenigen im Schoß, die das Gericht glücklich absolviert haben. Neben ihnen Maria und der ›gute Schächer‹, der seine Sünden am Kreuz neben Jesus bereut hatte. Ein Cherub wacht vor der Paradiestür.

Ein Blick noch ins Gewölbe des Altarraums. Hier finden wir die noch zum Festzyklus gehörende **Himmelfahrt (12).** Jesus in einer Gloriole wird von Engeln emporgetragen, unten wohnen seine Anhänger dem Ereignis bei. Das Motiv stammt aus der heidnischen römischen Kunst. Genauso wird auf der Trajanssäule in Rom der Kaiser von Siegesgöttinnen (Viktorien) gen Himmel geführt. Der Stil der Himmelfahrt ist deutlich bewegter und eleganter als die anderen Malereien, hier hat also ein anderer Künstler gewirkt.

2. Baustufe: Südschiff der hl. Anna aus der ersten Hälfte des 14. Jh.

Dargestellt ist das Leben der Heiligen Anna, der Mutter von Maria. Die Figuren wirken plastischer, schwungvoller als im Mittelschiff, die einzelnen Szenen weisen größere Räumlichkeit auf.

Fresko der Wasserprobe im Südschiff der Panagía i Kerá

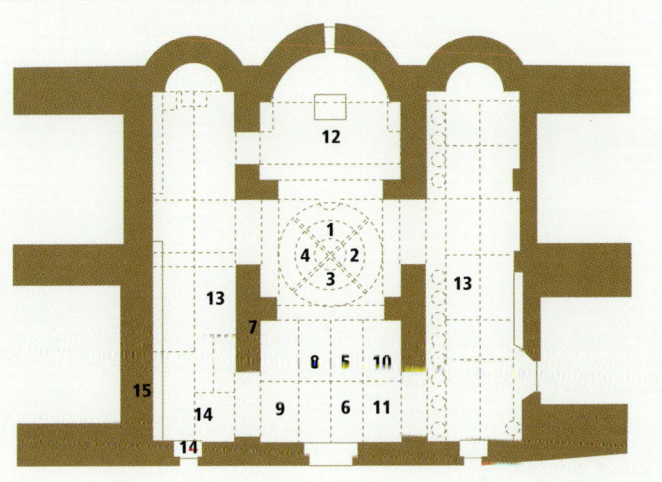

Greifen wir die **Wasserprobe (13)** heraus (s. Abb. links). Ein Hohepriester reicht einer sehr klein dargestellten Maria aus einem Krug Wasser. Man beachte das raumschaffende Element der Lehne seines Thrones, die in weitem Bogen nach hinten führt. Joseph, neben Maria stehend, sieht den Priester fragend an. Er zweifelt an der Jungfräulichkeit seiner Verlobten. Sie war ja bekanntlich plötzlich schwanger geworden, und Joseph war nicht der Vater ...

Das Motiv geht zurück auf eine Stelle im 4. Buch Mose (5, 14 ff.). Wenn ein Mann aus unbegründeter Eifersucht oder auch mit guten Gründen seine Frau verdächtigte, fremd gegangen zu sein, dies aber nicht beweisen konnte, konnte er eine priesterliche ›Wasserprobe‹ verlangen. Dazu heißt es dort: »Wenn sie das Wasser getrunken hat und unrein ist und sich an ihrem Mann versündigt hat, so wird das fluchbringende Wasser in sie gehen und ihr zum Verderben werden, dass

ihr der Bauch schwellen und die Hüfte schwinden wird« (5, 27).

3. Baustufe: Das Nordschiff, dem hl. Antonius geweiht, ebenfalls aus dem 14. Jh.

Die Malereien stehen stilistisch denen im Südschiff näher als denen im Mittelschiff. Breit ausgeführt wurde hier das **Jüngste Gericht und die Höllenqualen (14)** – dieses Motiv taucht also in diesem Schiff wiederholt und ein zweites Mal auf.

Das ›Jüngste Gericht‹ befindet sich in der Regel immer im Westen der Kirche, nahe dem Ausgang, quasi als letzte Mahnung an die Gläubigen, bevor sie wieder in den Alltag zurückkehren.

Im Nordschiff sind auch die **Kirchenstifter (15)** abgebildet: ein Mann, eine Frau und ein Kind vor hellem Hintergrund. Es handelt sich um kunsthistorisch einzigartige Porträts hochgestellter Persönlichkeiten des venezianischen Kreta im 14. Jh.

Am Golden Beach bei Ístro

Essen & Trinken

Gute Lasania – **Stavrakakis:** Dorftaverne im Nachbardorf Kroústas, die
beste Adresse für Lasania (Lasagne,
ein kulinarisches Überbleibsel der venezianischen Herrschaft). Aber auch
unbedingt die *mizithropittes* probieren, die Käsestückchen. Hauptgerichte
bis 10 €.

Infos

Bus: stündlich ab Busbahnhof Ágios Nikólaos nach Krítsa. Der Bus hält auch
an der Panagía i Kerá. Nach Lató fahren Taxis ab Krítsa.

Lató ▶ O 4

Di–So 8.30–15 Uhr
Wer auf Kreta die Topografie einer antiken Polis nachvollziehen will, darf
Lató, 3 km nördlich von Krítsa, nicht
versäumen (kein Bus, nur Taxi ab
Krítsa). Der archäologische Rang Latós
lässt sich schon daran ermessen, dass
der berühmte Entdecker von Troia,
Heinrich Schliemann, noch kurz vor seinem Tod 1890 die Ausgrabung von
Lató unternehmen wollte. Und auch
Arthur Evans (s. S. 107) erforschte um
1895/96 die Gegend.
    Schließlich waren es jedoch Franzo-
sen, die 1901 mit den Ausgrabungen
begannen. Ans Tageslicht kam eine

Gründung der Dorer aus dem 8. Jh. – die erhaltenen Bauten stammen allerdings alle aus Archaik und Klassik, aus dem 6.–4. Jh. v. Chr.

Stadtzentrum

Das Stadtzentrum von Lató liegt auf einem Sattel zwischen zwei Akropolen. Besonders gut ist die **Agora** erhalten, zu der man an Läden und Handwerksbetrieben und an einer schönen polygonalen Stützmauer aus dem 6. Jh. v. Chr. vorbei aufsteigt. In vielen der Kellerräume entdeckt man Zisternen; Mahlsteine lassen auf eine Bäckerei schließen, Steinbottiche auf eine Färberei. Blickfang auf der Agora sind eine Steintreppe – Sitzgelegenheit für Versammlungen der Bürgerschaft – und davor eine riesige Zisterne, zu der Stufen hinabführen. Der **Haupttempel** von Lató, von dem noch beachtliche Reste der Cella aufrecht stehen, befindet sich am Hang gegenüber der Freitreppe.

In den nachchristlichen Jahrhunderten wurde die Bergstadt verlassen. Im Schoß des frühbyzantinischen Reiches drohte offenbar keine Gefahr mehr von außen, die ein Bleiben hoch über den zu bestellenden Feldern erfordert hätte. So zogen die Bewohner hinunter nach Krítsa.

Gourniá ► O 5

Di. So. 8.30–15 Uhr

Die Ruinen der minoischen Stadt liegen unweit der Straße auf einem niedrigen Hügel und sind vom Parkplatz aus gut zu fotografieren.

Eine minoische ›Kleinstadt‹ gruppiert sich um ein ›Herrenhaus‹ mit weitem Hof. Die Grundmauern der Häuser sind bis zu 1 m Höhe gut erhalten, die Stadtstraßen bestehen aus original minoischem Pflaster. Nirgendwo sonst erhält man einen so guten Eindruck von

einer kompletten minoischen Stadtanlage. Die Bezeichnung Gourniá kommt vom griechischen Wort für ›Tränke‹: in manchen Häusern waren solche Tränken für Haustiere in den Boden eingelassen. Ein eigener minoischer Name ist wiederum nicht überliefert.

Ausgegraben wurde Gourniá zu Anfang des 20. Jh. unter der Leitung von Harriet Boyd-Hawes von der Pennsylvania-Universität/USA – eine kleine Sensation, denn die Archäologie war und ist eine überwiegend männliche Domäne.

Gourniá stammt aus der Jüngeren Palastzeit (17.–15. Jh. v. Chr.). Wie alle minoischen Städte wurde es um 1450 v. Chr. in Schutt und Asche gelegt (s. S. 50). Aus den folgenden Jahrhunderten finden sich nur noch wenige minoische und mykenische Spuren, bis Gourniá um 1200 wie viele Städte des östlichen Mittelmeerraums endgültig zerstört und verlassen wurde.

Anlage der Stadt

Das ›minoische Pompeji‹ war nach einem durchdachten Stadtplan angelegt worden. Einzelne Quartiere lassen sich nach Funden und Mauerstruktur deutlich abgrenzen: Wohnviertel, Handwerkerviertel, Magazinbereich, Palastbereich. Hohlräume und Einlassungen in den Wänden zeugen vom Fachwerkbau, der allein ausreichend resistent gegen Erschütterungen schien.

Außerdem können wir am Bild eines minoischen Stadtpanoramas, dem ›Stadtmosaik von Knossós‹ im AMI (s. S. 99), nachvollziehen, wie minoische Stadthäuser ausgesehen haben mögen: Kleine Sprossenfenster im Fachwerk gliederten die Fassade. Die Häuser waren zwei- bis dreigeschossig, manche verfügten sogar über einen kleinen Dachaufbau. Im Erdgeschoss lagen die Vorratsräume und die Ställe, darüber die Wohnräume.

Kavoúsi und Thólos

Hinter dem Abzweig nach Ierápetra wird die Landschaft nun schöner und schöner. Am östlichen Ortsrand von **Kavoúsi** (▶ P 5) ist eine Wanderkarte aufgestellt. Man kann zum Ausgang der außergewöhnlich engen Mesonás-Schlucht (auch Cha-Schlucht genannt) zu einem uralten Olivenbaum (Näheres s. S. 184) und einem minoischen Bauernhaus spazieren. Die Schlucht ist nicht durch Erosion, sondern durch einen tektonischen Bruch entstanden.

Richtung Meer geht es nach **Thólos,** einem noch wenig besuchten Sand-Kiesel-Strand. Hier darf aus Naturschutzgründen nicht gebaut werden.

Das Wasser schimmert türkis, es gibt eine Taverne, die nur im Sommer ge-

öffnet hat, Schatten spendende Tamarisken und sogar einige Duschen.

Hinter Kavoúsi steigt die Straße längs der Felswand des Ornó-Gebirges an. Auf dem ersten Pass lohnt ein Halt bei einem ›Mirador‹ namens **Plátanos.** An einer Quelle kann man seine Wasserflasche auffüllen, weit schweift der Blick über das dunkelblaue, in der Sonne flirrende Meer hinüber zu den weißen Häusern von Ágios Nikólaos in der Ferne und zur kleinen Insel Psíra in der Nähe. Psíra ist heute unbewohnt, die Minoer hatten dort eine Hafenstadt, von der Teile ausgegraben sind.

Móchlos ▶ P 4

Der abgelegene Badeort ist fast noch ein Geheimtipp. Nacheinander führen

Straße der Minoer in Gourniá

mehrere (ausgeschilderte) Fahrwege von der Küstenstraße zum Meer hinunter in den idyllischen Ferienort Móchlos (geschr. oft auch Móhlos). Das Dorf mit netten Tavernen und einigen Pensionen liegt an einem schmalen Sund mit felsigem Ufer, aber auch an einer winzigen Strandbucht. Móchlos ist ein guter Ort für stille Ferientage. Für größere Unternehmungen braucht man ein Mietfahrzeug.

Übernachten

Über die vielen Pensionen, Privatzimmer und Apartments informieren Internetauftritte wie www.mohlos.com und www.mochlos.net.
Am Hafen – **Sofia:** Tel. 28 43 09 45 54, DZ/F 30–45 €. Einfache Zimmer über einer Taverne am Hafen (nur wenige Schritte bis zum Sandstrand), die Besitzer vermieten auch Apartments.

Essen & Trinken

Kreative Küche **Bogari** *Am Hafen,* Tel. 28 43 09 42 00. Manolis Vassiliadis und seine Schweizer Frau bieten täglich wechselnde Tagesgerichte, oft auch mit Fisch aus dem Tagesfang, und zahlreiche kreativ verfeinerte griechische Gerichte. Einmal wöchentlich erklingt auf ihrer Terrasse direkt am Meer auch griechische Live-Musik. Hauptgerichte ab 6 €, auch frische Langusten, die ca. 80 € pro Kilo kosten.

Aktiv & Kreativ

Unweit gegenüber der Küste liegt das Inselchen **Ágios Nikólaos**, das wie das größere Psíra eine minoische Siedlung aufweist und zu dem man sich übersetzen <lassen kann (tgl. ab etwa 12 Uhr mit

Mein Tipp

Taverna Natural
An der ersten Abzweigung nach Móchlos, auf der Schnellstraße nach Sitía von Ágios Nikólaos kommend, liegt etwas unterhalb Straße, dicht neben der Kapelle des Hl. Panteleimon, die kleine Taverne Natural. Hühner und Truthähne laufen, Körner pickend, frei herum. Ein aus Albanien stammendes griechisches Ehepaar hat sich hier selbstständig gemacht. Der Mann ist Agronom, hat in Italien Gartenbau studiert, die Frau ist eine begnadete Köchin. Sie bieten in ihrer kleinen Taverne ausschließlich selbst produzierte, ökologische Lebensmittel an. Vergleichen Sie mal die Tomaten mit den sonst erhältlichen Gewächshaustomaten. Guter eigener Wein trägt zur Verzückung über das Essen bei. Tel. 28 43 09 46 50

Mochlos Boat Tourism, Mob. 697 402 39 03, 7 €/Person, ab 4 Personen nur 5 €/Person).

Chamézi

Kurz vor dem Dorf Chamézi (▶ Q 4) führt ein Fahrweg wenige hundert Meter zu einem frühminoischen Landsitz auf der Spitze eines niedrigen Hügels, der einen herrlichen Blick in die Landschaft um Sitía bietet (unbewacht, das Tor in der Umzäunung sollte offen sein). Ungewöhnlich ist der ovale Grundriss des Gebäudes. Im Ort Chamézi selbst kann man dann noch ein kleines Folklore-Museum besichtigen (Schlüssel im Kafenio unterhalb, geringes Eintrittsgeld).

Lieblingsort

Móchlos und die Insel Ágios Nikólaos ▶ P 4

Wenn ich mal genug habe von der berufsbedingten Rumfahrerei auf Kreta und ein paar Tage so richtig entspannen möchte, fällt mir kein besserer Ort ein als Móchlos. Hier verführt allenfalls das kleine Inselchen Ágios Nikólaos mit seiner minoischen Siedlung zu einem Ausflug. Man kann sich mit einem der kleinen, bunt bemalten, typisch griechischen Holzboote übersetzen lassen. Ansonsten steht Móchlos für trägen Faulenzer-Urlaub. Man badet von kleinen Klippen aus im glasklaren Wasser und genießt die lauen Sommerabende in einer der Terrassen-Tavernen am Meer.

Sitía und der Osten

Highlight!

Minoischer Palast von Káto Zákros:
Der viertgrößte der minoischen Paläste
ist – einzigartig bislang bei minoischen
Grabungsplätzen – von einer ausge-
dehnten Wohnstadt umgeben. Der Palast liegt dramatisch am Ausgang eines
Canyons, in dem die Minoer ihre Toten
bestattet haben. Beste Bademöglichkeiten in der Bucht, herrlicher Sandstrand. S. 192

Auf Entdeckungstour

Olivenöl – das ›kretische Gold‹: Verfolgen wir den Werdegang des Öls vom
Baum in die Flasche. Vom ältesten Olivenbaum Kretas bei Kavoúsi über die
Ölkooperative in Sitía zu den modernen ›Ölfeldern‹ in Zákros. S. 184

Kultur & Sehenswertes

Kloster Toploú: Festungsartiges, einsames Kloster in unwirtlicher Gegend. Ein bedeutendes Klostermuseum zeigt seine Schätze, Höhepunkt ist ein Gemälde der kretischen Schule von 1700, eine Ikone des Malers Ioannis Kornaros. S. 183

Aktiv & Kreativ

Wanderungen an der Ostküste: Die unbebauten Küsten Ostkretas stellen neben dem Díkti-Massiv das Hauptwandergebiet Ostkretas dar. Möglich sind lange Küstenwanderungen und Aufstiege zu minoischen Gipfelheiligtümern. S. 191

Freak Surf: Gute Surfschule am Koureménos-Strand bei Palékastro. Österreichische Leitung, auch Anfängerkurse. S. 192

Genießen & Atmosphäre

Traditionelle Süßigkeiten Sitías: Die Stadt ist bekannt für ihr Konditorhandwerk. Am besten ausprobieren bei **Sitiaka Glyka Aretousa**. S. 183

Dorftaverne Platanos: Schöner Ausblick und exzellente kretische Bauernkost im Bergdorf Roússa Ekklisía. S. 183

Abends & Nachts

In den kleinen Dörfern des äußersten Ostens beschränkt sich das Nachtleben auf den Tavernenbesuch am Abend und vielleicht noch auf den Besuch einer griechischen Bar. Ein nennenswertes Nachtleben hat allein Sitía. Die Clubs und Discos befinden sich am Nordende des Hafens.

Trockenes, sonniges Land

Ganz im Osten ist Kreta am trockensten, aber auch am sonnigsten. Die Badetemperaturen sind schon im April angenehm, die Strände in der Regel hervorragend. Die Landschaft erscheint zunächst als Mondlandschaft, erst beim zweiten Hinsehen entdeckt man grüne Olivenfelder und sogar Gemüseanbau in den Tälern.

Die beschauliche Kleinstadt am Meer oder das dörfliche Palékastro sind gute Standorte für die Erkundung Ostkretas. In bequemer Reichweite liegen bedeutende Sehenswürdigkeiten wie das wehrhafte Kloster Toploú, der Palmenstrand von Vái und der minoische Palast von Káto Zákros am Ausgang eines Canyons, der wegen seiner Gräber ›Tal der Toten‹ genannt wird.

Fährt man von Sitía weiter in den Osten Kretas, so erscheint die Gegend zunächst wie eine Mondlandschaft: ein ausgetrocknetes, leicht hügeliges Land mit ein paar vom Wind geduckten, buckligen und stachligen Büschen zwischen dem steinigen Einerlei. Wir befinden uns in einer der niederschlagsärmsten Gegenden Kretas. Erst auf den zweiten Blick entdeckt man allenthalben Plantagen des kleinwüchsigen Koroneiki-Olivenbaums und in den Tälern einzelne Gemüsebeete.

In den Dörfern, durch die heute Busse und Mietwagen auf dem Weg nach Vái und zum minoischen Palast von Káto Zákros rauschen, hat sich eine archaisch anmutende Landwirtschaft erhalten. Halb verfallene Häuser deuten auf Landflucht und Armut hin. Allein Palékastro und Zákros sind aufgrund ausreichender Wasservorkommen relativ belebte und reiche Dörfer geblieben.

Trotz der Trockenheit ist Ostkreta attraktiv. Mindestens ein Dutzend abwechslungreiche Tageswanderungen kann man an der Küste unternehmen (s. »Kreta aktiv – der Osten«, DuMont). Viele abgelegene Sandstrände warten auf ihre Entdeckung. Xerókambos im Südosten wurde erst 2007 durch eine asphaltierte Straße mit Zákros verbunden und damit erschlossen – fast noch ein Geheimtipp für Liebhaber abgelegener Strandorte mit viel Sonne.

Infobox

Information
www.sitia.gr/en: Seite der Kommune, mit Auflistung und Fotos auch weniger bekannter Sehenswürdigkeiten.
www.eastcrete-holidays.gr: Alle Unterkunftsmöglichkeiten in Ostkreta.

Ankommen und Weiterkommen
Busse zwischen Sitía und Ágios Nikólaos und Iráklio stündlich, nach Ierápetra ca. 5 x tgl., nach Palékastro und (im Sommer) zum Palmenstrand von Vái ca. 6 x tgl., nach Zákros (im Sommer auch nach Káto Zákros) frühmorgens und frühnachmittags.

Sitía ▶ Q 4

Die weißen Häuser von Sitía staffeln sich hübsch am Berghang unterhalb und neben der venezianischen Festung Kazarma. Das Zentrum der Stadt befindet sich am kleinen Hafen, in den nur selten Linienschiffe einlaufen; bunt bemalte, hölzerne Fischerboote dümpeln hier friedlich vor sich hin.

Die Geschichte Sitías ist die Geschichte seiner Festung. Sie wurde in

Die Meerpromende in Sitía

den letzten Jahren der byzantinischen Herrschaft vor der Übernahme Kretas durch die Kreuzfahrer 1204 erbaut und später von den Venezianern erweitert. Angesichts des drohenden türkischen Angriffs trugen die Venezianer dann selbst große Teile der Festung ab. Die mittelalterlichen Befestigungen waren der neuesten Artillerietechnik nicht mehr gewachsen, und bei Beschuss hätten sie die Verteidiger eher gefährdet als beschützt.

Damit sank Sitía zur Bedeutungslosigkeit hinab. Ähnlich wie Ágios Nikólaos wurde die Stadt erst im 19. Jh. durch Zuzug vom Lande wieder größer und hat heute knapp 10000 Einwohner. Urlauber sind in Sitía auch in der Saison deutlich in der Minderzahl gegenüber den Einheimischen.

Kornaros-Denkmal 1

An der **Platia Iroon Politechniou** am Hafen fällt auf der belebten Uferpromenade mit ihren Cafés, Bars und Restaurants ein modernes, recht abstraktes Denkmal auf. Es ist dem berühmtesten Sohn der Stadt gewidmet, Vitsentzos Kornaros, der zu Beginn des 17. Jh. bei Sitía geboren wurde und 1677 starb, also zur Zeit der ›kretischen Renaissance‹ lebte. Der Dichter des ›kretischen Nationalepos‹ Erotokritos stammte aus der venezianischen Aristokratenfamilie der Cornaro, die als Kolonialherren einen kretischen Familienzweig begründet hatten. Blickfang des Denkmals ist eine aufrecht stehende Lanze, Symbol für das Rittermilieu, in dem sein heroisch-erotischer Liebesroman mit 10010 fünfzehnsilbigen Versen spielt. Durch die Verwendung der Volkssprache Dimotiki war Kornaros ähnlich bedeutend für die griechische Kulturentwicklung wie Martin Luther mit seiner Bibelübersetzung für die deutsche.

Kazarma (Festung) 2

Vom Hafen ist man dann schnell über steile Treppenwege, die rechtwinklig mehrere parallele Querstraßen schneiden, zur Festung aufgestiegen. Dieses Grundmuster der Straßen Sitías geht

Sitía

Sehenswert

1 Kornaros-Denkmal
2 Kazarma (Festung)
3 Archäologisches Museum
4 Folklore-Museum

Übernachten

1 Itanos
2 El Greco
3 Archontiko

Essen & Trinken

1 To Balkoni
2 Ziafeti
3 Platanos (im Bergdorf Roússa Ekklisía)

Einkaufen

1 Sitiaka Glyka Aretousa

noch auf die venezianische Zeit zurück. Das Kazarma genannte Fort (von ital. *casa di arma*, ›Waffenhaus‹) ist nur noch in seinen unteren Teilen erhalten und überdies zum Teil rekonstruiert. Die Wände sind bereits von Schießscharten durchbrochen. Wie man an den Balkenlöchern längs der Wände und an den Steinbasen, die hölzerne Stützpfeiler getragen haben, erkennen kann, war ein zweites Stockwerk eingezogen.

Archäologisches Museum 3

Di–So 8.30–15 Uhr
Ins Archäologische Museum sollte schauen, wer plant, die archäologischen Stätten Ostkretas zu besuchen. Die Exponate aus ca. 80 Fundstätten im Osten der Insel sind ansprechend präsentiert, nur leider fehlt eine Zusammenhänge herstellende Beschriftung. Das hervorragendste Stück stammt aus einer Grabung von 1988 bei Palékas-

tro: eine Jünglingsstatuette des 15. Jh. aus Nilpferd-Elfenbein – ein Importstück? Oder kam nur das Material aus Ägypten? Sie trägt goldene Sandalen, auffallend ist auch die feine, naturalistische Ausarbeitung der Sehnen und Gelenke.

Folklore-Museum 4

Di–Sa 10–14.30 Uhr, im Winter mangels Nachfrage evtl. geschl.
Das Folklore-Museum zeigt die üblichen Werkzeuge aus Landwirtschaft und Handwerk, außerdem wertvolle Web- und Häkelarbeiten, Trachten, Möbel, Kirchengeräte, keramische Arbeiten und einige Ikonen.

Übernachten

Am Hafen – **Itanos** 1: Akti Karamanli, Tel. 28 43 02 29 00, Fax 28 43 02 29 15,

www.itanoshotel.com, DZ/F 50–70 €.
Modern gebautes Kastenhotel, zentral
gelegen, Zimmer 2009 komplett renoviert.

Sauber und gut – **El Greco 2**: Tel. 28 43
02 31 33, www.elgreco-sitia.gr, DZ
40–50 €, Frühstück 4 €/Pers. Das kleine,
sympathische Hotel liegt ruhig in der
Altstadt oberhalb des Hafens. 15 Zimmer.

Stadthaus von 1910 – **Archontiko 3**:
Kondilaki 16, Tel. 28 43 02 81 72, DZ/F
25–30 €. Einfache, saubere Zimmer mit
Sanitäranlagen auf der Etage.

Essen & Trinken

Die Restaurants in Sitía sind über-
durchschnittlich gut. Noch besser als
direkt am Hafen isst man in den Tavernen in der zweiten Häuserreihe.

Gourmet-Küche – **To Balkoni 1**: Ecke
Kazantzaki/Fountalidou, Tel. 28 43 02
50 84, www.balkony-restaurant.com,
20–30 €. Kreative kretische Küche in
ansprechendem Ambiente.

Einfaches Fstiatorio, prima Qualität –
Hafen 2: Fountalidou 22, Tel. 28 43
02 69 94, 7–13 €. Bei Einheimischen beliebtes Tagesrestaurant etwas abseits
der Hafenpromenade.

Außerhalb
Ländlich – **Platanos 3**: Im Bergdorf
Roússa Ekklisía (▶ R 4), 10 km südöstlich von Sitía, 10–15 €. Schönes Ziel eines Kurzausflugs. Gute kretische Küche mit Panoramablick.

Einkaufen

Süßwaren – Interessierte sollten das
auf ganz Kreta bekannte Gebäck von
Sitía probieren. Es ist verfeinert mit
Orangensaft, Weintrauben, Zimt und
Süßkäse. Diverse *zacharoplastia* (Kon-

ditoreien) in den Einkaufsstraßen am
Hafen. Exzellent auch **Sitiaka Glyka
Aretousa 1**, Ecke Venizelou/Daskalo-
gianni, Tel. 28 43 02 47 94, gleich gegenüber dem Busbahnhof.

Infos & Termine

Tourist Information
Infobüro am Hafen, Tel. 28 43 02 83 00.

Termine
Weinfest mit Musik, Tanz und ›Frei-
wein‹, Mitte August.

Verkehr
Parken: Parkplätze nahe der Bussta-
tion am östlichen Stadtrand.
Flüge: Kleine Propellermaschinen von
Olympic Air und Aegean Airlines ver-
kehren mehrmals wöchentlich zwi-
schen Athen und Sitía. Die kretische
Sky bedient andere Orte Griechen-
lands und fliegt für ca. 40 € sogar nach
Iráklio – eine Alternative zum Bus.
Schiff: Die LANE fährt mehrmals wö-
chentlich nach Kassos, Karpathos und
Rhodos sowie (in entgegengesetzter
Richtung) über Agios Nikolaos und Mi-
los nach Athen. Tipp: Hin nach Agios
Nikolaos mit dem Linienschiff, zurück
mit dem Bus.

Kloster Toploú ▶ R 4

Tgl. ca. 9–13 und 14–18 Uhr.
Erstes lohnendes Ziel ist Moni Toploú,
eines der meistbesuchten Klöster der
Insel. Es wurde in den letzten Jahren
umfassend renoviert und besitzt ein
kleines Café am Eingang.

Moní Toploú liegt wie eine trutzige
Festung mit hohen Mauern oberhalb
des Meeres. Ihm gehört so gut wie alles Land bis hinüber nach Vái und Ítanos. Dass die Gegend nicht ▷ S. 187

Auf Entdeckungstour

Olivenöl – das ›kretische Gold‹

Diese Tour rund um Sitía führt vom Altertum bis in die Gegenwart. Sie beginnt an einem uralten Ölbaum-Hain in Kavoúsi und endet in den jungen Ölbaumplantagen bei Zákros.

Reisekarte: ▶ P 4 bis R 5, ca. 85 km

Kooperative in Sitía: EAS Sitias, Tel. 28 43 02 93 50, www.sitiacoop.gr, April–Okt. 8–14.30 Uhr

Empfohlene Hotels für Teilnahme an der Ernte: Stella's Apartments in Káto Zákros (s. S. 195), Haus Margot in Palékastro (s. S. 191)

Kretas ältester Baum?

Die anerkannt ältesten Olivenbäume Kretas stehen bei Delianá, Áno Voúves und Episkopí in Westkreta sowie bei Kavoúsi in Ostkreta. Alle vier haben ein Alter von etwa 2000 Jahren – wer genau der älteste ist, weiß niemand zu sagen. Solche uralten Olivenbäume sind ja innen immer teilweise ausgehöhlt, so dass man keine Jahresringe zählen kann.

Um zum Baum-Methusalem von Kavoúsi zu gelangen, verlässt man die Hauptstraße Richtung Sitía am Ortsende und folgt dem Wegweiser rechts zum 2 km entfernt hoch oben am Berghang stehenden ›Ancient Olive Tree‹. Der anfangs zementierte Feldweg ist bis etwa 400 m vor dem Ziel auch für Pkw gut befahrbar. Der Umfang des immer noch grünenden und Früchte tragenden Baums beträgt am Boden 19,5 m. Bis vor einigen Jahren konnte man in den teilweise völlig ausgehöhlten Stamm eintreten, dann hat ihn der Besitzer durch Steine und Erde versiegelt. 2004 wurden aus diesem Baum in einer feierlich-theatralischen Zeremonie die Zweige für den Siegeskranz der Siegerin im olympischen Marathonlauf geschnitten (Fotos davon sind im Rathaus von Ierápetra an der Südküste zu sehen: Treppe rauf, dann rechts).

Normalerweise werden Olivenbäume jedoch ›nur‹ 600–700 Jahre alt. Die alten Bäume gehören fast alle zur Art der Tsounates-Oliven, deren auffallend bizarre Stämme unzählige Löcher und Verwindungen aufweisen. Manche dieser Bäume scheinen wie auf Stelzen zu gehen. Ein Pilz war hier am Werke, der die älteren Bäume befällt. Faulstellen werden mit der Axt ausgeschlagen, tiefe Wunden sind die Folge. Bedroht werden die Bäume außerdem von einer kleinen Fliege, dem Dakos. Das mückengroße Insekt legt seine Eier auf die noch unreifen Früchte. Die Maden dringen später in die Frucht ein und fressen sie von innen her auf. Als Abwehrmittel hängen oft seltsame Plastikflaschen in den Bäumen, die als Falle für den männlichen Dakos dienen. Im Innern lockt eine Ammoniaklösung, die dem Duft des weiblichen Dakos ähnelt.

Der Olivenbaum ist trotz dieser Bedrohungen die langlebigste Kulturpflanze Europas. Bäume überleben Waldbrände und Blitzeinschläge, vertragen fast alle Kürzungen und schlagen immer wieder neu aus

Ältere Arten wie die Tsounates brauchen mindestens 12–15 Jahre, bis sie richtig tragen. Einen Olivenbaum zu pflanzen galt deshalb als Investition für die Zukunft. In den Grundbüchern Kretas ist stets auch die Anzahl der Olivenbäume mit eingetragen.

Spitzenöle aus Sitía

Sobald man Sitía erreicht, stehen links an der Straße die großen Hallen der Union der Agrargenossenschaften im Bezirk von Sitía. Ihr gehören 43 Kooperativen mit insgesamt über 8700 Mitgliedern an. Hier kann man sich durch einen 20-minütigen Film über die Produkte der angeschlossenen Bauern informieren und dann vielleicht auch diese Waren einkaufen (beachten Sie jedoch eventuelle Einschränkungen beim Transport von Flüssigkeiten in Flugzeugen; im Gepäck darf Olivenöl als leicht brennbarer Stoff auf keinen Fall transportiert werden).

Aus der Gegend um Sitía stammt das vom International Olive Oil Council (IOOC) mehrfach preisgekrönte Öl ›Sitia 0.3‹, das einen extrem niedrigen Säureanteil von 0,3 % enthält. Das IOOC ist eine 1956 in Madrid gegründete Organisation von 23 Olivenöl pro-

duzierenden Staaten rund ums Mittelmeer und im nahen Osten. Sie vergibt die in der EU gültigen Güteklassen. Der Unterschied zwischen den Kategorien liegt vor allem im Säuregehalt:
Kategorie I: Natives Olivenöl extra, Säuregehalt > 0,8 %
Kategorie II: Natives Olivenöl, Säuregehalt > 2 %
Kategorie III: Gewöhnliches natives Olivenöl, Säuregehalt > 3,3 %.

Junge Bäume

Auf der Fahrt von Sitía über Palékastro nach Zákros fallen immer wieder die vielen neu angelegten Olivenhaine auf, deren Bäume in Reih und Glied stehen. Ihnen fehlt die charaktervolle Knorrigkeit ihrer alten Vorfahren, dafür sind sie dank ihrer geringen Höhe viel leichter zu pflegen und abzuernten. Von diesen kleinwüchsigen neuen Züchtungen ist die Koroneiki-Olive am meisten verbreitet. Ihre Bäume tragen schon nach etwa vier Jahren erstmals Früchte, sind also viel wirtschaftlicher als die alten Sorten.

Erntehilfe

Wenn die meisten Touristen wieder abgereist sind, beginnt für viele Kreter die Arbeit in den Olivenhainen, bei der sie eifrig von albanischen und osteuropäischen Tagelöhnern unterstützt werden.

Wer als Urlauber Lust hat, ein paar Stunden oder auch Tage – ohne Bezahlung natürlich – mitzuarbeiten und den ganzen Produktionsvorgang von der Ernte bis zur Pressung mitzuerleben, wendet sich am besten an einen der Vermieter in Palékastro oder Zákros, die ganzjährig Zimmer vermieten. Sie sind fast alle gern bereit, ihren Gästen entsprechende Erfahrungen zu ermöglichen. Einen schon von Deutschland aus vororganisierten ›Ernteurlaub‹ bietet darüber hinaus alljährlich die Thomas-Morus-Akademie an: Overather Str. 51-53, D-51429 Bergisch Gladbach, Tel. 02204 40 84 72, www.tma-bensberg.de.

Ernte und Pressung

Zur Erntezeit zwischen November und Januar legen die Kreter schwarze Plastiknetze unter ihre Bäume. Man wartet geduldig, bis die Olive von selbst fällt oder hilft mit Stöcken oder motorbetriebenen Abstreifstäben nach. Ein Baum erbringt durchschnittlich 3,5 l Öl. Ein Kreter verbraucht davon täglich ein mittelgroßes Wasserglas, pro Jahr noch zehn Liter mehr als der Durchschnittsgrieche. Die kretischen Kleinbauern bringen mit ihren Pickups die geernteten Oliven in Plastiksäcken zur Olivenölfabrik. Als Entgelt für die Pressung lassen sie in der Regel 10 % ihres Öls dort.

Der Geschmack des Öls ergibt sich aus dem Reifegrad der Olive und der Sorte sowie aus dem Säuregrad des fertigen Öls. Helles, gelbes Öl ist per se nicht schlechter als das grasgrüne unreiferer Oliven.

Olivenöl geht darüber hinaus in die griechische Margarine ein, dient zur Seifenherstellung und wird als Lampen- und Schmieröl verwendet. Aus dem harten Holz des Ölbaums stellt man schöne Drechsler- und Tischlerarbeiten her. Aus den nach der Ölpressung angefallenen Resten macht man Briketts für den Ofen.

Nicht zu vergessen, dass Olivenöl auch als Aphrodisiakum und als Mittel gegen Unfruchtbarkeit dienen können soll. Neuvermählte bekommen Brotringe, die mit Olivenöl beträufelt sind, mit in die Hochzeitsnacht. Ein altes Sprichwort bringt es auf den Punkt: »Iss Butter und schlaf wie ein Schafskopf, iss Öl und komm' am Abend!«

Wehrhaftes Kloster in der kargen Landschaft des Südostens: Moní Toploú

nur zu den regenärmsten, sondern auch zu den windigsten der Insel gehört, bezeugen in der Nähe die Rotoren des ersten Windparks auf Kreta.

Toploú leitet sich von türk. *top* (›Kanone‹) her, also ›Platz mit der Kanone‹. Das Kloster war zu Zeiten der Fremdherrschaften immer wieder in Widerstandskämpfe verwickelt. 1704 zerstörten es die Türken, und im Zweiten Weltkrieg wurde es von deutschen Besatzungstruppen, die auf der Suche nach Partisanen waren, ausgeraubt.

Vorbei an einer restaurierten Getreidemühle und an einer modernen Skulptur tritt man in die Klosterburg ein und erreicht, durch mehrere Pforten, die **Klosterkirche**, geweiht der Panagia Akroteriani (›die vom Kap‹). In die Außenwand der Kirche, links am Eingang, wurde als Spolie eine helle-

nistische Inschrift aus dem Jahre 70 v. Chr. verbaut, ein Schiedsspruch im Streit zwischen den Poleis Ítanos und Hierapytna (dem späteren Ierápetra) um das Heiligtum des diktäischen Zeus, das sich in Palékastro befand.

Ikonen und Wandmalereien

In der Kirche selbst sind einige Wandmalereien recht gut erhalten. Besonders sehenswert ist die Ikone des Johannes Kornaros von 1770, aus der Zeit der türkischen Herrschaft. Dieses schöne Beispiel byzantinischer Miniaturkunst heißt ›Allmächtig bist Du, Herr‹ (Megas ei kyrie) und zeigt auf vier Ebenen die Universalität der christlichen Welt samt Vorgeschichte aus dem Alten Testament. Diese Ebenen sind von oben nach unten: Trinität, Taufe, Maria mit Adam und Eva sowie als typisch orthodoxes Osterbildnis die Höllenfahrt Jesu, der die Pforten der Hölle zerbricht. Rundum ›garniert‹ sind diese Zentralthemen mit zahlreichen Miniaturdarstellungen aus dem Alten und Neuen Testament, die nach dem Prinzip der ›kontinuierenden Darstellung‹ – ein beliebtes Stilmittel byzantinischer Malerei – ineinander übergehen. Alle Bilder illustrieren die Strophen eines Hymnus und sind mit Buchstaben durchnummeriert. Bibelfeste Betrachter erkennen Jonas und den Walfisch, die Mosesgeschichte und zahlreiche Themen der Jesuspassion.

Die Kirche geht direkt in ein **Museum** über, das wertvolle Ikonen und Ausgaben griechischer, römischer und christlicher Klassiker zeigt. Beachtenswert ist eine Ikone der Panagia Akroteriani, die aus Mangel an Holz auf eine Steinplatte gemalt wurde.

Ein **zweites Museum** zeigt vor allem Kupferstiche und Lithographien, die in Wien, Moskau und auf dem Athos gefertigt wurden. Abgebildet sind berühmte Klöster, Städte und Stätten der orthodoxen Welt, zum Teil sogar in Farbe. In einem Nebenraum werden Waffen und anderes Kriegsgerät aufbewahrt, die an die Zeiten der Gegenwehr des Klosters gegen Osmanen und Besatzungsdeutsche erinnern sollen.

Der Palmenstrand von Vái, eine der großen Natursehenswürdigkeiten Kretas

Vái ▶ R 4

Die breite Asphaltstraße führt nun weiter direkt zum Palmenhain von **Vái**, der wie eine grüne Oase in der Wüste auftaucht – unbedingt sehenswert. Tausende von Palmen drängen sich in einem Tal, das sich zum Meer hin öffnet. Der Wald ist umzäunt, da er unter Naturschutz steht. Während der Saison ist der Sandstrand stark frequentiert und besitzt deshalb eine komplette Infrastruktur: gebührenpflichtiger Parkplatz, Restaurants, Verleih von Liegen, Sonnenschirmen und Wassersportgeräten, eine Tauchschule und ein Infobüro. Ein weniger besuchter Strand

schließt sich südlich an, er ist in 20 Min. auf einem markierten Pfad über eine Felsnase zu erreichen.

Natürlich gewachsene Dattelpalmenhaine gibt es auf Kreta auch noch am Strand von Préveli. Die Kreta-Palme kommt aber auch auf Rhodos und an der türkischen Riviera vor. Erst in den 1960ern ist sie als eigene Art erkannt worden. Es handelt sich – neben der westmediterranen Zwergpalme – um die zweite europäische Palmenart. Schon Theophrast (371–287 v. Chr.), der Hauptschüler des Aristoteles, hat sie beschrieben. In seinen botanischen Kompendien, der *historia plantarum* und den *causae plantarum*, ordnet er sie den Nutzpflanzen zu, zusammen mit Weinstock und Kernobst.

Die Kreta-Dattelpalme wächst im Unterschied zur Echten Dattelpalme niedrig und bildet häufig mehrere Stämme aus. So entsteht im Laufe der Zeit ein schwer durchdringliches Palmendickicht. Standort sind warme Südlagen in Strandnähe. Ihre Früchte sind nicht gerade schmackhaft, aber einigermaßen süß und durchaus essbar.

Ítanos ▶ R 4

Am Strand von **Ítanos,** der nächsten Bucht im Norden, findet man ebenfalls einen kleinen Palmenhain, dazu lohnt die kurze Besichtigung der antiken und frühchristlichen Ruinen dieser einst bedeutenden Stadt. Am meisten ins Auge fallen die Ruinen einer Basilika auf einem kleinen Hügel am Meer. Man sieht u. a. die Kathedra, den Sitz des Bischofs.

Palékastro ▶ R 4

Der kleine Ort Palékastro und das benachbarte Dorf Angathiá haben sich

Strandtaverne in Chioná

zu angenehmen Ferienorten im äußersten Osten Kretas entwickelt. Viele
Deutsche haben sich in diesem ge-
wachsenen Dorf mit Platia und Kirche
niedergelassen. In der Nähe der Platia
befindet sich ein kleines **Volkskundemuseum** in einem Natursteinhaus (im
Sommer tgl. ca. 10–13, 17–20.30 Uhr).
Es zeigt die Lebensweise der Bewohner
bis ca. 1960.

Strände

Zum Strand von Palékastro, **Chioná
Beach,** sind es ca. 2 km; er ist nicht so
überlaufen wie Vái, gehört aber ebenfalls zu den belebteren der Insel. Die
Tavernen am Chioná-Strand sind die
erste Adresse für Fisch. Ruhiger geht es
nördlich am **Koureménos Beach** zu.
Dorthin führt eine Stichstraße, die von
der Landstraße Vái – Palékastro ab-

zweigt. Hier kündigt sich die touristische Zukunft durch eine Apartmentanlage und einige Tavernen an.

Ausgrabung Roussolákos

Am Chioná Beach liegt, südlich der Strandtavernen, das Ausgrabungsgelände **Roussolákos**. Während Arthur Evans in Knossós grub, brachten seine britischen Archäologenkollegen hier von 1902 bis 1906 eine ganze minoische Wohnstadt ans Tageslicht. Die meisten Hausruinen sind heute allerdings wieder zugeschüttet oder zugewuchert, ein Schild mit Lageplan hilft bei der Orientierung.

Wanderungen

In dieser Region ist zudem die höchste Konzentration minoischer **Gipfelheiligtümer** zu finden. Davon ist zwar heute nicht mehr viel zu sehen, doch lohnt ein Aufstieg auf den Módi (539 m), den Petsófas (250 m) oder den charakteristischen Tafelberg Kástri (90 m) schon wegen der schönen Aussicht in das Umland. Auf dem Tafelberg **Kástri**, dem ›Wahrzeichen‹ der Region, errichteten die Venezianer ein Kastell, das heute völlig verfallen ist und das dem Ort seinen Namen gegeben hat: *palaio kastro* (›altes Kastell‹).

Übernachten

In Palékastro und im benachbarten Angathiás gibt es viele kleinere Pensionen mit vor allem deutschem Publikum.
Im Olivenhain – **Marina Village:** Richtung Chioná Beach, Tel. 28 43 06 12 84, Fax 28 43 06 12 85. www.palaikastro.com/marinavillage, DZ/F 62–68 €. Gut ausgestattete Zimmer in fünf einstöckigen Gebäuden um einen Pool.
Im Zentrum – **Hellas:** Tel. 28 43 06 12 40, Fax 28 43 06 13 40, www.palaikastro.com/hotelhellas, DZ 30–55 €, günsti-

gere Wochenpauschale im Internet. Modernes Stadthaus im Zentrum mit Taverne und Motorradvermietung.
Im kleinen Dorf – **Apartments Flamingo:** in Angathiás, Tel. 284 30 43 06 10 30, www.cretewindsurfing.com. Studios und FeWos 30–50 €, mit hilfsbereitem Wirt Kostas. Der ehemalige Kapitän vermittelt Interessierte auch für die Olivenernte. Ungelernte Erntehelfer verdienen ca. 35 € pro Tag.
Am Meer – **Glaros:** Kouremónos Beach, Tel. 28 43 06 12 82, DZ 35–50 €. Einfache, einsam gelegene Apartmentanlage in Weiß-Blau, ohne Pool, direkt am Strand.

Mein Tipp

Wanderung zum Skiniás und zum Karoúbes Beach ▶ S 4

Eine der vielen attraktiven Wanderungen an Kretas Ostküste beginnt in Angathiá und ist sehr leicht zu finden. Auf einem Feldweg, dann auf einem markierten und beschilderten Pfad lassen wir den Petsófas links liegen, gehen zur Kapelle des Agios Spiridonas, dann hinunter zum Skiniás Beach. Dann immer am Meer entlang bis zum Eingang der Chochlakiés-Schlucht, die in den Karoúbes-Strand mündet. Von hier aus können trittsichere Wanderer mit entsprechenden Schuhen auf einem Pfad die Schlucht hinaufsteigen, um im Dorf Chochlakiés den Bus anzuhalten, der von Zákros kommend nach Palékastro zurückfährt. Insgesamt 4,5 Std. Gehzeit. Der Bus fährt während der Saison Mo–Fr um 6, 11 und 14 Uhr ab Sitía nach Zákros und zurück. Am Wochenende nur um 11 Uhr. Auskunft Tel. 28 43 02 22 72.

Káto Zákros

Sehenswert

1 Werkstätten und Lagerräume

2 Zentralhof mit Altar

3 Schatzkammer mit Depots aus Terrakotta

4 Bad

5 Lichthof mit anschließenden Repräsentationsräumen

6 Magazine

7 Propylon, Zugang zu Magazin- und Wirtschaftsräumen

8 Pfeilerhalle (Küche?)

9 Korridor zum Zentralhof

10 Königliche Gemächer, unterteilt von einem Polythyron

11 Wasserbecken

12 Hof mit Rundbecken (Zisterne?)

13 Haupteingang in den Palast zum Osthof

14 Bronzeschmelzofen

15 Im Bereich der Wohnstadt ein größeres Gebäude mit Innenhof (Heiligtum?)

16 Bau aus mykenischer Zeit

Schöner Blick – **Haus Margot:** Tel. 28 43 06 12 77, www.crete-vacation.com, DZ/F 26–30 €. Traditionsreiche, aber modernisierte Pension auf einem Hügel am Ortseingang aus Richtung Sitía. Orthopädische Matratzen in allen 14 Zimmern, Internet-Zugang. Manos und Katerina sprechen gut Deutsch und verkaufen eigenes Olivenöl.

Aktiv & Kreativ

Surfen – **Freak Windsurfstation:** Am Koureménos Beach, Mob. 697 925 38 61, www.freak-surf.com, Mitte Mai bis Mitte Okt. Der Koureménos-Strand ist eine Top-Adresse für Windsurfer: viel Wind und nach Lee gut abgeschlossen. Hier betreiben zwei Business-Aussteiger eine Surfschule, die Material verleiht und Surfwochen anbietet. Auf der Website kann man Unterkünfte buchen und sich umfassend über Palékastro informieren.

Infos

Information: www.palaikastro.com. Gut gepflegte, englischsprachige Seite eines griechischen Paares aus Sitía. Informationen zu Hotels, Aktivitäten und mehr.

Verkehr: Die Busse von Sitía nach Zákros halten in Palékastro.

Zákros ► R 5

Zákros ist ein wohlhabendes Dorf, das aufgrund einer ganzjährig überreich sprudelnden Quelle sogar eine Limonaden- und Mineralwasserfabrik besitzt, deren Produkte man in ganz Kreta erhält.

Attraktiver ist **Káto Zákros** (das ›untere Zákros‹), da hier neben dem minoischen Palast auch der herrliche Strand einen Höhepunkt darstellt. Die Gegend steht unter Denkmalschutz, größere Hotels dürfen nicht gebaut werden. So finden sich in Káto Zákros nur einige Tavernen, die Zimmer oder Studios vermieten. Tagsüber beleben für ein paar Stunden die Passagiere der Ausflugsbusse den Ort, ansonsten ist hier nicht viel los.

Am Fluss, der aus dem ›Tal der Toten‹ strömt, werden Bananen angebaut, ein willkommenes Grün in einer ansonsten völlig kahlen Landschaft, in der sich nur einige weiße Stifterkapellen aus der Steinwüste abheben. Neben dem Strand von Káto Zákros gibt es nördlich und südlich weitere einsamere Badebuchten, zu denen man wandern muss.

Häuser der Älteren Palastzeit
(ca. 2100 - 1700 v. Chr.)

Palast (ca. 1700 - 1400 v. Chr.)

Häuser der Jüngeren Palastzeit
(ca. 1700 - 1450 v. Chr.)

Haus aus mykenischer Zeit
(ca. 1400 - 1000 v. Chr.)

Straßen und Plätze

0   10   20 m

Eingang

Der minoische Palast von Káto Zákros ❗ ► R 5

Di–So 8.30–15 Uhr
In verschiedener Hinsicht unterscheidet sich der Palast von Káto Zákros von den ähnlich bedeutenden in Knossós, Festós (Phaistos) und Mália. Die Ausgrabungen liegen hier nicht in englischer, italienischer oder französischer Hand, sondern in griechischer. Der Palast wurde auch nie geplündert und in nachminoischen Zeiten nie überbaut.

Zudem ist eine Wohnstadt in den Grundmauern erhalten, die ohne deutliche Zäsur bis an die Palastmauern heranreicht. Die bedeutendsten Funde aus Zákros sind das Bergkristallrhyton, das Stierkopfrhyton sowie das Rhyton mit dem Gipfelheiligtum und den Wildziegen. Sie alle sind in Saal VIII des AMI zu sehen (s. S. 99).

Der Palast von Zákros wurde erst in der Zweiten Palastzeit um 1600 errichtet. Siedlungsspuren konnten jedoch schon für frühere Zeiten nachgewiesen werden: Im ›Tal der Toten‹ hatten die

Minoer schon im 3. Jt. v. Chr. ihre Toten in Höhlen bestattet. Wie die anderen Paläste wurde auch Zákros um 1450 v. Chr. zerstört (s. S. 50).

Die Lage des Palastes am Ostende Kretas lässt vermuten, dass von hier aus die Handelsschiffe der Minoer nach Zypern und Ägypten aufbrachen. Es waren wohl küstennah fahrende Segelboote mit Rudern, wie man sie auf Siegeln abgebildet findet.

Auf diesen Handelsreisen wurden bronzene Fertigwaren Kretas gegen Rohstoffe getauscht. Die Bestandteile von Bronze sind Kupfer und Zinn. Zinn kam vor allem aus Kleinasien (vermutlich ist Troia im 2. Jt. durch den Zinnhandel reich und mächtig geworden), Kupfer aus Zypern. Eine wichtige Importware, Rohstoff für die Elfenbeinschnitzerei, waren wohl auch die riesigen Elefantenzähne aus Nubien, die im Zákros-Saal des Archäologischen Museums in Iráklio ausgestellt sind.

Eine Kuriosität von Káto Zákros ist der Fund von über 3000 Jahre alten Oliven; ›eingelegt‹ in einem Wasserbecken des Palastes haben sie sich hervorragend erhalten. Kreta verdankte seine wirtschaftliche Vormachtstellung nicht nur seinen Bronze- und Keramikexporten, sondern auch dem Olivenanbau. Der Ölbaum stammte aus dem syrischen Raum; die Minoer haben ihn eingeführt und veredelt. Olivenöl war nicht nur Nahrungsmittel, sondern diente auch zur Reinigung und zur Pflege der Haut, als Brennstoff für Lampen, für kultische Salbungen, als Opferflüssigkeit sowie als Arznei.

Eine weitere archäologische Rarität ist der Bronzeschmelzofen am Ostrand des Palastareals. In der Nähe befanden sich Werkstätten und Läden. Die zum Ofen reichenden Kanäle konnten abgedeckt werden, sie dienten der Steuerung der Luftzufuhr. Auf der gegenüberliegenden Seite ist noch das Ausgussloch für das geschmolzene Erz zu sehen.

Wanderung durch das Tal der Toten ▸ R 5

Das Tal der Toten (gr. Farángi Nekrón) ist eine steilwandige Schlucht, die im oberen Zákros offen beginnt, sich dann immer mehr verengt und vertieft und sich schließlich bei Káto Zákros öffnet. In zahlreichen Höhlen der steilen Seitenwände bestatteten die Minoer ihre Toten. Über dem Tal kreisen Greifvögel und Raben.

Der Grund der Schlucht ist mit Oleanderbüschen bewachsen, am ihrem Ende findet man einen Keuschbaum-Wald *(Vitex agnus castus)*. Die kleine scharf schmeckende Steinfrucht kann als Pfefferersatz Verwendung finden, ist aber vor allem als ›Mönchspfeffer‹ bekannt, weil der Genuss der Früchte den Geschlechtstrieb abdämpfen soll. Ein Vitexzweig galt schon in der Antike als Symbol der Keuschheit, z. B. soll Hera als Beschützerin der Ehe unter einem solchen Zweig geboren sein.

Wanderung durch die Schlucht

Die Schlucht von Zákros ist das Endstück des Europäischen Wanderweges E4, der an der serbisch-makedonischen Grenze beginnt und einmal längs durch Griechenland führt. Man kann sich zwei unterschiedlich lange Strecken aussuchen. Die längere Tour beginnt am Hauptplatz von Zákros, die kürzere an einem Parkplatz über der Schlucht, ca. 2 km hinter Zákros an der Straße nach Káto Zákros.

Beide Wege sind gut ausgeschildert, unten in der Schlucht kann man sich nicht verirren. Im Winter und Frühjahr muss man mit nassen Füßen rechnen, da der Bach hin und wieder überquert werden muss. Dauer: 2,5 Std. (längere

Tour) bzw. 1,5 Std. (Kurzstrecke). Zurück kann man den alten Fahrweg nehmen, der hoch über der Schlucht verläuft und auf den Parkplatz trifft. Ansonsten in Zákros ein Taxi bestellen oder mit dem Bus zurückfahren.

Übernachten

Traumhaft wohnen – **Stella Apartments:** Káto Zákros, Tel./Fax 28 43 02 37 39, www.stelapts.com, DZ 40–80 €, im Winter und bei längerem Aufenthalt preiswerter. Hängematten zwischen schattigen Bäumen, Open-air-Küche für Gäste, blühende Bougainvilleen über Gartenliegen und hölzernen Sitzgruppen, ein Blick über die Küstenebene aufs 500 m entfernte Meer – Stellas geschmackvoll eingerichtete Studios und Apartments sind ein Traum für alle, die Entspannung suchen. Die sehr gastfreundlichen Inhaber Stella und Elías sind leidenschaftliche Bergsteiger. Elias geht gern mit Gästen zum Wandern oder zum Klettern in die Berge. Stella ist Sportlehrerin und erteilt Unterricht in griechischen Tänzen. Die Anlage ist ganzjährig geöffnet – ideal fürs Überwintern in absoluter Einsamkeit.
Einfach und preiswert – **Poseidon:** in Káto Zákros, Tel. 28 43 02 68 93, Fax 28 43 02 68 94, DZ 25–35 €. Saubere, etwas ältere Privatzimmer, nah am Meer auf einer 8 m hohen Klippe. Sie gehören zur Taverna Akrogiali in der Nähe.

Abends & Nachts

Café und Club – **Castle Kohi:** 350 m abseits der Straße von Zákros nach Káto Zákros, tgl. ab 10 Uhr (im Winter nur Fr–So), Mob. 693 249 12 60, Latte macchiato 2,50 €. Tagsüber gut gestyltes Café, abends der Sommer-Club der

Region. Terrasse mit Pool, prächtiger Blick auf den Palast und den Strand von Káto Zákros.

Infos

Bus: Von April–Okt. fahren die Linienbusse hinab zum Strand von Káto Zákros, sonst nur ins Dorf Zákros, 2 x tgl. Von hier dann mit dem Dorftaxi oder zu Fuß weiter.

Xerókambos ▸ R 5

Von Zákros aus führt eine erst 2008 fertiggestellte Teerstraße durch eine einsame, kahle Landschaft, der einige Olivenbaumpflanzungen etwas Grün geben, nach Xerókambos. Die Privathäuser, Pensionen und Ferienwohnungen dieses abgelegenen Dorfes liegen verstreut in der Küstenebene zwischen Olivenfeldern und einigen Gewächshäusern. Unmittelbar am Meer stehen bisher noch wenige Häuser.

›Trockenes Feld‹ heißt der Ort auf Deutsch, und so ist die Gegend auch sehr treffend bezeichnet. Entlang der Küste reiht sich ein herrlicher Sandstrand an den anderen; auch im Hochsommer ist wenig Badebetrieb. Am südlichen Ortsrand kann man auf eine tafelbergförmige Anhöhe hinauffahren oder -wandern, auf der man Spuren einer hellenistischen Stadt entdeckt hat. Heute steht dort ein kleines Kloster.

Übernachten

Am Strand – **Fytrolaki:** Tel. 28 43 02 67 05, Fax 28 43 02 67 26, 30–50 €. Einige Apartments der üblichen Art.
An der Landstraße – **Faros:** Tel. 28 43 02 30 01, 30–50 €. Sechs neue Apartments in der Einsamkeit.

Lieblingsort

Xerókambos ▶ R 4

Wenige Touristen verirren sich bisher in den einsamen und oft win-
digen und heißen Südosten Kretas.
Xerokambos, das ›trockene Feld‹,
ist eine weite Küstenebene, in der
verstreut zwischen Olivenhainen
einige Häuser stehen, darunter
auch Tavernen und kleine Pensionen und Ferienwohnungen. Erst
2008 wurde die Straße von Zákros
her durchgehend asphaltiert. Von
Ierápetra her konnte man Xerókambos schon einige Jahre früher
auf Asphalt ansteuern. Entlang der
Küste reihen sich herrliche Strände,
an denen selbst in der Hauptsaison
kaum jemand badet. Dabei herrschen dort im Frühjahr weit ange-
nehmere Badetemperaturen als an
der noch kalten Nordküste. Nördlich von Xerokambos endet die
Lamnoni-Schlucht, die man bis zum
gleichnamigen Dorf in der Nähe
des Schluchteingangs durchwandern kann (eine Strecke ca. 5 Std.).

Ierápetra und die Küste im Südosten

Auf Entdeckungstour

Das Bergdorf Péfki und die Tropfstein-höhle Vríko: Eine Wanderung oder Fahrt hinauf ins schön gelegene und ursprünglich gebliebene Hangdorf Péfki kann man mit dem Besuch einer Tropfsteinhöhle verbinden. S. 204

Kultur & Sehenswertes

In dieser Inselecke gibt es keine wirklichen Sehenswürdigkeiten von Rang. Archäologisch Interessierte sollten allerdings die minoischen Siedlungen **Pírgos** und **Foúrnou Korifí** bei Mírtos besuchen. S. 207

Aktiv & Kreativ

Wanderung in die Dasakí-Schlucht: Eine überraschend grüne, wunderschöne Schlucht, die sich im Bogen um einen Berg zieht. S. 206

Bootsausflug zur Insel Koufonísi: Überraschend auf dieser abgelegenen kleinen Insel ist ein antikes Theater mit 1000 Plätzen. S. 207

Genießen & Atmosphäre

Bootsausflug zur Insel der Verliebten: Chrisí, die ›goldene Insel‹, steht mit ihren herrlichen Stränden unter Naturschutz. Heiratswillige besuchen das Eiland, weil es heißt, dass dann die Ehe ein Leben lang hält. S. 207

Abends & Nachts

Ähnlich wie in Sitia finden Nachtschwärmer auch in Ierápetra gute Möglichkeiten, ›unter Griechen‹ den Abend zu verbringen. S. 203

Ein Hauch von Afrika

Wir befinden uns im heißesten Teil Kretas. Gnadenlos flimmert im Sommer die Sonne. Vorteil: das Wasser ist hier zeitiger als an der Nordküste badewarm. Optisch dominierend sind in den Küstenebenen allenthalben Gewächshäuser aus Plastik. Ierápetra (oder Jerapetra) ist die einzige Stadt an der Südküste. Sie liegt flach dahingestreut in einer Ebene, die man von Norden schnell erreicht. Nur 15 km misst Kreta hier an seiner Wespentaille.

Die Stadt liegt unter dem 35. Breitengrad und damit südlicher als Tunis und Tanger. Auch im Winter sinkt die Temperatur selten unter 10 Grad. Dies und ausreichend Wasser aus den Bergen im Hinterland sind beste Voraussetzungen für den Anbau von Bananen und Gemüse in Gewächshäusern, die in dieser Gegend allenthalben das Landschaftsbild bestimmen.

Die Strandorte östlich von Ierápetra bis Makrígialos gehören zu den größeren Tourismusarealen Kretas und sind im Hinblick auf Landschaftszerstörung in etwa so weit entwickelt wie die Gegend um Chersónisos und Mália vor 30 Jahren. Links und rechts der Straße stehen unsystematisch Hotels, Fewos, Bars, Shops und Restaurants. Viele Engländer und auch Deutsche haben sich wegen der klimatischen Vorzüge in dieser Gegend niedergelassen.

Das Hinterland, weniger die Küste, ist durchaus attraktiv. Ausflüge auf die Chandrás-Hochebene mit ihren verschlafenen Dörfern, die vom Weinanbau leben, lohnen unbedingt. Für Wanderer ist das Thriptí-Gebirge ein Muss. Drei Schluchten, die nah der Küstenstraße in die Berge aufsteigen, kann man in ein bis zwei Stunden auf Pfaden durchwandern. Alle bieten viel kristallklares Gebirgswasser und entsprechend viel Grün: die Dasakí-Schlucht bei Koutsounári (Butterfly Gorge), die Péfki-Schlucht bei Analipsí/Makrígialos (s. S. 204) und die Kápsa-Schlucht beim gleichnamigen Kloster. Abwechslung bieten auch Tagesausflüge mit dem Boot zum Baden in wunderbar klarem Wasser auf die nur im Sommer mäßig oder gar nicht bewohnten vorgelagerten Inseln Koufonísi und Chrisí.

Bis Mírtos erscheinen die Straßendörfer an der Küstenstraße nach Westen noch als Vororte von Ierápetra. Weiter westlich wird es ruhiger und schöner. Kleine Dörfer in grüner Landschaft liegen in den Tälern der Ausläufer des Díkti-Gebirges. Schmale Straßen schlängeln sich in vielen Kehren von der Hauptstraße zu ihnen hinunter. Aber auch die Küstenstraße ist mittlerweile fast durchgehend asphaltiert. In den Strandorten Tértsa, Arví, Keratókambos/Kastrí kann man inmitten von Olivenbäumen, Bananenplantagen und Gewächshäusern schöne Ferientage verbringen.

Infobox

Internet
www.ierapetra.gr. Informative Internetseite der Stadt Ierápetra zur Stadt und zu sehenswerten Dörfern der Umgebung.

Ankommen und Weiterkommen
Busse nach Ágios Nikólaos und Iráklio ca. 8 x tgl., nach Mírtos und Sitía 6 x tgl., nach Makrígialos 7 x tgl. Auf der Südroute nach Iráklio über Vianos 2 x tgl.

Die ehemalige Moschee in Ierápetra

Das Hinterland bilden die Hänge des Díkti-Gebirges mit einigen schönen Dörfern. Auch hier sind interessante Schluchtwanderungen möglich, z. B. in die Sarakínas-Schlucht beim Dorf Míthi oberhalb von Mírtos.

Ierápetra ▶ O 6

In der Antike war Ierápetra, damals Hierapytna, zusammen mit Ítanos die mächtigste Stadt Ostkretas. Sie besaß einen Hafen, von dem aus Schiffe nach Ägypten und in die Kyrenaika ausliefen. Zur Zeit der Venezianer und der Türken war Ierápetra vor allem eine Garnisonsstadt. Die einstigen osmanischen Befestigungen wurden nach der Befreiung 1898 niedergerissen.

Ein kleines, ehemals türkisches Altstadtviertel mit Bausubstanz überwiegend aus dem 19. und 20. Jh. ist umgeben von einem breiten Gürtel gesichtsloser Neubauten. An Sehenswürdigkeiten hat Ierápetra nichts wirklich Bedeutendes zu bieten. Sein Reiz liegt gerade darin, dass wir es hier mit einer ganz normalen kretischen Stadt zu tun haben, deren Wirtschaft nicht auf dem Tourismus, sondern auf der Landwirtschaft rundherum beruht.

Ierápetra

Sehenswert

1 Archäologisches Museum
2 Venezianisches Kastell
3 Kirche Afendis Christos
4 Moschee Tzami
5 Napoleon-Haus

Übernachten

1 Astron
2 Cretan Villa
3 Zafiri
4 Popy
5 Nikolas

Essen & Trinken

1 Napoleon
2 Kallitechnes

Abends & Nachts

1 Clubs in der Odos Kirva

Chrisi 1 Std. ↓

0   100   200 m

Archäologisches Museum 1

Wichtigste Sehenswürdigkeit ist das Archäologische Museum, das man in einer ehemaligen Medrese, einer geistlichen türkischen Schule, untergebracht hat. Besondere Beachtung verdient im mittleren Raum ein spätminoischer Tonsarkophag aus der Nekropole von Episkopí. Szenen aus dem Alltag der Aristokratie sind darauf trefflich abgebildet: Hunde reißen Wildziegen bei einer Jagd, die Ausfahrt eines Pferdegespanns, säugende Kühe. Blickfang im hinteren Saal ist eine sehr gut erhaltene römische Statue mit auffallend glatt polierter Haut: eine Demeter oder Persephone aus dem 2. Jh. unserer Zeit, die ein Ährenbündel in der linken Hand und einen von Schlangen flankierten Altar als Kopfschmuck trägt.

Venezianisches Kastell 2

Entlang der Uferpromenade, an die bei Südwind die Brecher donnern, geht man dann entlang der Cafés und Tavernen zum Kastro, einem venezianischen Kastell am Hafen.

Der wuchtige Bau mit seinen vier Eckbastionen weist große Ähnlichkeit mit Frangokástello im Westen auf. Beide Festungen sind zu Beginn des 13. Jh. erbaut worden, um die venezianische Herrschaft in Südkreta zu sichern.

Altstadt

Das Altstadtviertel, gleich neben dem Hafen, verführt zum ziellosen Bummeln in engen verwinkelten Gassen. Am freistehenden Campanile der christlichen **Kirche Afendis Christos** 3 vorbei erreicht man schnell die gut erhaltene **türkische Moschee Tzami** 4 mit ihrem gedrungenen Minarett und dem zierlichen Reinigungsbrunnen. Sie wird als Musiksaal genutzt.

Napoleon-Haus 5

Stolz ist man in Ierápetra darauf, dass Napoleon Bonaparte die Stadt mit einem Besuch beehrt haben soll. Am 26. Juni 1798 sei er während seines Ägyptenfeldzugs an Land gegangen, um Wasser für die Schiffe zu bunkern. Das Napoleon-Haus, ein unscheinbares Natursteinhaus, in dem der Korse auf Einladung eines kretischen Notars für eine Nacht zu Gast gewesen sein soll, sieht man in einer schmalen Seitengasse der Platia Machaira (Wegweiser an der Uferstraße).

Übernachten

Direkt am Meer – **Astron** 1: M. Kothri 56, Tel. 28 42 02 51 14, www.hotel astron.com, DZ/F 60–75 €. Modernes, 2010 komplett renoviertes 4-Sterne-Hotel am Meer. Sehr gutes kretisches Frühstück, für Komfortbewusste die erste Wahl am Ort.
Romantischer Traveller-Treff – **Cretan Villa** 2: Lakerda 16, Tel./Fax 28 42 02 85 22, www.cretan-villa.com, DZ 38–52 €. Zimmer (mit AC) in einem über 100 Jahre alten Bruchsteinhaus mit idyllischem Innenhof.

In der Altstadt – **Zafiri** 3: Triandaphyllou 1, Tel. 28 42 02 44 22, Fax 28 42 02 33 39, 25–35 €. Ruhig gelegener Neubau.
Preiswert und gut – **Popy** 4: Kazantzaki 25, Tel. 28 42 02 42 89, Fax 28 42 02 77 72, 25–35 €. Unterkunft in einem Neubau nahe Busbahnhof, aber dennoch ruhig.

Außerhalb

2 km östlich der Stadt – **Nikolas** 5: Tel. 28 42 02 55 13, www.nikolas-apartments-crete.gr, 40–75 €. Zwölf Apartments und Studios auf einem Hügel über dem Meer, mit Pool und guter Küche.

Essen & Trinken

Traditionslokal – **Napoleon** 1: Strategou Samouil 12, Tel. 28 42 02 24 10, Hauptgerichte ab 6 €. Beste Adresse an der Uferpromenade, Mezedes und Fischgerichte.
Arabisch-kretische Küche – **Kallitechnos** 2: Ecke Kiprou/Koustoula, www.theartists.gr, Hauptgerichte ab 5 €. Klassische Taverne, etwas abseits, daher untouristisch und authentisch.

Abends & Nachts

Das Nachtleben ist im ganzen bescheiden, aber man findet gute Möglichkeiten, mit Kretern in Clubs und Bars in Kontakt zu kommen, z. B. in und in der Nähe der **Kirva-Straße** 1 südlich der Platia Kothri im Zentrum.

Infos

Parken: Parkplatz am Hafen, ansonsten am besten in den Straßen der Neustadt.

Auf Entdeckungstour

Das Bergdorf Péfki und die Tropfsteinhöhle Vríko

Oberhalb von Análipsi liegt auf 350 m Höhe das hübsche Bergdorf Péfki. Eine Wanderung (hin und zurück 3,5 Std., ausgeschildert und markiert) führt von Análipsi durch eine Schlucht hinauf ins Dorf.

Reisekarte: ▶ Q 5

Ausrüstung: Wanderschuhe, Wasserflasche. Zwei kleine Leitern und einige Felsbrocken sind auch mit wenig Übung leicht zu erklimmen.

Das Bergdorf Péfki ▶ Q 5

Péfki bezaubert mit engen, verwinkelten Gassen, mit einem alten Brunnen- und Waschhaus unterhalb der Durchgangsstraße und einem kleinen Volkskundemuseum in der heute verlassenen Volksschule (tgl. ca. 8.30–14 Uhr). Welch ein Gegensatz zur zersiedelten Küste! Péfki heißt ›Kiefern‹, und die findet man hier in der Umgebung in lichten Hainen.

Auf einer Klippe über dem Dorf thront auf 600 m Höhe die Kapelle des Afendis Stavromenos. Nach der Wanderung kann man sich in den Tavernen ›Klimataria‹ oder ›Piperia‹ erholen. Die Wirtsleute des erstgenannten Restaurants sind ehemalige Gastarbeiter und sprechen Deutsch. Sie bieten hausgemachte kretische Küche und verkaufen ihre eigenen Produkte (Wein, Raki, Olivenöl) auch zum Mitnehmen.

Wanderung nach Péfki

Die Wanderung beginnt im westlichen Teil von Analipsí (▶ Q 5), bei den Apartments Villea Village. Wir folgen landeinwärts einem Schild, das zu den White Cottages weist. Der breite, anfangs betonierte Weg führt nach 45 Min. zur Abzweigung eines Pfades unter einer Hochspannungsleitung nach links. Auf diesem Pfad werden wir später zurückkommen.

Jetzt gehen wir weiter auf unserem breiten Weg geradeaus, durchqueren das Bachbett und treffen 200 m weiter auf eine Infotafel. Hier beginnt ein Fußpfad, der uns durch die Schlucht hinauf nach Péfki führt.

Am oberen Schluchtrand erreichen wir eine weitere Infotafel bei einem Brunnen und einer Sitzbank. Wenn wir zurückkommen, müssen wir hier abbiegen, um auf der westlichen Talseite zurückzukehren. Wir folgen dem Pfad weiter Richtung Péfki bis zu einer verfallenen Wassermühle. Hier gabelt sich der Weg. Wir folgen dem markiertem Pfad nach links und gelangen so direkt ins Dorf.

Zurück gehen wir denselben Weg bis zu der erwähnten Infotafel. Wir folgen dem Schild ›Pisokamino‹ und wandern am rechten Schluchtrand entlang weiter. Der breite Maultierpfad wird von einem Geländer gesichert. 100 m stürzt hier der Fels senkrecht in die Tiefe. Bald darauf treffen wir wieder auf den Schotterweg, den wir zu Beginn der Wanderung genommen hatten.

Für Autofahrer: Weiter zur Tropfsteinhöhle Vríko

Zwei Asphaltstraßen führen von der Küste her ins Dorf hinauf. Die östliche Zufahrt ist besser ausgebaut, die westliche über den Weiler Ágios Stéfanos (▶ Q 5) ist landschaftlich schöner.

Nordöstlich von Péfki liegt eine interessante Tropfsteinhöhle, für deren Besuch man eine Taschenlampe benötigt. Man nehme die östliche Zufahrt nach Péfki, die in Analipsí von der Küstenstraße abzweigt. Nach 6 km hält man sich an der Abzweigung nach Péfki rechts und folgt den Schildern zur Tropfsteinhöhle Vriko bis zum Wendeplatz bergauf. Dann muss man noch ca. 10 Min. auf einem steinigen Pfad zu Fuß gehen. Ein umzäuntes Loch bei einem Feigenbaum bildet den Eingang zur Höhle. Eine stabile und bequeme Leiter führt hinab. Unten verzweigt sich die Höhle und erstreckt sich 50–80 m in den Kalkberg.

Für Wanderer: Der Aufstieg zur Kapelle Afendis Stavromenos beginnt beim Volkskundemuseum am oberen Dorfrand. Ein Pfad führt in einer knappen Stunde hinauf. Oben angelangt, wird man durch ein selten schönes Panorama belohnt. Man muss den selben Pfad wieder zurückgehen.

Koutsounári ▶P 6

Das Dorf liegt etwa 2 km landeinwärts am Hang oberhalb des Strandes Ágii Saránda und ist umgeben von verstreut liegenden Apartments, Pensionen und Tavernen. Auch entlang der Küstenstraße reihen sich solche Bauten. An einer unbebauten Klippe unterhalb vom Hotel Kakkos Beach kann man **römische Fischbecken** sehen.

Übernachten

Die Pauschalhotels von Koutsounári bucht man am besten über Reiseveranstalter.
Taverne mit Einfachzimmern – **Asteria:** Tel. 28 42 06 12 40, www.asteria.de.be,

Mein Tipp

Auf einem Trampelpfad in die Dasakí-Schlucht ▶P 5
Auch im Sommer zeigt sich die Tiefe dieses Canyons beim Küstenort Koutsourás in einem üppigen Grün, ein hübscher Gegensatz zu den kahlen Bergen darüber. Im Bett der Dasakí-Schlucht wachsen Oleander, wilde Feigenbäume und vieles mehr, im Sommer kann man rote Schmetterlinge sehen, die der Schlucht den Namen Butterfly Valley eingetragen haben. Der Bach führt nur in der Regenzeit Wasser, das sich in kleinen Tümpeln staut. Der Weg, der eine gute Stunde dauert, zieht sich im Bogen um den Berg Plakoúres hinauf zur Kapelle Ágios Dimítrios. An einer steilen Stelle ist ein Seil als Aufstiegshilfe angebracht.

ab 20 €. Ruhig, oberhalb der Hauptstraße am Hang. Gutes Essen ab 10 €.
Ferienwohnungen – **Taverne Syrtaki,** www.ierápetra-kreta.de, vermittelt preiswerte Ferienwohnungen direkt in Koutsounári, 20–30 €.

Infos

Bus: Man erreicht Koutsounári mit den Bussen, die von Ierápetra ca. 7 x tgl. nach Makrígialos fahren.

Makrígialos ▶Q 5

Die Straßendörfer Makrígialos (Makríyalos) und Análipsi, gut 20 km östlich von Ierápetra, sind inzwischen zusammengewachsen, und auch hier reiht sich wie in Koutsounári ein Ferienbau an den anderen. Alles in allem auf den ersten Blick für Individualisten eher abschreckend. Am Hafen sitzt man jedoch, besonders in der Nebensaison, recht schön. Interessant für alle, die nicht nur Sonne und Strand genießen wollen, ist das Hinterland. Hier gibt es allerdings keine großen Sehenswürdigkeiten, aber dafür urige Dörfer und wenig besuchte Landschaften.

Kloster Kápsa ▶Q 5
Das festungsartige Moní Kápsa (6.30–12.30, 15.30–19 Uhr) klebt etwas oberhalb der Straße am Felsen, aus dem eine Quelle sprudelt. Es stammt aus dem 17. Jh., ist aber nach einer Zerstörung durch die Türken im 19. Jh. wieder aufgebaut worden. Die Initiative dazu gab ein Wunderheiler namens Gerontogiannis, dessen viel verehrtes Grab sich in der Kirche befindet. 500 m westlich des Klosters beginnt ein Wanderweg (Infotafel an der Straße) in eine grüne Schlucht, der man bis Pervolákia folgen kann (ca. 2 Std.).

Goúdouras ▶ Q 6

Ganz im Osten, zwischen dem Kloster Kápsa und dem Strand Xerókambos (s. S. 195), herrscht trockene, steinige Wildnis. Kaum touristisch entwickelt ist der Strandort Goúdouras. Zwischen Gewächshäusern und Feldern findet man einige Tavernen und Unterkünfte. Danach kilometerweit wenig Spuren der Zivilisation.

Übernachten

Natursteinhäuser – **White River Cottages:** Makrígialos, Tel./Fax 28 43 05 11 20, wriver@otenet.gr, April–Okt., 70–110 €. Landhäuser aus Naturstein, ruhig im Grünen, am Ausgang der Péfki-Schlucht. 15 Min. Fußweg zum Meer.

Infos

Busse nach Makrígialos verkehren ab Ierápetra 7 x tgl.

Die Inseln Chrisí und Koufonísi

Die Insel **Chrisí**, die ›Goldene‹, ca. 15 km südlich von Ierápetra, ist nur im Sommer bewohnt (▶ O 7). Ein Wacholderwald, herrliche Dünenfelder, der immer wieder durch Dickicht kristallklares Wasser und einige Tavernen locken Tagesausflügler, die mit Ausflugsbooten von Ierápetra herüberkommen. Die höchste Erhebung im Osten der Insel kommt nur auf 27 m.

Die ebenso einsame, unbewohnte und fast baumlose Insel **Koufonísi** (auch Koufoníssi) liegt ca. 10 km südöstlich von Makrígialos (▶ R 6). In der Antike befand sich auf Koufonísi eine Stadt, die von der lukrativen Purpur-

herstellung aus Meeresschnecken lebte. Gehäuse der Purpur-Schnecken liegen überall auf der Insel verstreut. Ausgrabungen haben ein Theater mit ca. 1000 Plätzen ans Licht gebracht.

Aktiv & Kreativ

Ausflugsboote nach Chrisí im Sommer tgl. ab Ierápetra, **nach Koufonísi** tgl. ab Makrígialos.

Mírtos und die Küste im Westen

▶ N 6

Mírtos, ca. 20 km westlich von Ierápetra, ist ein besserer Standort als die Hotelorte östlich von Ierápetra. Das freundliche Dorf liegt am Ausgang eines Tals an einem langen, schattenlosen Kieselstrand. Im Hinterland locken grüne Schluchten und hübsche Dörfer. Die Gässchen von Mírtos sind begrünt, fast jedes Haus vermietet Zimmer.

Minoische Ruinen

Etwas außerhalb, an der Straße nach Ierápetra, liegen zwei ausgeschilderte Grabungen. Die eindrucksvollere ist **Pirgos** (Pyrgos). An der Brücke über den Fluss beginnt der 10-minütige Aufstieg. Zu sehen sind Grundmauern eines palastartigen Gebäudes.

Die frühminoische Siedlung **Foúrnou Korifí**, etwa 2 km östlich, ist für Laien recht unübersichtlich. Entdeckt wurden über 90 durch Gänge verbundene Räume. Der ganze Komplex war ummauert. Einzelhäuser oder ein Palast wurden nicht entdeckt. Deshalb vermutet man, dass hier ein Sippenverband der Vorpalastzeit, vielleicht 150 bis 200 Leute, gelebt hat.

Am Strand der Insel Chrisí (Chrissi)

Übernachten

In der Ortsmitte – **Myrtos:** Tel. 28 42 05 12 27, Fax 28 42 05 12 15, www.myr toshotel.com, DZ/F 40–50 €. Kleines, ordentliches Hotel mit schlichten Zimmern und guter Taverne.

Schöne Aussicht – **Apartments Susanna's:** Tel. 28 42 05 15 15, 30–40 €. Am Ortsrand auf niedriger Erhebung, deutsche Eigentümerin.

Tértsa und Sidonía ► N 6

Beide Orte können noch als Geheimtipps für Leute gelten, die zu ihrem Ferienglück nur ein paar Tavernen, einige Lädchen sowie einen schmalen, mit Tamarisken gesäumten Strand brauchen. Tértsa und Sidonía (landwärts heißt der Ort Psarí Foráda) liegen jeweils am Ausgang eines Tals, in dem Bananen, Gurken und Tomaten angebaut werden. Sidonía ist größer als Tértsa und fast ein kleiner Marktflecken.

Übernachten

Moderne Apartments – **Lambros:** Tértsa, Mob. 693 264 56 03, 30–50 €. Modern, ruhig im hinteren Dorfteil.

Am Strand – **Villa Irida:** Sidonía, Tel. 28 95 06 14 11, www.villairida.gr, 30–50 €. Moderne Zimmer mit Balkon, über dem Kafenio, dort auch gute Küche.

Arví ► M 6

Arví ist größer als Tértsa und Sidonía zusammen. Entlang der Strandstraße erstreckt sich ein neuer, mit EU-Mitteln gebauter Fischerhafen. Damit und der ›Gewächshausindustrie‹ in der Umgebung besitzt Arví den untouristischen Charme eines Fischerortes mit reduziertem Unterkunftsangebot.

Übernachten

Am Hafen – **Ariadni:** An der Hafenstraße am westlichen Ortsrand, Tel. 28

95 07 13 00, DZ 30–50 €. Modernes, ordentliches Hotel. Zimmer mit Meer- oder Bergblick stehen zur Wahl.

Keratókambos und Kastrí ► M 6

13 km weiter westlich liegen diese beiden Straßendörfer eng beieinander. Vor Kastrí wurde wie in Arví mit EU-Mitteln und viel Beton ein Fischerhafen gebaut. Dennoch findet man genügend Strand vor, der hier allerdings aus großen Kieseln besteht. Davor spenden Tamarisken Schatten. Hinter dem östlichen Ortsrand findet man einsame, dünenartige Sandhänge.

Übernachten

Meerblick – **Philoxenia Apartments:** Kastrí, an der Strandpromenade, Tel. 28 95 05 13 71, 30–50 €. Blumen im Vorgarten.

Tsoútsouros ► M 6

Nach weiteren 12 km Küstenstraße, entlang an Gewächshäusern und einsamen Stränden, erreicht man Tsoútsouros. Der ehemals kleine Fischerort hat sich in den letzten Jahren zu einem kleinen Ferienort gemausert, der vor allem Griechen anzieht. Und immer noch wird weitergebaut.

Auch hier gibt es einen neuen Hafen, an dem man jedoch ruhiger sitzt und wohnt als an der belebten Strandpromenade. Dort gibt es bereits etliche Bars und Clubs. Der Strand ist schmal und besteht bis auf die Steine der Brandungszone aus Sand. Östlich und westlich des Ortes befinden sich weitere Strände.

Übernachten

Ruhig, modern – **Kainourgiakis:** an schönem Strand hinter dem Hafen, Tel. 28 91 09 24 51, DZ 25–40 €. Sehr saubere Zimmer, im Erdgeschoss ein Café.

Réthimno und Umgebung

Highlights!

Altstadt von Réthimno: Schmale Gassen mit Shops und Werkstätten, türkischen und venezianischen Stadthäusern mit schönen Fassaden, türkischen Minaretten, venezianischen Festungsbauten. Réthimno wetteifert mit Chaniá um den Ruf, schönste Stadt Kretas zu sein. S. 216

Palmenstrand von Préveli: Nur zu Fuß zu erreichen. Ein Schluchtbach staut sich vor dem Sandstrand und bildet eine Lagune mit türkisfarbenem Süßwasser, ideal zum Baden. Links und rechts des Baches bilden kretische Dattelpalmen einen schattenspendenden Hain. S. 231

Auf Entdeckungstour

Ein Abend auf der Agreco-Farm: Auf einem Anwesen kann man die umweltfreundlichen Produktionsmethoden einer Bio-Farm kennenlernen. Der Rundgang mündet in die Terrasse der Farm, auf der bei Sonnenuntergang ein unvergessliches kretisches Essen serviert wird. S. 224

Die Tragödie von Kloster Arkádi: Für Kreter das wichtigste Monument ihrer Insel. Hier starben 1866 Hunderte von Männern, Frauen und Kindern, als der Abt angesichts einer türkischen Übermacht das Pulverlager sprengen ließ. Das Kloster besitzt eine bedeutende Renaissance-Fassade. S. 228

Kultur & Sehenswertes

Venezianische Zitadelle in Réthimno: Eine gewaltige ›Festung in der Festung‹, am Ende des 16. Jh. gegen die Osmanen errichtet. In einem Außenfort dieser Burg befindet sich das **Archäologische Museum.** S. 213; 216

Aktiv & Kreativ

Wanderung ins Tal der Mühlen: Mehrere Stiege und Feldwege führen in ein grünes, malerisches Tal, in dem der türkische Teil der kretischen Bevölkerung früher Getreidemühlen betrieb. Im verlassenen Talort Káto Míli gibt es eine laurchige Taverne. S. 219

The Happy Walker: Ein niederländisches Unternehmen veranstaltet Wandertouren in Gebieten um Réthimno, die noch nirgendwo veröffentlicht wurden. S. 220

Genießen & Atmosphäre

Essen am venezianischen Hafen: Ein romantisches Essen bei Kerzenlicht kann im alten Hafen bezaubern. Das Restaurant **Knossós** überzeugt hier seit Jahrzehnten mit Qualität. S. 219

Süßwassersee Kournás: In den Tavernen am Seeufer kann man wunderbar entspannen. Der Kournás-See ist der einzige größere See Kretas. Er steht unter Naturschutz. S. 223

Abends & Nachts

Kretische und griechische Musik: In der Altstadt von Réthimno liegen zwei Lokale nah beieinander, die ab ca. 15 Uhr Live-Musik bieten. Im **Astro** gibt es verschiedene Musikrichtungen Griechenlands, im **Gounas** ausschließlich Lyramusik. S. 220, 221

Reiches Erbe der Geschichte

Die Bezirke Réthimno und Chaniá bilden den westlichen Teil der Insel. Minoische Stätten gibt es hier nur wenige – alle vier großen minoischen Paläste liegen in Ostkreta. Der Westen der Insel überzeugt dagegen mit einem reichen byzantinischen, türkischen und venezianischen Erbe sowie mit gewaltigen Bergen, stillen Dörfern und einem wenig besuchten Hinterland. Er ist insgesamt grüner und wilder als der Osten Kretas.

Das historische Zentrum von Réthimno beeindruckt mit schmalen, verwinkelten Gassen, islamischen Minaretten und den Fassaden venezianischer Palazzi. Östlich und westlich der Stadt dehnen sich weite Sandstrände. Das Hinterland zwischen den Weißen Bergen und dem Ida-Massiv ist reizvoll und relativ wenig besucht.

Ein Standort in der Gegend von Réthimno ist ideal für Urlauber, die die großen Sehenswürdigkeiten Kretas besuchen wollen. An der Nordküste

östlich von Réthimno erstrecken sich ausgedehnte Hotelareale entlang den weiten, langen Stränden. Wenn man nicht nur abgeschlossene Club-Anlagen sucht, sind vor allem zwei Orte für einen Badeurlaub empfehlenswert: Pánormo und Balí (gr. Mpali geschrieben). Beides sind Fischerdörfer, die sich dem Tourismus geöffnet haben, beide schmiegen sich an felsige Buchten unterhalb der New Road und haben somit gute Verbindungen in die Städte Réthimno, Chaniá und Iráklio. Auch Georgioúpoli westlich der Stadt ist ein perfekter Urlaubsort und im Übrigen sind es bis zur Südküste von Réthimno aus nur rund 45 km.

Réthimno ▸F 3

Mit ca. 25 000 Einwohnern ist Réthimno (oft auch Réthymnon) die drittgrößte Stadt Kretas. Hauptattraktion ist neben der Altstadt mit ihrer Festung und dem Wechselspiel venezianischer und türkischer Bauten der lange Sandstrand, der direkt in der Stadtmitte beginnt und sich weit nach Osten erstreckt. Für Reisende, die eine urbane Umgebung bevorzugen, ist Réthimno eine ideale Stadt. Es bestehen gute Busverbindungen Richtung Iráklio und Chaniá sowie zu den Orten des Hinterlandes, und am Abend gibt es ein abwechslungsreiches Ausgeh- und Unterhaltungsangebot.

Kretas geistiges Zentrum

In Kreta gilt Iráklio als wirtschaftliches, Chaniá als politisches, Réthimno aber als geistiges Zentrum der Insel. Letzteres nicht nur, weil hier die Geisteswis-

Souvenirlädchen in einer Altstadtgasse von Réthimno

senschaftliche Fakultät der Universität von Kreta untergebracht ist, sondern auch, weil hier schon zu Zeiten der ›kretischen Renaissance‹ humanistische Gelehrte und Künstler wirkten. Manche von ihnen wanderten nach Italien aus, wo sie für die Verbreitung griechischer Kultur Entscheidendes leisteten. Der Rethimniote Markos Moussouros (italienisiert: Marco Musuro, 1470–1517) lehrte an den Universitäten von Rom, Padua und Venedig, und er war persönlicher Freund von Papst Leo I., einem Förderer der Künste aus dem Hause Medici, sowie enger Mitarbeiter des Humanisten Erasmus von Rotterdam. Eine weitere Berühmtheit aus Réthimno ist Zacharias Kallergis. Er gründete 1493 die erste griechische Druckerei in Venedig, die ganz Europa mit Texten der klassischen Griechen versorgte.

Im Jahre 1646 wurde die Stadt von den Türen erobert und blieb bis 1879 unter deren Verwaltung. In den letzten beiden Jahrzehnten bis zur kretischen Autonomie im Jahre 1898 hielt Russland Réthimno als ›Schutzmacht‹ besetzt. 1834 lebten hier nach Auskunft des englischen Reisenden Pashley 3000 Einwohner, wobei jedoch nur 80 Familien griechisch, die anderen dagegen türkisch waren.

Die Zitadelle

Di–So 8–19/20 Uhr, im Winter evtl. nur bis 15 Uhr

Die venezianischen Befestigungsanlagen von Réthimno **1** unterscheiden sich insofern von denen in Chaniá und Iráklio, als Réthimno zusätzlich über eine Zitadelle, die **Fortezza** (gr. For-

Réthimno

Sehenswert
1 Fortezza (Zitadelle)
2 Sultan Ibrahim Tzami
3 Archäologisches Museum
4 Venezianischer Hafen
5 Loggia
6 Rimondi-Brunnen
7 Odeion (Nerantses Tzami)
8 Folklore-Museum
9 Megali Porta, Minarett der Valides Tzami
10 Kirche Tesseron Martiron
11 Kara Mousa Tzami

Übernachten
1 Palazzo Rimondi
2 Avli Lounge Apartments
3 Fortezza
4 Ideon
5 Castello

Essen & Trinken
1 Knossos
2 Samaria
3 Kapilio
4 Mesostrati
5 Platia

Einkaufen
1 Lederläden in der Arkadiou
2 Olivenholzschnitzerei
3 Lyrageschäft En chordais
4 Museumsshop in der venezianischen Loggia

Aktiv & Kreativ
1 The Happy Walker
2 Surfboard-Verleih
3 Olympic Bike

Abends & Nachts
1 Taverna Gounas
2 Astro

Kretisches Meer

Periferiaki Leoforos

Makedonlas

Chimaras

Kanakakis Art Gallery

Xanthoudid

Salaminas

Minoos

Radamanthios

Arabatzoglou

Paleologou

Vernardou

Tsouderon

Ethnikis Antistasis

Agia Varvara

Tsagri

Ag. Varvaras

Bouniali

Tobazi

Moschee Valides

TAXI

Platia 4 Martiron

Stadtpark

Dimitrakaki

Daskalaki

Chatzidaki

Paren

Prevelaki

Zambeliou

Spili, Agia Galini

EVLIGIAS

Moatsou

Moschee Veli Pascha

Zymvrakaki

Dimokratias

Kazantzaki

Pavlou Koundourioti

Rathaus

Gerakari

Telefonamt (OTE)

Gerakari

Chatz

Kasti

Varda

Vivilaki

Agios Antonios

Isodia tis Theotoku

Diakou

Souliou

Arkadiou

Eleftheriou Venizelou

Nearchou

Petichaki

Hafenamt

Platia N. Plastira

Zollamt

Hafen

Venezianischer Leuchtturm

Municipal Beach

EOT-Strandpavillon

Arkadiou

Pl. Iroon

TAXI

Iraklio

tetsa) verfügt. Bei Gefahr konnten sich Venezianer sowie die griechische Bevölkerung in diese Festung zum Schutz zurückziehen. Ihr Bau wurde 1573, zwei Jahre nach dem Fall von Zypern und nach dem im selben Jahr errungenen Sieg der Heiligen Liga (Venedig, Papst, Spanien) bei Lepanto 1571, in Angriff genommen und 1587 vollendet.

Sultan Ibrahim Tzami 2

Aber auch in nachvenezianischen Zeiten war die Festung von strategischer Bedeutung. Die Türken benutzten sie weiter, an der Stelle der venezianischen Kathedrale errichteten sie 1646 die Moschee **Sultan Ibrahim Tzami,** einen noch heute eindrucksvollen Kuppelbau. An seiner Westseite ist nur der Minarettstumpf erhalten – nach der Befreiung von den Türken kappte man das Minarett. Schließlich nutzten im Zweiten Weltkrieg die deutschen Besatzer die Festung als Artilleriestützpunkt und Internierungslager.

Archäologisches Museum 3

Di–So 8.30–15 Uhr

Das Archäologische Museum ist in einem ehemaligen venezianischen Gefängnis direkt vor dem Eingang in die Festung untergebracht. Ein Besuch lohnt schon wegen des angenehmen Ambientes. Bei gedämpftem Licht wandelt man auf Teppichboden von einer Leuchtvitrine mit interessanten Funden aus der Region zur anderen. Höhepunkt der Sammlung sind die spätminoischen Sarkophage der Nekropole von Arméni. Ihre Bemalungen stellen vorwiegend Szenen der Jagd dar, der Lieblingsbeschäftigung der Aristokratie.

Auf dem Rückweg passiert man die städtische **Kanakakis Art Gallery,** die Ausstellungen moderner griechischer und internationaler Kunst zeigt.

Die Altstadt !

Das touristische Zentrum der Stadt ist der kleine **venezianische Hafen** 4 mit seinem alten Leuchtturm. Am Kai, zwischen pastellfarbigen Hausfassaden und bunt bemalten Fischerbooten, kann man besonders stimmungsvoll sitzen und speisen.

Hinter dem Hafen liegt der Kern der Altstadt, in der das Erbe Venedigs bis heute präsent ist: Besonders im Carree zwischen den Straßen Salaminas, Xanthoudidou, Paleologou und Arkadiou sind zahlreiche venezianische Renaissancefassaden erhalten geblieben. Et-

Lauschige Altstadt-Restaurants in der Nähe des venezianischen Hafens

lichen dieser Gebäude wurden später türkische Holzerker vorgesetzt. Leider mussten aber auch viele der alten Häuser mit eindrucksvollen Fassaden modernen Neubauten weichen.

Loggia

Die an oberitalienische Vorbilder erinnernde Loggia war einst geselliger Treffpunkt der venezianischen Oberschicht. Heute renoviert und durch Glasfronten geschlossen, dient die Loggia als Ausstellungs- und Verkaufsraum des Kulturministeriums für originalgetreue Abgüsse und Nachbildungen antiker Skulpturen und anderer Kunstwerke.

Rimondi-Brunnen 6

Auch der 1629 erbaute Rimondi-Brunnen, benannt nach dem venezianischen Statthalter Alvise Rimondi, erinnert an diese Epoche: Vier schlanke Säulen mit korinthischen Kapitellen und Löwenköpfe mit Wasserspielen in den Jochfeldern zieren ihn. Drumherum findet man viele Cafés, in denen man genüsslich das Straßenleben beobachten kann.

Odeion/Nerantzes Tzami 7

Wie viele Kirchen funktionierten die türkischen Herren auch die venezianische Klosterkirche Santa Maria aus dem 16. Jh. zu einer Moschee um (Nerantzes Tzami). Heute wird das Bauwerk als Konzertsaal genutzt und daher Odeion genannt.

Folklore-Museum **8**
Mo–Sa 9–13, 18–20 Uhr,
im Winter eventuell geschl.
Etwas weiter in der Straße Vernadou zeigt ein ethnografisches Museum in einem restaurierten venezianischen Palast des 17. Jh. Exponate der guten alten Zeit: landwirtschaftliches Gerät, Trachten und altes Kunsthandwerk.

Megali Porta **9**
Am Südrand der Altstadt erinnert die Megali Porta als einziger Überrest an die Stadtmauer aus dem 16. Jh., die einst ganz Réthimno umgab. Sie verlief entlang der Straßen Gerakari und Dimakopoulou. Das durch Pilaster gegliederte Stadttor ist noch heute Zugang zur Hauptstraße der Altstadt, der Odos Ethnikis Antistaseos (›Straße des Volkswiderstands‹). Neben dem Tor erhebt sich das Minarett der ehemaligen **Valides Tzami.**

In der Neustadt

Vor dem Tor blickt Konstantin Giamboudakis (Yiamboudakis) bzw. seine Denkmal-Replik heldenhaft Richtung Osten zum Kloster Arkádi. Er war es, der dort 1866 in die Pulverfässer geschossen hatte (s. S. 228).

Tesseron Martiron **10**
Auch die klassizistische Kirche Tesseron Martiron (›Vier Märtyrer‹) stellt ein Symbol des Widerstands gegen die Türkenherrschaft dar. Der moderne Kirchenbau birgt die sterblichen Überreste dreier von vier Märtyrern, die zwar während der Türkenherrschaft offiziell zum Islam übergetreten waren, doch heimlich ihrem christlichen

Glauben treu blieben. Als die türkische Obrigkeit von dieser ›doppelten Religionspraxis‹ erfuhr, bekannten sich die vier offen zum Christentum und wurden dafür gehenkt. Die Reliquie des vierten befindet sich heute in St. Petersburg. Die Kirche ist vollständig mit farbenprächtigen Heiligenbildern ausgemalt, die aus dem 20. Jh. stammen, aber getreu den altbyzantinischen Traditionen folgen.

Kara Mousa Tzami **11**
Die Moschee Kara Mousa Tzami aus dem 17. Jh. liegt schön inmitten eines kleinen Gartens und begrenzt die Altstadt nach Osten. Benannt ist sie nach Kara Mustafa Pascha, dem Großwesir Sultan Ibrahims und Kommandant der türkischen Truppen bei der Eroberung von Réthimno.

Übernachten

Exklusiver Palazzo – **Palazzo Rimondi**
1: Xanthoudidou 19, Tel. 28 31 05 12 89, Fax 28 31 05 10 13, www.palazzorimondi.com, DZ/F 120–187 €, 20% Internet-Rabatt. Exklusives Hotel in einem venezianischen Palazzo der Altstadt, Pool.

Venezianisch – **Avli Lounge Apartments 2**: Ecke Xanthoudidou/Radamanthios, Tel. 28 31 02 62 13, www.avli.gr, 120–150 € inkl. Frühstück. 7 noble Suiten. Im Hof und in den Kellergewölben der drei venezianischen Häuser befindet sich ein Gourmet-Restaurant.

In der Altstadt – **Fortezza 3**: Melissinou 16, Tel. 28 31 05 55 51, Fax 28 31 05 40 73, www.fortezza.gr, DZ/F 62–88 €, nur April–Okt. Attraktives Mittelklassehotel in einer relativ ruhigen Straße, in einem mit viel Marmor renoviertem Altbau. Kleiner Pool im Innenhof.

Am Hafen – **Ideon** [4]: Tel. 28 31 02 86 67, Fax 28 31 02 86 70, www.hotel ideon.gr, DZ/F 80–100 €, nur April–Okt. geöffnet. Modernes Mittelklassehotel am Rande der Altstadt. Viele Zimmer bieten Meerblick. Relativ ruhig, kleiner Pool im Innenhof.

Pension mit kleinem Garten – **Castello** [5]: Platia Karaoli Dimitriou 10 (neben Mythos), Tel. 28 31 02 35 70, Fax 28 31 05 02 81, DZ 45–55 €. 8-Zimmer-Pension mit vielen Blumen, ruhig gelegen. Ein Frühstückscafé gibt's nebenan.

Essen & Trinken

Romantik pur – **Lokale am Hafen:** Trotz des Rummels romantisch, aber auch relativ teuer isst man am venezianischen Hafen bei Kerzenlicht. In Schaukästen liegen Hummer, Garnelen und Edelfische – nicht selten jedoch tiefgekühlt aus Übersee. Am besten ist hier das familiäre Restaurant **Knossos** [1] mit Öl und Wein aus eigener Herstellung; die Hauptgerichte kosten 10–22 €.

Traditionslokal – **Samaria** [4]: Eleftheriou Venizelou 39/40, Hauptgerichte ab 6 €. Traditionslokal an der Strandpromenade, das auf Qualität achtet.

Klein und fein – **Kapilio** [3]: Xanthoudidou 7, Tel. 28 31 05 20 01, Hauptgerichte ab 7 €. In dem kleinen Restaurant wird auf hohem Niveau gekocht – feine kretische Küche. Wechselnde Menüs.

Gute Mezedes – **Mesostrati** [4]: Ein gemütliches, traditionelles Mezedopolio bei der Kathedrale, Tel. 28 31 02 93 75. An vielen Abenden treten hier Musikgruppen auf. Typisches Mezedes-Essen mit offenem Wein 15–20 €.

Fischmezedes – **Platia** [5]: Gegenüber dem Hotel Ideon, Tel. 28 31 05 35 98, Fisch-Meze ohne Getränke ca. 15–25 €. Eine unglaubliche Vielfalt an kleinen Vorspeisentellern, ein typisches Mezedopolio mit Terrasse direkt am Meer!

Einkaufen

Lederwaren – Die Altstadt ist das ›Einkaufsparadies‹ Kretas für Lederwaren. Ein vergleichbares Angebot findet man nur noch in Chaniá. Geschäfte rund um den Hafen und in der Straße **Arkadiou** [1].

Olivenholzschnitzerei – **Nikos Siragas** [2]: Petalioti 2. Kunsthandwerk von hoher Qualität. Gegenüber werden Schwämme von Kalymnos verkauft.

Musikinstrumente – **En chordais** [3]: Varda Kallergi 38, Tel. 28 31 02 90 43. Manolis Katsantonis baut, repariert und verkauft traditionelle kretische Instrumente. Eine gute Lyra kostet zwischen 500 und 1000 €.

Mein Tipp

Kurze Wanderung ins Tal der Mühlen (▶ G 3)

In der Nähe von Réthimno liegt ein üppig grünes Tal mit zahlreichen verfallenen Getreidemühlen. Ein schmaler Pfad führt am Bach entlang. Einstieg entweder von Xiró Chorió aus oder, etwas kürzer, vor dem Dorf Chromonastíri (Schild). Im verlassenen Talort **Káto Míli** gibt es eine reizvolle Taverne, die auch Zimmer vermietet: Mob. 697 770 10 07.

Chromonastíri besitzt noch viel venezianische Bausubstanz. In der Villa Claudia, einem prächtigen venezianischen Herrenhaus, wurde 2009 ein Museum zur Kriegsgeschichte des 15. bis 20. Jh. eröffnet.

Museumsrepliken – **Museumsshop** [4] in der venezianischen Loggia, s. S. 217. Hier kann man originalgetreue Kopien antiker Kunstwerke mit staatlichem Zertifikat erwerben.

Volksmärkte – Do am Hafen, Sa am Busbahnhof.

Mountainbikes – **Olympic Bike** [3]: Adelianos Kambos 32 (Uferstraße zwischen den Hotels Golden Beach und Adele Beach landseitig), Tel./Fax 28 31 07 23 83, www.olympicbike.com. Radverleih und viele geführte Touren unterschiedlichen Schwierigkeitsgrades.

Aktiv & Kreativ

Wandern – **The Happy Walker** [1]: Tobazi 56, Tel. 28 31 05 29 20, 17–20.30 Uhr, www.happywalker.com. Geführte Wandertouren. Die Touren auf unmarkierten Wegen enden in der Regel in einer Dorftaverne.

Wassersport – **Surfboard-Verleih** [2]: Segeln, Surfen usw. mit gutem Gerät bei den Badehotels Creta Palace, Rethymna Beach und El Greco.

Abends & Nachts

Lyramusik live – **Taverna Gounas** [1]: Odos Koroneou 6, in den Gewölben eines venezianischen Hauses in der Altstadt, preiswertes Essen. Kretische Volksmusik mit Lyra und Laouto, oft wird dazu auch getanzt. Kein Eintritt.

Griechische Musik – **Astro** [2]: Veranstaltungszentrum am Meer, 3 km außerhalb Richtung Chaniá, Tel. 28 31 05 13 48, www.kentro-astro.com. Hier

Hafen und Strand im kleinen Ferienort Balí

treten namhafte Bands aller Musikrichtungen aus ganz Griechenland auf.

Infos & Termine

Termine

Karneval: rund 40 Tage vor Ostern
Weinfest: Im Stadtpark, in der 2. Julihälfte.
Renaissance Festival: Im Aug./Sept. Mit Theater, Barockmusik, Figuren aus der Comedia dell'Arte, Tanz und Kulturprogramm.

Verkehr

Réthimno ist über die New Road von Kretas Flughäfen in ca. 1 Std. erreicht.
Parken: In der Altstadt schwierig. Parkplätze neben dem Stadtpark (kosten-

pflichtig) sowie an der Umgehungsstraße südlich der Festung am Meer.
Fähre: Im Sommer verkehren Schnellfähren der Hellenic Seaways in knapp 5 Std. zwischen Piräus und Réthimno. Abfahrt in Piräus zwischen 18 und 19 Uhr.
Busse: Busstation am westlichen Ortsausgang. Arkádi 3 x tgl., Agía Galíni ca. alle 2 Std., auf der Ost-West-Schnellstraße Richtung Iráklio und Chaniá mindestens jede Stunde. Nach Plakiás kommt man im Sommer häufig, in der Nebensaison dagegen nur frühmorgens und frühnachmittags (wenn die Dorfbewohner von ihren Einkäufen in Réthimno zurückkehren).

Eine andere Station für die Nebenlinien nach Anógia (ca. 2–3 x tgl.) und in den Amári-Bezirk (ca. 2 x tgl.) befindet sich an der **Platia Iroon** am Stadtstrand.

In die Badeorte östlich von Réthimno fahren Stadtbusse alle halbe Stunde, auch Balí und Pánormo werden – seltener jedoch – bedient.

Die Nordküste um Réthimno

Pánormo ► H 3

Pánormo, der ehemalige Hafen des antiken Eleutherna, liegt östlich von Réthimno. Der Ort ist klein und beschaulich geblieben, allerdings wird auch hier viel gebaut. Direkt am Hafen befindet sich ein kleiner Strand mit braunem Sand. Pánormo besitzt alte Bausubstanz aus dem 19. Jh., die hier und dort noch auf eine Renovierung wartet. Aus venezianischer Zeit stammen die Ruinen einer Festung über dem Strand. Das Kastell wurde schon 1538 durch arabische Piraten zerstört.

Übernachten

Gediegen – **Villa Kynthia:** Am westlichen Ortsrand, Tel. 28 34 05 13 86, Fax 28 34 05 13 42, www.villakynthia.com, DZ 125–161 €, Frühstück 8 €/Person. Gute Apartmentanlage um einen Pool.

Mit Naturstein – **Captain's House:** Tel. 28 34 05 13 52, www.captainshouse.gr, Studios ab 40 €. Das alte Kapitänshaus mit dicken Mauern liegt direkt am kleinen Hafen. Eine ungewöhnliche Unterkunft.

Balí ► H 3

Balí (gr. Mpali) ist moderner und größer als Pánormo, liegt hübscher, bietet schönere Panoramen und hat eine fertige Infrastruktur. Sehr schön ist der kleine, tavernengesäumte Hafen zwischen den Felsklippen. Einheimische wird man hier im Hochsommer jedoch kaum antreffen, denn Balí hat sich zu einem reinen Hotelort entwickelt.

Es gibt gute Strände, insbesondere nördlich von Balí liegt ein Strand, den man zu Fuß immer am Meer entlang erreichen kann, mit klarem, sauberem Wasser. Vorgelagert ist eine Felseninsel, die zum Sonnenbad einlädt.

Übernachten

Viele Unterkünfte der B- und C-Kategorie, fast alle von Reiseveranstaltern unter Vertrag genommen. Ruhiger als nördlich der Schnellstraße geht es landeinwärts zu. Außer dem **5-Sterne-Spa-Hotel Filion** gibt es hier auch einige bescheidenere Apartmentanlagen, die z. T. auf Langzeitbasis für ca. 300 € im Monat vermietet werden. Infos bei Pete in England, Tel. 0044 79 52 08 12 41.

Mit Taverne – **Psaropoula:** Oberhalb der Bucht von Balí, Tel. 28 34 09 42 41,

DZ 20–55 €. Sechs einfache Zimmer und gute Taverne.

Alteingesessen – **Bali Beach Hotel und Village:** Tel. 28 34 09 42 10, Fax 28 34 09 42 52, DZ/F 60–120 €. Ein C-Hotel in schöner Lage am Hang, im Zentrum direkt am Meer.

Georgioúpoli ► E 3

Ein perfekter Standort für Strandliebhaber und Leute, die mit dem Linienbus Touren unternehmen wollen. Nach der Umrundung einiger Klippen führt die New Road 15 km westlich von Réthimno in gerader Linie am längsten Sandstrand Kretas entlang. Bis vor gut 20 Jahren war der Strand mit seinen schattenspendenden Tamarisken hotelfrei, heute reiht sich eine Anlage an die andere. Georgioúpoli (Yoryoupoli) liegt am westlichen Ende dieses Strandes, dort wo die Küste fast rechtwinklig nach Norden schwenkt und die buchtenlose Felswand des Kap Drápano steil ins Meer stürzt.

Was Georgioúpoli auf ganz Kreta einzigartig macht, ist seine Lage zwischen zwei Flüssen – keinen ausgetrockneten Bachbetten also, wie man es sonst im Sommer findet. Die nördliche Flussmündung dient auch als Bootshafen, in der südlichen kann man gut Sumpfschildkröten und Aale beobachten. Ende des 19. Jh. gab es dort, wo sich heute die Platia befindet, nur sumpfiges, wertloses Gelände und darauf einige armselige Häuser. Die wenigen Einwohner erkrankten häufig an Malaria. Doch dann hatte der Bürgermeister des Fleckens eine grandiose Idee, die ihm nach seinem Tode das Denkmal auf der Platia einbrachte: Unter der Schirmherrschaft des Prinzen Georg, des Hochkommissars von Kreta, wurden australische Eukalyptusbäume gepflanzt, die den Sumpf durch ihren hohen Wasserverbrauch trocken legten. Das winzige, nun auf einmal zukunftsträchtige Dorf benannte man stolz in ›Georgsstadt‹ um.

Die Eukalyptusbäume sind inzwischen himmelhoch gewachsen, und Georgioúpoli hat sich dem Tourismus geöffnet. Fast alle Häuser vermieten Zimmer. Das Dorf ist ein guter Standort für Besichtigungen in Réthimno und Chaniá, für Wanderungen im Hinterland und für Badefreuden am kilometerlangen feinsandigen Strand. Weniger bevölkert als der Hauptstrand östlich des Ortes ist der Strand von **Kalivaki** westlich der Flussmündung.

Ausflug zum Kournás-See ▶ E 3

Ein Pflichtbesuch sollte den 5 km von Georgioúpoli entfernten Kournás-See gelten, dem einzigen Süßwassersee Kretas (s. auch ›Mein Tipp‹). Er ist ca. 40 m tief, misst 1,5 km im Durchmesser und hat sauberes, grünliches Wasser. Gespeist wird der See aus unterirdischen Quellen, seine von Schilf und Mönchspfeffer (s. S. 194) bestandenen Ufer stehen unter Naturschutz. In diesem wichtigen Biotop leben faustgroße Krebse, Sumpfschildkröten und fast 1 m lange (harmlose) Seeschlangen. Das Seeufer ist nur an der Nordseite des Sees bebaut. Hier drängeln sich im Sommer die Massen um Souvenirbuden, Liegestuhlverleiher und Terrassentavernen, die auch Zimmer vermieten.

Übernachten

Am Sandstrand östlich von Georgioúpoli reihen sich großzügige Hotelanlagen, am preiswertesten über Reiseveranstalter zu buchen. Alternative: Pensionen im Dorfkern, alle klein und familiär.

Moderne Apartments – **Mouragio:** Im Dorf am Fischerhafen, Tel./Fax 28 25 06

Mein Tipp

Mit der Bimmelbahn zum Süßwassersee
Im Sommer fährt mehrmals täglich ab Georgioúpoli eine Bimmelbahn zum Kournas-See, der mit öffentlichen Verkehrsmitteln sonst nicht leicht zu erreichen ist. Baden ist dort offiziell verboten, wird aber dennoch praktiziert.

10 37, DZ 40–60 €. Moderne Apartments, mit einem hübschen Gärtchen und Kafenio.

Einfache Studios – **Eligas:** Tel./Fax 28 25 06 15 41, schräg gegenüber Mouragio Apartments, DZ 35–40 €. Zimmer und Studios mit schön begrünter Fassade.

Kleine Pension – **Drosia:** Tel. 28 25 06 13 26, Fax 28 25 06 16 36, 25–35 €. Kleine Pension mit netten Zimmern unter schattigen Eukalyptusbäumen zwischen Platia und Fluss.

Essen & Trinken

In Georgioúpoli erwarte man wegen des Massentourismus keine wirklichen Höhepunkte. Besser isst man in den Tavernen am Kournas-See, z. B. bei Georgia, s. unten.

Tolle Lage – **Arkadi:** Am Westufer der Flussmündung, nur im Sommer geöffnet, Mo geschl., Hauptgerichte ab 6 €. Mit Terrasse und herrlicher Lage am Meer.

›Unter dem Dach des Geschmacks‹ – **Georgia, To steki tis gevsis:** In Kournás, 50 m vor der Abzweigung zum See, Hauptgerichte 7–9 €. Eine gute Dorftaverne mit eigenem ▷ S. 226

Auf Entdeckungstour

Kretische Köstlichkeiten auf der Biofarm bei Ádele

Auf der Agreco-Farm können Feinschmecker die Geheimnisse der sogenannten Kreta-Diät entdecken. Einem einstündigen Rundgang schließt sich ein Gourmet-Menü an – bei Sonnenuntergang auf der Terrasse der Farm.

Reisekarte: ▶ G 3

Zeit: Von Mitte Mai bis Ende Oktober Mo–Fr 18.30 Uhr; Anmeldung Tel. 28

31 07 21 29, info@agreco.gr. Das Essen beginnt um 19.30 Uhr.

Kosten: Ca. 55 € inklusive Transfer ab einem der drei Grecotels an der Küste.

Bei privater Anreise: Ab Réthimno Richtung Moní Arkádi; im Dorf Ádele nach rechts bergauf, 3100 m, ausgeschildert.

Vor dem Essen sind Bildung und Bewegung angesagt: eine einstündige Führung. Sie zeigt fast alle Aspekte der traditionellen kretischen Landwirtschaft. Vom blühenden Kräutergarten bis zum kreisrunden Dreschplatz, von der hölzernen Wassermühle bis zum urtümlichen Raki-Brennkessel. Sogar ein kleiner Zoo ist zu besichtigen; viele Tiere lassen sich von den Besuchern gerne streicheln. Neben Nutztieren beherbergt der Zoo auch Rehe und Hirsche von der Insel Thásos sowie wenige kretische Wildziegen. Dieses Kri-Kri, griechisch Agrími, bekommt man sonst selten zu Gesicht. Die scheuen Tiere leben in Freiheit im Reservat der Samariá-Schlucht und auf zwei unbewohnten Inseln an der Nordküste Kretas.

Besucher können an agrarischen Aktivitäten teilnehmen. Von Mai bis Juni kann man melken, sicheln, dreschen und Schafe scheren, im August und September Wein ernten und die Trauben mit den nackten Füßen zerstampfen, im Oktober Raki brennen und das warme Destillat gleich kosten – ein besonderes Erlebnis allemal!

Die Arbeitsweise von Agreco

Das Projekt Agreco wurde 1995 von der kretisch-deutschen Hotelkette Grecotel gegründet und seitdem weiter entwickelt. Mittlerweile werden alle acht Grecotels auf Kreta ausschließlich mit den Öko-Lebensmitteln der Farm versorgt.

Der Landwirtschaftspark in der Nähe von Réthimno erstreckt sich über ein 40 ha großes Gelände. Gemüse, Salate, Kräuter, Oliven, Honig und Wein, Grundlagen der Kreta-Diät, werden ausschließlich biologisch angebaut und gewonnen. Aber auch Tiere wie Hühner, Gänse, Enten, Schweine und sogar Strauße werden gezüchtet, denn Touristen verlangen nun mal nach Fleisch – Kreta-Diät hin, Kreta-Diät her. Mittlerweile haben sich etwa 30 kretische Bauern dem Agreco-Betrieb angeschlossen.

Der Musterbetrieb kompostiert geeignete Abfälle, braucht kaum Düngemittel und vor allem wenig Wasser, das auf Kreta im Sommer knapp werden kann. Die agrarwissenschaftlichen Erkenntnisse der Farm gehen auch in die Pflege der Hotelgärten ein, die nach dem Konzept des ›Alternativen Hotel-Gartenbaus‹ betrieben werden.

Kulinarische Köstlichkeiten

Ein Verkaufsladen vertreibt Farm-eigene Lebensmittel, darunter Wein, Olivenöl, Raki, Joghurt, Marmelade und Käse sowie auch ein ›Farmbuch‹ mit schönen Fotos, das weitere Einblicke bietet. Das 30-gängige Menü, das für die meisten den eigentlichen Sinn und Zweck des Besuchs bildet, bietet so ziemlich alle Höhepunkte, die die kretische Küche vorzuweisen hat. Dazu gibt es echten kretischen Wein, der in den Touristengebieten immer seltener zu haben ist, und zum Abschluss eine Süßigkeit mit einem Gläschen Raki aus dem Karafaki.

Wein, Fleisch und Gemüse. Im Im Gästebuch enthusiastische Kommentare! Bemerkenswert: eine kleine, saubere Toilette für Kinder!

Tavernen am Seeufer – Viel Rummel, besonders am Wochenende, wenn Griechen kommen, für die ein Süßwassersee nicht alltäglich ist. Aber dennoch authentische kretische Küche mit Tsigariasto, Kalitsounakia, Sfakianes Pites u. ä. Das Restaurant Omorfi beherbergt ein volkskundliches Miniaturmuseum, das die Waffenbegeisterung vieler Kreter verdeutlicht.

Infos

Im Internet
www.georgeoupoli.net

Verkehr
Bus: Nach Kournás fährt gegen 14 Uhr ab Chaniá über Georgioúpoli ein Dorfbus, der morgens in Kournás abgefahren ist.

Mein Tipp

Kretische Landküche in Loútra ► G 3
Wer Wert auf ökologisch hergestellte Lebensmittel und auf richtig gute, den kretischen Kochtraditionen verbundene Landküche legt, sollte das Lokal **Hovoli** ansteuern, 1 km außerhalb des Dorfes Loútra in Richtung Arkádi. Hier werden kretische Speisen bester Herkunft aufgetischt. Sie werden im Holzofen oder im Tontopf über dem Feuer zubereitet. Dazu gibt es einen offenen Wein aus eigener Herstellung. Der Umweg lohnt!

Ausflüge rund um Réthimno

Maroulás ► G 3

Wer von Réthimno Richtung Kloster Arkádi (s. S. 228) fährt, sollte einen kurzen Abstecher zum Dorf Maroulás einplanen, das am Hang über der Küstenebene liegt. Reizvoll ist es wegen seiner traditionellen Dorfarchitektur. Maroulás wurde von den Venezianern und Türken als Landsitz bevorzugt; aus dieser Zeit stammen einige festungsartige Palazzi. In den Gassen kann man wunderbar bummeln und immer wieder schöne Fotomotive entdecken. Einige der alten Häuser werden als Ferienwohnungen vermietet (www.maroulas.info).

Archéa Eléftherna ► H 3

Von Arkádi erreicht man nach kurzer Fahrt durch felsige Einsamkeit das Dorf Archéa Eléftherna. Es liegt in grüner Kulturlandschaft inmitten von Oliven- und Johannisbrotfeldern. Man trifft hier auf eindrucksvolle Ruinen der dorisch-römischen Zeit.

Die **Akropolis** des antiken Eleutherna liegt auf einem Felsplateau, das zu beiden Seiten in eine Schlucht abfällt und daher natürlich gegen Angriffe gut geschützt war. Ausgangspunkt für eine Besichtigung ist die Taverne Achaia Eleftherna im Dorfzentrum. An einem mittelalterlichen Turm vorbei erreicht man, links abbiegend, auf einem Pfad zunächst riesige in den Fels geschnittene Zisternen, deren Gewölbe von wuchtigen Pfeilern getragen werden.

Zweite wichtige Sehenswürdigkeit der antiken Stadt ist eine nahezu intakte **Brücke** am Zusammenfluss der beiden Schluchtbäche. Ein Schild am östlichen Ortsausgang führt ein kurzes Stück bergab zur bedeutendsten Ausgrabungsstätte von Eléftherna. Von einer Siedlung sind Reste eines römischen Thermengebäudes, römerzeitlicher Peristylhäuser und von einer frühchristlichen Basilika aus dem 6. Jh. mit Mosaikboden erhalten.

Margarítes ▶ H 3

Wenige Kilometer entfernt lohnt ein Stopp im Dorf Margaríles, neben Thrapsanó bei Iráklio einer der beiden bedeutenden Töpferorte Kretas. Im Kafenio südlich der Hauptstraße sitzt man angenehm schattig unter Maulbeerbäumen, in der Ferne schimmert das Meer. Die Keramikgeschäfte, die heute nicht mehr die mächtigen *pithoi* von einst, also die riesigen Vorratsgefäße für eine bäuerliche Kultur anbieten, sondern hübsch kleinteilige, gut transportable Souvenirs, liegen in der Nähe.

Melidóni-Höhle ▶ H 2

April–Sept. 9–20 Uhr, ca. 3 €, die Höhle ist gut beleuchtet.
Wer sich für Tropfsteinhöhlen interessiert, sollte die unweit der Küste gelegene Melidóni-Höhle besuchen. Sie gilt in der Mythologie als Wohnstätte des Riesen Talos. Für Kreter ist sie aber in erster Linie eine Martyrer-Gedenkstätte, denn hier wurden 1824, also während des griechischen Unabhängigkeitskrieges, 370 Kreter ausgeräuchert.

Argiroúpoli ▶ F 4

Im Binnenland südwestlich von Réthimno liegt Argiroúpoli, ein ausgesprochen hübsches, wasserreiches Dorf

mit vielen Ruinen venezianischer Herrenhäuser, die auf den Resten der antiken Stadt Lappa erbaut wurden. Unterhalb des Dorfes an der Straße nach Asígonia sprudelt aus der Höhlenkirche der **Agia Dynamis** eine Quelle, deren Wasser über mehrere Kaskaden und Bäche ins Tal fließt. Mehrere Tavernen unter mächtigen Platanen laden zur Rast.

Der Rundgang durch den alten Ortskern beginnt an der Platia. Unter einem Steinbogen hindurch gelangt man in die Altstadt und erreicht nach 200 m ein prächtiges venezianisches Portal mit der Inschrift »omnia mundi fumus et u(mbra)«: ›Alles Weltliche ist doch nur Rauch und Schatten‹. Der Rundgang führt an antiken Spolien vorbei zum Fußbodenmosaik einer römischen Thermenanlage des 3. Jh.

Seit 1999 gibt es ein kleiner privater **Folklore-Museum,** das die Tischlerin Eleftheria Zografakis eröffnet hat. Die Familie betreibt auch eine kleine Pension mit Taverne (s. unten).

Übernachten

Ferien auf dem Lande – **Morfeas:** Tel. 28 31 08 10 15, DZ 20–30 €. Fünf Zimmer mit Kochgelegenheit und angeschlossener Taverne, ruhig am Ortsrand gelegen, herrlicher Blick (s. unten, Pension-Taverne Zografakis).

Essen & Trinken

Kretische Dorfspezialitäten – **Zografakis:** An der Hauptstraße neben dem Volkskundemuseum, Tel. 28 31 08 12 69, Hauptgerichte ca. 8 €. Nur hausgemachte Erzeugnisse, die Spezialität ist geräuchertes Schweinefleisch. Über der Taverne einfache Zimmer mit gutem Frühstück (frischer O-Saft), DZ/F 30 €.

Auf Entdeckungstour

Kloster Arkádi – Schauplatz der kretischen Geschichte

Für die Kreter ist Kloster Arkádi das Symbol des Widerstandswillens gegen jegliche Fremdherrschaft. In aussichtsloser Lage gegen türkische Angreifer kämpfend, starben dort 1866 Hunderte Männer, Frauen und Kinder bei der Sprengung des Pulverlagers.

Reisekarte: ▶ G 4

Planung: Tgl. von 8.30 bis Sonnenuntergang geöffnet.

Literaturtipp: Nikos Kazantzakis, »Freiheit oder Tod«.

Moní Arkádi, die nationale Märtyrerstätte Kretas, liegt 23 km südöstlich von Réthimno, einsam am Ende einer kurvenreichen Straße, die auf ein kleines, im Frühjahr blütenübersätes Hochplateau führt. Um 1700 war Arkádi ein reiches Kloster mit mehr als 300 Mönchen. Gründungszeit und -umstände sind ungeklärt. Der Name leitet sich entweder vom byzantinischen Kaiser Arkadios (395–408) her – dieser wäre dann der Stifter – oder von einem Einsiedlermönch namens Arkadios. Vielleicht haben auch Emigranten aus Arkadien (Peloponnes) die Gründung betrieben.

Die Klosterkirche

Der Klosterkomplex präsentiert sich als Festung. Hohe Außenmauern umschließen ihn, sie sind lediglich von kleinen Fenstern durchbrochen. Die Kirche wurde als Zweiraumkapelle 1587 erbaut. Ihre Fassade ist nach westeuropäischer Art mit Halbsäulen und Gesimsen deutlich in horizontale und vertikale Abschnitte gegliedert und bietet ein hervorragendes Beispiel der kreto-venezianischen Renaissance. Das Nordschiff ist der Verklärung Christi, das Südschiff dem hl. Konstantin und der hl. Helena geweiht. Da bei der Katastrophe von 1866 fast alle Ikonen zerstört wurden, birgt die Kirche heute nur neuere Ikonen vom Beginn des 20. Jh. Auch die Ikonostase aus Zypressenholz stammt von 1927. Im Museum erzählen Exponate von der Schlacht des Jahres 1866.

Moní Arkádi – ein Schauplatz kretischer Geschichte

Im November 1866 verschanzten sich hier 964 Kreter und Festlandsgriechen unter Führung des Abts Marinakis von Arkádi, der zum Anführer des Revolutionskomitees im Bezirk Réthimno gewählt worden war. Ein Drittel unter ihnen waren junge, wehrfähige Männer, der Rest ältere Männer, Frauen und Kinder. Einer von zahlreichen Aufständen gegen die osmanische Herrschaft hatte begonnen.

1866 – die Schlacht gegen die Osmanen

Ein halbes Jahr zuvor, im April 1866, hatte der Sultan in Istanbul eine Bittschrift der Kreter um mehr Rechte abschlägig beschieden. Dies löste die Erhebung der Insulaner aus. Im September war ein Oberst der griechischen Armee auf Kreta gelandet, um die Aufständischen zu beraten.

Der Offizier hielt allerdings Arkádi als Verteidigungsfeste für denkbar ungeeignet. Zunächst, so sein Rat, müsste man verschiedene Veränderungen vornehmen: Frauen und Kinder seien zu evakuieren und die Ställe und die Mühle vor dem Kloster abzureißen, um ein freies Schussfeld zu bekommen. Schließlich sollten gar Bienenstöcke aufgestellt werden, damit stichwütige Bienen den Vormarsch der Türken aufhielten. Diese Vorschläge wurden von den kretischen Widerstandskämpfern nicht angenommen, vermutlich hätten sie die Katastrophe auch nicht verhindert. Der Oberst jedenfalls rückte enttäuscht ab. Zwei Monate später, am 8. November 1866, drangen 15 000 türkische Soldaten auf die Hochebene südöstlich von Réthimno vor. Ein blutiger, ungleicher Kampf begann.

Die Tragödie von Arkádi

Nach zwei Tagen drangen die ersten Türken in den Klosterhof. Der Abt und die überlebenden Kämpfer beschlossen, sich nicht lebend zu ergeben. Bis auf 114 Menschen zogen sich alle in das Pulvermagazin zurück, dort schoss Konstantin Giamboudakis, einer der Verteidiger, in die Munitionsfässer. Eine gewaltige Explosion riss die meisten Verteidiger und viele der türkischen Angreifer in den Tod.

Traurige Erinnerungen

Auch Refektorium und Pulvermagazin sollte man besuchen. Im Refektorium finden sich noch die roh gezimmerten Tische und Holzbänke, an denen die Hieb- und Schnittspuren der Kämpfe von 1866 zu sehen sind. Die Gewölbe des Pulvermagazins, heute eine nach oben hin offene Halle, flogen damals in die Luft. Eine Gedenktafel auf Griechisch erinnert ›an die Flammen Gottes, in denen Kreter für ihre Freiheit starben‹.

Freiheit oder Tod?

Dieser Massenselbstmord bewegte damals die Weltöffentlichkeit. Zahlreiche Philhellenen (eine der klassischen An-tike verbundene griechenfreundliche Gruppe) forderten in den westeuropäischen Ländern ihre Regierungen auf einzugreifen – doch Westeuropa hatte nach dem Sieg Preußens über Österreich im Juli 1866 andere Sorgen und wollte zu diesem Zeitpunkt nicht mit dem Osmanischen Reich auf Konfrontationskurs gehen.

›Freiheit oder Tod‹ – da Freiheit in jener aussichtslosen Lage nicht zu erreichen war, mussten die Aufständischen, dieser Logik folgend, den Tod wählen. Dabei hätte ein taktischer Rückzug hier viele Menschenleben gerettet. Auch im Verteidigungskrieg ist es nicht ›süß und ehrenvoll, für das Vaterland zu sterben‹, umso weniger noch, wenn der Tod vermeidbar ist.

Vor dem Kloster steht eine ehemalige Windmühle, die 1910 in ein kleines Mausoleum für die Schädel der Freiheitskämpfer umgewandelt wurde.

Opferstock der Klosterkirche

Einkaufen

Gesund – **Lappa Avocado:** Im Tor zum alten Dorfkern. Vorwiegend Avocado-Produkte (Öl, Seife, Shampoo). Der Boden der Umgebung ist ideal für den Anbau des Avocadobaums, dessen Öl ein vitaminreiches Haut- und Wundpflegemittel ist.

Nekropole Arméni ► F 3

Di.–So. 8.30–15 Uhr. Eintritt frei

Auf der Fahrt zur nur 45 km entfernten Südküste kommt man an der Nekropole von Arméni vorbei. Nördlich des Dorfes zweigt ein beschilderter Weg zu einer sehenswerten spätminoischen Nekropole mit mehr als 200 zum Teil gut erhaltenen Felskammergräbern ab. Die meisten sind nach Osten ausgerichtet, vielleicht auf ein Gipfelheiligtum hin, vielleicht aber auch in Richtung Sonnenaufgang. In diesem Gebiet gibt es nebenbei auch den schönsten Bestand an Walloneneichen von ganz Kreta.

Spilí ► G 4

Auch Spilí, ein paar Kilometer abseits des direkten Wegs zur Südküste, lohnt einen Besuch. Die Kleinstadt mit Bischofssitz und Priesterseminar liegt in üppig-grüner Umgebung; schmackhaftes Quellwasser sprudelt ganzjährig mit hohem Druck aus einer Brunnenanlage.

Übernachten

Mit guter Küche – **Costas Inn:** Tel./Fax 28 32 02 20 40, DZ/F 30–40 €. 10 saubere Privatzimmer über einem Café an der Durchgangsstraße.

Klein und familiär – **Herakles:** Tel. 28 32 02 24 11, DZ/F 30–40 €. Pension hinter dem Hotel Green, gutes Frühstück.

An der Südküste

Préveli ► F 5

Hat man die großartige Kourtaliótiko-Schlucht durchfahren, eröffnen sich herrliche Ausblicke auf die Südküstenlandschaft: kleine Dörfer, viele Schluchten, Olivenhaine, im Sommer herrscht hier große Hitze. Auf der Fahrt zu den Préveli-Klöstern passiert man linker Hand eine venezianische Bogenbrücke, die über den Megalopotamos führt. Er fließt von der Kourtaliótiko-Schlucht hinunter durch eine weitere Schlucht zum Palmenstrand von Préveli. Von hier kann man in ca. 1,5 Stunden zum Strand wandern.

Wir aber fahren zunächst auf der Asphaltstraße weiter und kommen zum nahe gelegenen alten Kloster **Káto Préveli** (›Unteres Préveli‹). Man kann diese weltläufige, Ende des 17. Jh. erbaute, Anfang des 19. Jh. zerstörte Anlage leider nur vom Zaun aus betrachten. Einige Kurven weiter führt eine deutlich ausgeschilderte schmale Stichstraße bergab zu einem Parkplatz auf einem Felsplateau. Hier beginnt der kürzere und bequemere Abstieg zum Strand von Préveli. Ein Maultierpfad führt in 10 Min. hinunter.

Préveli Beach ❗ ► F 4
Die Bucht von Préveli, die auf beiden Seiten von Felsnasen abgeschottet ist, dürfte einer der schönsten Badeplätze Kretas sein. Der Fluss staut sich vor dem Kieselstrand und bildet eine Lagune, die von Palmen umsäumt ist, ein naturgeschütztes Biotop für die endemische kretische Palme *Phoenix theo-*

Lieblingsort

Póros bei Argiroúpoli mit Taverna Sárakas ▶ F 4

Ein kleines, armes Dorf in reizender Umgebung. Doch selbst anspruchsvolle Städter aus Chaniá reisen an, um bei Evangelia und Stelios Koutraki rustikale Lammspezialitäten und Hahn mit einer Reis-Zitronen-Soße zu genießen. Die Kafenion-Taverne Sárakas liegt nicht an der Platia des Dorfes, sondern unscheinbar am südwestlichen Ortsrand. Man erkennt sie nicht etwa an einem Schild, sondern nur an ein paar Tischen und Stühlen, die vor der Tür auf der Gasse stehen (Tel. 28 31 08 12 37, tgl. von mittags bis abends).

Innenhof des Klosters Moní Préveli

phrasti, die auch in Vái zu finden ist. Wahlweise kann man in Süß- oder Salzwasser baden. Es gibt hier nur eine provisorisch aufgebaute Bar, für die der Nachschub auf Maultieren herbeigeschafft werden muss.

Moní Préveli ▶ F 4

Das noch heute bewohnte Kloster Préveli liegt weiter westlich, am Ende der Asphaltstraße, in karger Felsenwildnis, fernab von jeder Ortschaft auf etwa 200 m Höhe. Weit kann von hier der Blick über das Libysche Meer schweifen. Die Anlage wurde am Ende des 17. Jh., zu Beginn der türkischen Herrschaft, errichtet und entwickelte sich

im Lauf des 18. und 19. Jh. zu einem Zentrum der Erziehung und des Widerstandes gegen die Turkokratie.

Nach dem Überfall der Deutschen im Zweiten Weltkrieg haben die Mönche geholfen, alliierte Truppen zu evakuieren. Briten, Australier und Neuseeländer wurden vom Strand mit U-Booten nach Alexandria und Kairo gebracht. Aus Rache hat die Wehrmacht dann das Kloster ausgeraubt und beschädigt. Hinter dem Eingang in den Klosterbereich erinnern mehrere Gedenktafeln, vor allem Stiftungen eines Australiers, an die uneigennützige Hilfe.

Die **Klosterkirche** von 1836 ist nach den Kriegsbeschädigungen heute wie-

Termine

Heiligenfest Ágios Ioannis am 7./8. Mai am Kloster Préveli.

Plakiás ► F 4

Als erster Standort für diesen Reiseabschnitt der Südküste bietet sich das unterhalb der Kotsifou-Schlucht gelegene **Plakiás** an. Es besitzt einen schönen, 1,5 km langen Strand, hat sich aber mittlerweile zu einem reinen Hotelort entwickelt, im Winter pfeift der Wind durch die Gassen eines Geisterorts. Weit weniger touristisch geht es im Bergdorf **Mírthios** zu, das hoch über der Bucht von Plakiás am Hang klebt.

Intimere und noch schönere **Strände** findet man an den Buchten östlich von Plakias, z. B. **Damnoni**: feiner Sand, schattenspendende Tamarisken, einige Tavernen, die auch Zimmer vermieten, aber auch schon einige Hotels.

Übernachten

Fast jedes Haus in Plakiás vermietet Zimmer. Viele kleine Hotels auch über Reiseveranstalter.

Herrlicher Blick – **Anna Apartment:** Mírthios, Mob. 697 332 47 75, www.annaview.com, Apt. 2 Pers. 35–57 €, 4 Pers. 55–67 €. Mit viel Holz geschmackvoll eingerichtet, Zentralheizung für kalte Tage.

Hinter der Strandpromenade – **Ippokambos:** Plakiás, Tel. 28 32 03 15 25, Apartments 20–35 €. Sehr saubere, helle Unterkunft.

Essen & Trinken

Ausgefallene kretische Speisen – **Panorama:** In Mírthios an der Hauptstraße,

der renoviert, sie enthält eine prächtige, vergoldete und filigran geschnitzte Ikonostase und verwahrt ein wertvolles goldenes und mit Edelsteinen besetztes Kreuz, in dem sich ein Splitter des Heiligen Kreuzes befinden soll. Der Reliquie schreibt man Hilfe besonders bei Augenkrankheiten zu. Ein Klostermuseum zeigt neben kirchlichen Objekten auch einige Waffen und andere Erinnerungsstücke aus dem Widerstand. Am Museumseingang fällt ein Brunnen auf, dessen Inschrift den Betrachter mahnt: »Reinige nicht nur Dein Äußeres, sondern auch Deine Seele – das Wasser fließt reichlich.«

Das venezianische Kastell Frangokástello

Tel. 28 32 03 20 77, Lamm-Frikassee, Omelette mit Kräutern, Sepia mit Gemüse, Schweinebraten mit Kartoffeln vom Ofenblech, alles 8–10 €. Ein bekanntes Spezialitätenrestaurant, der Wirt verfeinert traditionelle kretische Rezepte. Kostenlose WLAN-Nutzung, einmal in der Woche abends Lyra-Musik live.

Aktiv & Kreativ

Per Rad oder zu Fuß – **Anso Travel:** Büros neben dem Postamt und im Ortszentrum am Hafen, Tel. 28 32 03 17 12, Fax 28 32 03 17 13, www.ansovillas. com. Geführte Wanderungen durch verschiedene Schluchten (32–46 €), ge-

führte Radtour durch die Umgebung zum Préveli-Strand (30 €), auch Tauchschule und Mountainbike-Verleih. Hauptgeschäft ist die Vermittlung von Ferienwohnungen.

Káto Rodákino und Koráka ▶ E 4

Ein echter Geheimtipp, noch dazu direkt am Meer, ist Koráka unterhalb von Káto Rodákino. Die Zufahrtsstraße endet an einer kleinen Bucht vor einem Felskap, hier stehen nur wenige Tavernen, Pensionen und ein einziges größeres Hotel. In Koráka kann man in absoluter Ruhe urlauben, befindet sich jedoch weit ab vom Schuss.

ner weiten und flachen Küstenebene, in der verstreut Treibhäuser stehen. Die Sfakiá beginnt, im Hintergrund winken bereits die Weißen Berge. Anziehungspunkt ist die wehrhaft-klotzige Burg Frangokástello, deren zinnenbewehrte Mauern sich direkt am Strand erheben.

Die gut erhaltene venezianische **Festung** von 1371 diente dem Schutz der Küste vor Piratenüberfällen und war zugleich ein Bollwerk gegen die aufständischen Sfakioten. 1828, bei einem Aufstand im Zuge des griechischen Unabhängigkeitskampfes, eroberten diese die von den Türken gehaltene Festung. Anschließend wurden die Aufständischen, 400 an Zahl, von 8000 türkischen Soldaten belagert. Die Sfakioten konnten die Festung schließlich nicht mehr halten und wurden allesamt getötet.

Ein Denkmal mit Büsten der Helden bewahrt die Erinnerung. Rund um die Festung sind mehrere Apartmenthäuser und Tavernen entstanden, der flache Sandstrand eignet sich gut für Kleinkinder. Ein winziger Fischerhafen sorgt zusätzlich für Atmosphäre.

Übernachten

Trotz der Größe familiär – **Polirizos:** Káto Rodákino, Tel. 28 32 03 13 34, Fax 28 32 03 21 70, DZ inkl. gutem Frühstück mit frisch gepresstem Orangensaft ganzjährig sehr preiswerte 40 €. Halbpension mit kretischer Küche 10 €. 30 Zimmer in einzelnen Trakten, die sich in Strandnähe inmitten eines Olivenhains schön den Hang hochstaffeln. Ein gut geführter Familienbetrieb, das einzige größere Hotel am Ort.

Frangokástello ▶ E 4/5

Viele Kehren weiter nach Westen weicht die Steilküste nun allmählich ei-

Übernachten

Teilweise originell – **Milos:** Frangokástello Beach, Tel. 282 59 22 83, http://milos-sfakia.com, ab 35 €. 17 durchschnittliche Studios und Apartments in ehemaligem Müllerhaus neben einer Windmühle und im modernen Haus nebenan, direkt am Strand.

Am Strand – **Maria's Studios:** neben Pension Milos, Tel. 28 25 09 21 59, www.marias-studios.net. Bei gleichem Preis etwas moderner als Milos.

Außerhalb – **Captain Tom:** ca. 1 km westlich des Hafens, Tel. 28 25 09 22 00, www.captaintom.gr, ca. 300 €/Monat, auch Jahresmiete möglich. Neuere Apartments mit Pool, einsam gelegen.

Chaniá und der Nordwesten

Highlight!

Venezianische Altstadt von Chaniá: Ist Réthimno oder Chaniá nun die schönste Stadt der Insel? Jeder mag diese Frage für sich selbst entscheiden. Innerhalb des venezianischen Mauerrings finden sich schmale Gässchen, Shops und Werkstätten, venezianische und türkische Fassaden. S. 245

Auf Entdeckungstour

Maléme – wo im Mai 1941 die Schlacht um Kreta stattfand: Ein Besuch des deutschen Soldatenfriedhofs bei Maléme gibt Anlass, über die Besetzung Kretas im Zweiten Weltkrieg nachzudenken. Die Wehrmacht errang hier einen Pyrrhus-Sieg, der aus Sicht vieler Historiker den Untergang des Dritten Reichs einleitete. S. 256

Kultur & Sehenswertes

Archäologisches Museum Chaniá: Die ansprechende Ausstellung befindet sich im gotischen Ambiente einer ehemaligen Franziskanerkirche. S. 245

Aktiv & Kreativ

Bootsausflug in die Piratenbucht: Von Kíssamos fahren Ausflugsboote in die Bucht von Bálos mit einem unberührten Traumstrand. Gegenüber thront auf einer Felseninsel die gewaltige venezianische Festung Gramvoúsa. S. 259

Wanderungen im Tal von Miliá: Bis in die 1990er war das Dorf vom Verfall bedroht, dann wurden die verlassenen Häuser zu einem komfortablen Öko-Hotel umgebaut. S. 261

Ausflug auf die Halbinsel Rodopoú: Auf der Rodopoú-Halbinsel kann man mit dem Auto zum antiken Diktynna-Heiligtum fahren, dort baden und die Einsamkeit genießen. S. 255

Genießen & Atmosphäre

Volta am venezianischen Hafen: Nirgendwo sonst auf Kreta erlebt man eine Volta wie hier in Chaniá, jenen Corso des Auf- und Abgehens der Familien und Cliquen, um zu sehen und um gesehen zu werden. S. 244

Durch die Markthalle: Man kann in kleinen Restaurants pausieren und gemächlich in die Atmosphäre der **Dimotiki Agora** eintauchen. S. 245

Abends & Nachts

Szene-Lokale an den Hafenpromenaden von Chaniá. S. 248

Alte Hauptstadt, stille Dörfer

Chaniá besitzt neben Réthimno die schönste Altstadt Kretas. Auch hier verwinkelte Gassen, islamische und venezianische Bauten. An der abwechslungsreichen Küste gibt es viele Badeorte. Ländliche Erholung bieten die stillen Dörfer an den Hängen der Weißen Berge und auf der Halbinsel Drápano.

In Westkreta sollte man Quartier nehmen, wenn man sich mit diesem Teil der Insel bescheiden möchte. Wer sich in einem kleinen, ursprünglich gebliebenen Küstenort aufhalten möchte, hält an der Südseite der Soúda-Bucht Ausschau, in Kalíves oder Almiráda. Oder im Westen in Kíssamos, das den Charme einer nicht allzusehr vom Tourismus behelligten Kleinstadt besitzt.

Chaniá ▶ D 2

Chaniá ist wie Réthimno auch für Badeurlauber ein passabler Standort. Und ebenso wie Réthimno besitzt Chaniá (oft auch Hania geschrieben) eine gut erhaltene Altstadt, in deren Gassen man genussvoll bummeln kann. Einzigartig ist der weite venezianische Hafen mit seinem alten Leuchtturm am Ende der Nordmole; die pastellfarbenen Hausfassaden an der Hafenpromenade, die vielen Cafés und Restaurants davor ergeben ein stimmungsvolles Bild. Einige Gebäude und Umbauten aus türkischer Zeit verleihen der Stadt zusätzlich orientalisches Flair. Zahlreiche Häuser wurden in den letzten Jahren vor dem Verfall gerettet

Infobox

Tourist Information
EOT-Büro: In der Neustadt von Chaniá, Kriari 40, 4. Stock, Tel. 28 21 09 26 24, Mo–Fr 8–14.30 Uhr. Gutes Material für ganz Westkreta.

Im Internet
www.chaniarooms.gr: Gute Adresse für Privatzimmer im ganzen Distrikt
www.chania.gr: Homepage der Stadt Chaniá.
www.chaniacrete.gr/de: Deutschsprachige Seite der Präfektur Chaniá.

Ankommen und Weiterkommen
Der **Daskalogiannis International Airport** liegt 15 km außerhalb von Chaniá auf der Halbinsel Akrotíri. Es gibt keine Shuttle-Busse, sondern ein Linienbus

der KTEL (kein Stadtbus!) verkehrt ca. 7 x täglich zwischen Flughafen und Chaniá. Fahrplan s. www.bus-service-crete-ktel.com. Die Fahrzeiten sind von Tag zu Tag unterschiedliche. Ansonsten kommt man mit Taxen nach Chaniá, Fahrpreis ca. 20 €. Wer weiter Richtung Réthimno möchte, kann in Soúda in die Überlandbusse einsteigen. **Mietwagenfirmen** findet man in der Schalterhalle.
Fähren: Ankunft in Soúda frühmorgens gegen 5 Uhr. Frühstückstavernen ca. 100 m vom Anleger entfernt, dort befindet sich auch die Bushaltestelle der Stadtbusse nach Chaniá. Weitere 100 m weiter halten die Überlandbusse Richtung Réthimno. Ansonsten stehen Taxis bereit.

Chaniás Hafenpromenade mit der ehemaligen Djamissi-Moschee

und von der Denkmalpflege wie auch in Privatinitiative restauriert.

Chaniá ist ein Standort, der alles bieten kann: Sightseeing, Bademöglichkeiten, ein interessantes Nachtleben, gute Restaurants und ein reizvolles Hinterland. Allgegenwärtig sind die Weißen Berge, deren zahlreiche Gipfel sich wenige Kilometer südlich von Chaniá auftürmen. Im Winter und Frühjahr glitzern die Schneekuppen in der Sonne, im Sommer und Herbst schimmert matt der weiße Kalkstein. Einen schönen Sandstrand mit vielen Tavernen erreicht man am westlichen Stadtrand im Viertel Néa Chóra, 20 Min. zu Fuß ab dem Zentrum. Weiter westlich folgen weitere und einsamere Strände ohne Infrastruktur. Viele Chanioten fahren zum Baden nach Stavrós raus.

Ein Blick in die Geschichte

Als einzige kretische Stadt war Chaniá seit den Minoern ununterbrochen besiedelt. Auf dem Kastélli-Hügel am Hafen stand in minoischer Zeit ein Palast, dessen Überreste heute wieder freigelegt werden. In der Antike befand sich an dieser Stelle die Akropolis der Polis Kydonia, benannt nach Kydon, einem Sohn des Minos.

Die Venezianer nannten Kydonia La Canea, der Kastélli-Hügel blieb aber Mittelpunkt der Besiedlung. Hier stand auch der Palast des venezianischen Statthalters. Erst ab Mitte des 16. Jh. wurden die Vororte durch einen neuen Befestigungsring in eine Gesamtanlage – die heutige Altstadt – einbezo-

0   100   200 m

Venezianischer
Leuchtturm

Venezianischer
Hafen

Platia
Talo

3 San Salvatore

Fort
Firkas

Platia
Katechaki

Afendoulief

Ufficio
doganale

2

TOPANAS

Akti Tombazi

Platia
Merarchias

15

Agiou Markou

14

KASTELLI

1

2

Kydonia

1

Lithinon

16

Kanevaro

4

5

Platia
Santrivani

2

Zambeliou

Karaoli-Dimitriou

5

EVRAIIKA

7

Sifaka

1

6

Türkische
Bäder

4

8

10

9

Agia
Ekaterini

Sarpaki

Minarett

Chrissanou Episkopou

Potie

Chatzimichali

Portou

Bastione
Schiavo

Bertolo

Skridlof

Tsouderon

1

Mousouron

3

11

Meletiou Piga

Platia Sof.
Venizelou

Platia
Kotsambasi

Mitr. Kirilou

Chatzimichali Gianari

TAXI

Platia

Kriari

Plastira

Skalidi

1866

Koraka

Apokoronou

Kissamou

Kalisperidon

Manoussogianakidon

Kelaidi

Koroneou

Zimurakakidon

K. Sfakianaki

Milonogiani

Karaiskaki

6

Kidonias

Kidonias

Touristen-
polizei

Ionias

TAXI

Rathaus

Réthimno,
Iráklio,
New Road

Ipsiladon

Néa Chóra

Patriarchou Ioannikiou

4

Patriarchou Gerassimou

Venezianische Stadtmauer

Pirea

Theotokopoulou

Angelou

Akti Koundourotou

Douka

Skoufon

Konditaki

Chaldon

Portou

Pirea

Samariá-Schlucht, Ómalos, Kissamos,

Margoniou

Chaniá

Sehenswert

1. Djamissi
2. Nautisches Museum
3. Byzantinisches Museum
4. Renieri-Palast
5. Loggia
6. Synagoge Etz Hayyim
7. Archäologisches Museum
8. Katholische Kirche
9. Mitropolis Trimartiri
10. Folklore-Museum
11. Dimotiki Agora (Markt-halle)
12. Arsenale
13. Kirche Ágios Nikólaos
14. Statthalterpalast
15. San Marco-Arcaden
16. Grabungsareale
17. Stadtpark
18. Historisches Museum
19. Venizelos-Museum

Übernachten

1. Casa Delfino
2. Casa Leone
3. Ontas
4. Rodon
5. Morpheas Nest
6. Monástiri

Essen & Trinken

1. Doloma
2. Tamam
3. To Stachi
4. Achileas (in Néa Chóra)
5. Kypros (in Mourniés)
6. O Leventis (in Káto Sta-lós)

Einkaufen

1. Odos Skridlof
2. Macheradiko
3. Bäckerei Bonatos
4. Wochenmarkt

Abends & Nachts

1. Fagotto
2. Lyrakia

243

Die Stadtmauern von Chaniá

Große Teile der venezianischen Stadtmauer rund um die Altstadt stehen noch. 1538 wurde sie mit kretischer Fronarbeit und nach Plänen von Michele Sanmicheli errichtet (s. S. 66). Besonders gut erhalten sind die eindrucksvolle **Schiavo-Bastion** und das **Fort Firkas** am Hafen. Auch Reste der mittelalterlichen Mauern am Hügel **Kastélli** im Zentrum der Altstadt blieben erhalten; sie stammen aus spätbyzantinischer und früher venezianischer Zeit. Zwischen Kastélli und Schiavo-Bastion liegen die Stadtteile **Topanas** (von türk. Tophane, ›Kanonenlager‹) und **Evraiiki,** das einstige Judenviertel. Dessen Bevölkerung wurde im Zweiten Weltkrieg, als die deutsche Wehrmacht sich in Chaniá verschanzte, nahezu ausgelöscht. Östlich vom Kastélli-Hügel schließt das Viertel **Splantzia** an.

gen. Die neue, nach Plänen Sanmichelis errichtete Stadtmauer war jedoch 1645 schon dem ersten Ansturm der Türken nicht gewachsen. Von ihrem ersten Stützpunkt Canea aus betreiben die Türken dann die weitere Eroberung. 1850 von den Türken zur Hauptstadt Kretas erklärt, blieb Chaniá bis 1972 das politische Zentrum. Heute ist es die zweitgrößte Stadt der Insel.

Chaniás Vergangenheit als Hauptstadt lässt sich leicht am Stadtbild ablesen. Die Straßen schneiden sich rechtwinklig, ein Ausdruck neuzeitlicher Stadtplanung. Neoklassizistische Bauten der Jahrhundertwende zeugen vom repräsentativen Anspruch. Östlich der Altstadt schließt sich das ehemalige Diplomatenviertel Chalépa mit seinen gepflegten Villen und Gärten an. Noch heute ist es die vornehmste Wohngegend der Stadt.

Am Hafen

Venezianische Fassaden und Restaurants säumen den stimmungsvollen Hafen, der von einer langen Mole geschützt ist. Abends trifft man sich hier zur Volta. Auffälligstes Gebäude ist die **Djamissi** **1**, die ›Janitscharenmoschee‹. Das älteste türkische Bauwerk Chaniás wurde gleich nach der Eroberung der Stadt errichtet und dient heute als Ausstellungsraum.

Nautisches Museum **2**

Di–So 10 bis mindestens 14 Uhr
Gegenüber der Djamissi, Richtung Hafeneinfahrt, ist im Fort Firkas ein Seefahrtsmuseum untergebracht. Es zeigt Schiffsmodelle und legt einen besonderen Akzent auf die Rekonstruktion von Seeschlachten, die die Geschichte Griechenlands prägten.

Byzantinisches Museum 3
Di–So 9–14 Uhr
Hinter der Bastion wurde in der venezianischen Kirche San Salvatore ein aufwendig gestaltetes Byzantinisches Museum eingerichtet. Es zeigt nicht nur Ikonen, ein frühchristliches Mosaik und andere Kirchenkunst, sondern auch Zeugnisse des Alltags: Schmuck, Münzen, kunstvoll verzierte venezianische Bronzelampen sowie zwei steinerne Fratzen des 16./17. Jh., die alle Übel vom Wohnhaus abhalten sollten.

Venezianische Altstadt !

In den Gassen des Stadtteils Topanas erinnern viele Fassaden und Portale an die venezianische Zeit: z. B. der **Renieri-Palast** 4 in der schmalen Gasse Odos Moschon oder eine **Loggia** 5 mit Wappen und Inschrift (Nulli parvus est census qui magnus est animus – »Keiner ist gering geschätzt, der großherzig ist«) in der Zambeliou 43–45. In der Kondilaki-Gasse kann man auch die 1669 erbaute Synagoge **Etz Hayyim** 6 besuchen. Sie besitzt einen kleinen Innenhof, von dem aus man das rituelle Frauenbad, das Mikveh erreicht.

Archäologisches Museum 7
Di–So 8.30–15, im Sommer evtl. auch bis 19 Uhr
In der Chalidon-Straße, der Hauptstraße der Altstadt, sollte man das Archäologische Museum nicht verpassen. Allein die Museumsanlage ist sehenswert: In ihrem Kern rührt sie von der gotischen, einst katholischen Klosterkirche San Francesco her, die nach Westen hin von den Türken zu einer Moschee ausgebaut wurde. Minarettbasis und Reinigungsbrunnen sind im Museumshof noch zu sehen.

Die ausgestellten Funde reichen vom Neolithikum über die Römerzeit bis hin zur Herrschaft der Venezianer und Türken. Besonders beeindruckend sind die schönen römischen Fußbodenmosaike, außergewöhnlich das ›Master Impression‹-Siegel‹ (Mauer und Stadtansicht, auf einem Turm ein minoischer Mann mit Lanze) sowie andere Siegel und Kleinfunde in den Vitrinen 9, 11 und 13.

Katholische Kirche
An der Chalidon stehen auch die **Katholische Kirche** 8 – gleich gegenüber der orthodoxen **Mitropolis Trimartiri** 9. Ein toleranter türkischer Pascha erlaubte 1880 den Bau beider Gotteshäuser. Der Größe nach zu schließen gab es damals mehr als die ca. 20 griechischen Katholiken, die heute in Chaniá leben. Zu den Gottesdiensten kommen vor allem Touristen und auf Kreta lebende Ausländer.

Folklore-Museum 10
Am kleinen Innenhof vor der Katholischen Kirche hat sich in einem alten Stadthaus ein sehenswertes Folklore-Museum etabliert. Fast lebensgroße Puppen stellen Aspekte des dörflichen und städtischen Lebens nach, in einem Atelier werden Web- und Stickwaren nach alten Mustern hergestellt.

Ledergasse
Gegenüber der Schiavo-Bastion biegt die Odos Skridlof, die bekannte ›Ledergasse‹ 1 ab: Hier können alle Arten von Lederwaren erworben werden. Außerdem befinden sich hier auch andere Souvenirgeschäfte und ein Eingang der **Dimotiki Agora** 11. Diese kreuzförmige Markthalle wurde 1908 in neoklassizistischem Stil nach dem Vorbild des Marseiller Marktes gebaut. Innen findet man so gut wie alles, was Kreta an Kulinarischem zu bieten hat. In den Imbisslokalen kann man preiswert und gut essen.

245

Kastélli und Splantzia

Venezianische Arsenale **12**

Am östlichen Hafenbecken säumen die alten venezianischen Arsenale den Kai: Von ursprünglich 17 sind heute noch sieben Hallen gut erhalten. Die Galeeren der Venezianer konnten hineingezogen und darin repariert werden. Heute nutzt man die Arsenale sowohl gewerblich (Fischer, Handwerker) als auch für Ausstellungen.

Kirche Ágios Nikólaos **13**

Hinter Arsenalen und Kastélli sollte man unbedingteinmal durch das dörflich anmutende Splantzia-Viertel bummeln: etwa zur Kirche Agios Niko-laos, die als venezianische Klosterkirche San Nicolao gegründet und nach 1645 in eine Moschee verwandelt wurde: Der venezianische Campanile diente nun als Minarett. Auf dem Vorplatz steht eine Platane, an der 1821 der orthodoxe Bischof von Chaniá, Melchisedek, von türkischen Sicherheitskräften gehängt wurde – eine Maßnahme zur Eindämmung des gerade ausgebrochenen Aufstandes gegen die Türken.

Kastélli-Hügel

Nichts wirklich Spektakuläres, aber doch zahlreiche historische Reminiszenzen bieten die Gassen des Viertels Kastélli, wo man verfallende venezianische Fassadendetails, Reste des **Statthalterpalastes 14** und der **San Marco-Arkaden 15** sowie entlang der Kanevaro **Grabungsareale 16** mit Ruinen der dorischen Polis Kydonia und der minoischen Siedlung entdecken kann.

In der Neustadt

Von der Markthalle sind es nur einige Schritte zum **Stadtpark 17**, der Ruhe, Schatten und ein großes Café bietet. Ein kleiner Zoo beherbergt einige Exemplare der kretischen Wildziege Agrimi.

In der Nähe und im Vorort Chalépa kann man drei Museen zur neueren Geschichte Kretas besuchen: Das winzige **Historische Museum 18** (Mo–Fr 9–13 Uhr) in der Sfakianaki 20 dokumentiert Kretas Vereinigung mit dem Mutterland, den politischen Werdegang von Venizelos und die deutsche Besatzungszeit.

Das 2002 eröffnete **Venizelos-Museum 19** (Platia El. Venizelou in Chalépa, Mo–Fr 11.30–13.30, 18–20 Uhr, Eintritt frei, Tel. 28 21 05 60 08) ist ausschließlich diesem Grand Old Man Kretas gewidmet.

Übernachten

Privatzimmer sind leicht überall in der Altstadt zu finden. Eine Besonderheit Chaniás sind etliche stilvolle Pensionen in venezianischen Palästen.

Im ehemaligen Palazzo – **Casa Delfino 1**: Theofanous 9, Tel. 28 21 09 30 98, Fax 28 21 09 65 00, www.casadelfino. com, DZ/F 150–331 €. Sieben Suiten, vier Studios, acht Apartments in einem Palazzo aus dem 17. Jh.

Kleine Pension mit Stilmöbeln – **Casa Leone 2**: Eingang Parodos Theotokopoulou 18, Tel. 28 21 05 63 72, Fax 28 21 07 67 62, www.casa-leone.com, DZ/F 85–150 €. Romantik-Hotel mit viel lackiertem Holz und Stilmöbeln – man wohnt in einem alten Stadtpalais.

Traditional Hotel – **Ontas 3**: Epimenidou 9, Tel. 28 21 02 76 91, www.ontas.gr, DZ 40–60 €. Liebevoll renoviertes venezianisches Haus mit wenigen Zimmern unterschiedlicher Größe. Gemeinschaftsküche, kleiner Garten.

In der Stadt, aber ländlich – **Rodon 4**: Akrotiriou 92, Tel. 28 21 05 83 17, Fax 28 21 05 68 21, www.rodon-hotel.gr, DZ/F 50–90 €. An einem Olivenhain im

Stadtteil Chalépa gelegen. Eine ruhige 32-Zimmer-Anlage mit Pool.

Pension in Altstadthaus – **Morpheas Nest** : Zambeliou 47, Tel. 28 21 09 31 20, DZ 30–45 €. Kleine, ruhige Pension mit Dachterrasse.

Im ehemaligen Kloster – **Monastiri** 6: Ag. Markou 18, Tel. 28 21 05 47 76, 30–40 €. Sehr authentisch griechisch, sauber und ruhig, einfache Zimmer unterschiedlicher Größe, teils Etagenbad.

Essen & Trinken

Die Tavernen und Cafés entlang den Hafenbecken sind auf Touristen eingestellt. Authentischer isst man in der ›zweiten Reihe‹ und der Altstadt.

Preiswert und gut – **Doloma** 1: Kapsokalyvon 5, Hauptgerichte ab 6 €. Sympathisches, gutes Lokal hinter den Arsenalen.

Der Klassiker – **Tamam** 2: Zambeliou 49, typisches Mezedes-Essen mit offenem Wein ca. 15–25 €. Urige Gewölbe-taverne in einem ehemaligen türkischen Bad.

Bio Slow food – **To Stachi** 3: Devkalionos 5, 4–5 €. Kalitsounia, Falafel, Soyaburger, Dinkel-Bratlinge und -Pizza, aber auch traditionelle griechische Gerichte wie Dolmades, Briam, Pastitzo, Moussaka. Für Vegetarier und Gesundheitsbewusste die erste Wahl.

Außerhalb des Zentrums

Fisch vom Feinsten – **Achileas** 4: Vorort Néa Chóra am Strand, Tel. 28 21 07 31 10, Mo geschl., Fisch ca. 50 €/kg. Erstklassiges Haus für Fischspezialitäten. Etwas teurer, aber noch erschwinglich.

Fleisch vom Feinsten – **Kypros** 5: Vorort Mourniés, Tel. 28 21 09 18 66, Stadtbus Linie 17; ab 18 Uhr, So auch mittags, Hauptgerichte ab 6 €. Bekannt für Fleischgerichte vom Holzkohlegrill, traditionell, ländlich.

Qualitätstaverne – **O Leventis** 6: Káto Stalós (▶ C 2), 8 km westlich, Hauptgerichte ab 7 €. Beste kretische Weine, lokale Spezialitäten wie Lammpilafi.

Gasse in der Altstadt von Chaniá

Einkaufen

Lederwaren und Juweliere – **Odos Skridlof 1**: Die bekannte Ledergasse, hier gibt es Sandalen und mehr.

Schmiedewaren – **Macheradiko 2**: Sifaka 18. Kretische Messer mit Schmuckmotiven, Damaszener Klingen. Inhaber ist Elias Tzangarakis, gute Beratung auf Deutsch. Auch Kupferwaren.

Bäckerei – **Bonatos 3**: Markthalle, Standnummer 12. Thymian-Honig aus der Samariá-Schlucht – nach dem Honig von Theodoros Viglis fragen.

Zum Stöbern – **Wochenmarkt 4**: Sa 8–13.30 Uhr in der Minoos-Straße im Osten der Altstadt. Lebensmittel, Haushaltswaren, Kleidung zu sehr günstigen Preisen.

Abends & Nachts

Music-Bars und Discos jeder Couleur finden sich an der Hafenpromenade. Die kretischen Tanzlokale liegen in der Regel außerhalb der Stadt und haben nicht täglich geöffnet. Man achte auf Werbeplakate an Strommasten etc. Dann Taxi nehmen. Keine Reservierung erforderlich.

Jazz-Bar – **Fagotto 1**: Angelou 16. Eine Cocktail-Bar am Nautischen Museum, man spielt Jazz und Blues, aber auch klassische Musik.

Lyra- und Bouzouki-Musik – **Lyrakia** (auch Café Crete genannt) **2**: Kalergon 22, Tel. 28 21 05 86 61. In der Saison täglich ab 20.30 Uhr kretische und Bouzouki-Musik live.

Infos & Termine

Termine

Gedenkfeiern zur Schlacht um Kreta, 20.–27. Mai.

Verkehr

Überlandbusse: Vom zentralen **Busbahnhof** in der Neustadt (Odos P. Kelaidi) stdl. nach Réthimno, Iráklio sowie Kíssamos. Mehrmals tgl. nach Chóra Sfakíon und Paleochóra an die Südküste. Im Sommer um 9 Uhr nach Elafonísi über das einsame Kloster Chrisoskalítissa. Von April bis Okt. auch frühmorgens zur Samariá-Schlucht.

Stadtbusse, die an der Markthalle (Platia Sof. Venizelou) halten, verkehren den ganzen Tag über in Chaniás Außenviertel sowie nach Soúda zum Fährhafen.

Mietwagen: Europrent, Chalkidon, Tel. 28 21 02 78 10, Fax 28 21 02 78 13.

Parken: In der Altstadt extrem schwie-

Mein Tipp

Venizelos-Grab ▶ D 2

Auf dem Weg nach Akrotíri (Richtung Flughafen, ausgeschildert) passiert man am Stadtrand die Grabstätte von Eleftherios Venizelos, eine parkähnliche Anlage auf einem Plateau hoch über Chaniá und dem Meer. Unbedingt anhalten, schon des Panoramas wegen! An diesem Ort wurde 1905 erstmals die griechische Flagge als Ausdruck der angestrebten Union mit dem Mutterland gehisst. Auch der Sohn, Sophoklis Venizelos, der zwischen 1943 und 1963 mehrere Male griechischer Ministerpräsident war, liegt hier begraben. Der Vater starb 1936 während der Metaxas-Diktatur im Exil, der Sohn 1964. Ein Ende der 1990er-Jahre errichtetes Bronzemonument zeigt einen bewaffneten Kreter, der die griechische Fahne hält – Symbol für das Lebenswerk Venizelos' (s. S. 79).

rig. Am besten und dazu kostenlos stellt man sein Fahrzeug am Meer westlich des venezianischen Mauerrings ab. Von dort ist man in wenigen Minuten am alten Hafen.

Halbinsel Akrotíri

Besonders nach Osten dehnt sich Chaniá von Jahr zu Jahr weiter aus, Akrotíri hat schon fast den Charakter eines Vororts. Der Süden und Osten der Halbinsel sind wegen des Flughafens, der Hafenanlagen der Soúda-Bucht und der Militärbasen wenig anziehend. Hier liegt auch das einzige Raketenschießfeld der Nato in Europa, ausgeschildert als NAMFI (Nato missile firing base). Glücklicherweise üben die hier stationierten Nato-Soldaten, darunter viele Bundeswehrangehörige, nur noch an wenigen Tagen im Jahr.

Attraktiv ist dagegen der Norden Akrotíris. Eine wenig bebaute, karg bewachsene, gut 400 m hohe Bergkette sperrt die Halbinsel zum Meer hin ab. Seit dem Mittelalter haben sich Eremiten hierher zurückgezogen, und so liegen hier denn auch zwei der bedeutendsten Klöster Kretas.

Kloster Agía Triáda ▶ D 2

Eingangsportal und Fassade der Klosterkirche von Agía Triáda wurden im 17. Jh. von den zur Orthodoxie konvertierten venezianischen Brüdern Geremia und Benedico Zangarolo gestiftet und mit den charakteristischen Stilmerkmalen der venezianischen Renaissance gestaltet: Halbsäulen, vorgeblendete Giebel und Gesimse.

Rechts vor der Kirche steht die seltene Züchtung eines Obstbaumes, der gleichzeitig Mandarinen, Orangen, Zitronen und Limonen trägt. Ein kleines

Museum (8–14, 17–19 Uhr) zeigt Ikonen und liturgisches Gerät. In Agía Triáda wurden die Klosterszenen des Films »Alexis Sorbas« gedreht (s. S. 75).

Selbst produziertes Olivenöl bester Qualität und eigener Wein stehen zum Verkauf, z. T. in Schmuckflaschen.

Klöster Gouvernéto und Katholikó ▶ D 2, D 1

Das als Festung angelegte **Moní Gouvernéto** (5 km weiter oben in den Bergen) ist ebenfalls im Stil der italienischen Renaissance gebaut. Es liegt in wunderbarer Landschaft, einsamer als Moní Agía Triáda (9–12.30, 16.30–19 Uhr). Einige Meter oberhalb des Klosters schweift der Blick übers Meer.

Hier, an einem Denkmal für die Opfer der deutschen Besatzungszeit, beginnt ein reizvoller, mit Natursteinen angelegter Fußweg, der in 30 Min. hinunter zum Moní Katholikó führt. Am Weg passiert man die ›**Bärenhöhle‹**, eine minoische Kulthöhle. Ihren Namen bezog sie von einem Stalagmiten, dessen Form an einen Bären erinnert. Von den Christen war dieser Kultort übernommen worden, dies bezeugt eine orthodoxe Kapelle am Eingang.

Das Katholikon des Eremiten Johannes, die heutige Klosterkirche von **Moní Katholikó,** versteckt sich auf dem Schluchtgrund am Fels, halb hineingebaut in eine Höhle neben der eigentlichen Johanneshöhle. Diese Tropfsteinhöhle führt ansteigend etwa 150 m in den Berg hinein.

Architektonisches Glanzstück des Klosters ist eine gewagte Brückenkonstruktion über den Schluchtbach, die heute als Versammlungsplatz für das Heiligenfest am 6/7. Oktober dient. Die Anlage wurde im 16. Jh. verlassen, vermutlich aufgrund der vielen Piratenüberfälle. Vom Katholikon setzt sich der Pfad fort Richtung Küste. Hier kann man an einem felsigen Strand baden.

Termine

Termine: Prozession von Moní Gouvernéto zur Höhle des Eremiten Johannes (Katholikon) am 8. Sept.

Stavrós ▶ D 1

Wer zum Baden einen flachen, sandigen Strand an einer zum Meer hin abgeschlossenen Bucht vorzieht, sollte weiter nach Stavrós fahren. Der an sich wenig ansprechende Ort, der fast nur aus Ferienhäusern besteht, ist durch die berühmte Schluss-Szene des Films ›Alexis Zorbas‹ bekannt geworden. Hier brach die Drahtseilbahn grandios zusammen und damit das ganze Unternehmen, das Zorbas und der Federfuchser Basil mehr schlecht als recht aufgebaut hatten. Dies ist der Moment, in dem der anfänglich so gehemmte Schriftgelehrte anfängt, mit Zorbas als Mentor den Sirtaki zu tanzen (s. S. 75).

Übernachten

Schöner Garten – **Zorbas:** Tel. 28 21 03 90 11, Fax 28 21 04 26 16, www.hotel-zorbas.gr, Studios und Apartments in Bungalows 45–85 €. Schöne Anlage mit Pool und Tennisplatz, 200 m vom Meer entfernt. Auch über Reiseveranstalter buchbar.

Infos

Verkehr: 3 x tgl. Busse nach Chaniá

Soúda-Bucht ▶ D 2

Auf dem Weg zur Halbinsel Drápano führt beim Kap Soúda mit seinen Militäranlagen von der Schnellstraße ein Abzweig hinauf auf ein Bergplateau, das die römischen Ruinen der dorischen **Polis Apterá** (▶ D 2) trägt: eine monumentale Zisterne, Therme, Peristylvilla mit vielen gut erhaltenen umgestürzten Säulen. Vom **türkischen Fort** an der Nordostseite des Plateaus hat man den besten Panoramablick.

Unten in der **Soúda-Bucht** wacht die venezianische Festung von 1560, die heute von der griechischen Marine benutzt wird. Direkt an der Schnellstraße erkennt man die türkische Festung Izzedín (auch Izeddine) von 1872, heute gehört sie ebenfalls der Marine.

Halbinsel Drápano

Die Halbinsel Drápano östlich von Chaniá stürzt wie eine Wand nach Osten hin ins Meer ab – einer der wenigen Küstenabschnitte Kretas, die völlig unzugänglich sind. Das Landesinnere präsentiert sich dagegen lieblich, eine sanft hügelige Landschaft mit einigen Olivenhainen, Weinfeldern, Zypressenhainen und Steineichenwäldern. In den Dörfern sind noch Ruhe und Ursprünglichkeit zu Hause. Viele Häuser besitzen noch eine beachtliche venezianische Bausubstanz. Nicht wenige Ausländer haben sich gerade diesen Teil Kretas als Domizil ausgesucht, darunter viele Künstler und Kreative.

Kalíves und Almirída

Als Strandorte kommen auf der Drápano-Halbinsel vor allem das geschäftige Dorf **Kalíves** und das kleinere **Al-**

Kókkino Chorió auf der Drápano-Halbinsel ► E 2

Besonders pittoresk gelegen ist dieses Dorf auf Drápano. Sein Reiz: schmale Gassen und die alte Bausubstanz. Hier wurden einige Dorfszenen des Films »Alexis Sorbas« gedreht. Ganz einsam badet man in der winzigen Bucht unterhalb von Kokkino Chorio. Wermutstropfen: Viele Ausländer haben den Reiz dieses Ortes und des benachbarten Plaka entdeckt und sich Villen gebaut. Dadurch ist die Landschaft manchmal verschandelt worden.

mirída in Frage, die an ihren Sandstränden gute Bademöglichkeiten bieten. Besonders pittoresk liegt **Kókkino Chorió** (S. 251).

Übernachten

Schöner Blick – **Haus Karoline:** Kalíves, Tel. 28 25 03 17 03, Fax 28 25 03 23 00, DZ 30–40 €. Klein, am Hang am Ortsrand gelegen, ruhig.

Burgähnlich – **Kastro Kera:** von Kalíves kommend 700 m vor Almiridá, Tel. 28 25 03 19 18, DZ 25–40 €. Apartmentanlage, 5 Min. Fußweg zum einsamen Strand, gastfreundlich geführt, selbst gekelterter Wein.

Traumhafter Buchtblick – **Androniki:** Kókkino Chorió, Tel. 28 25 03 11 90, DZ 40–60 €. Vier Zimmer und ein Apartmenthaus am Dorfrand, abseits des Tourismus.

Essen & Trinken

Traditionell – **Koumandros:** Kalíves, an der Durchgangsstraße, Tel. 28 25 03 24 01, Hauptgerichte 10–15 €, Edelfisch teurer. Fischtaverne am Meer, es aber auch Fleisch und Gemüse, auch im Winter geöffnet, viele Einheimische.

An der Industrieruine – **Zorbas:** in Kalíves, Tel. 28 25 03 13 63. Preiswerter Familienbetrieb an einer ehemaligen venezianischen Wassermühle. Erstklassige hausgemachte Speisen. In der Wassermühle wurde bereits 1928 Strom für das Gefängnis von Kalami erzeugt. Die Bewohner von Chaniá erhielten elektrischen Strom erst ab 1950.

Einkaufen

Glasbläserei – **Tzobanakis:** Kókkino Chorió, tgl. 8–15 Uhr, Verkauf bis 20 Uhr. Mit Verkaufsausstellung. Hautnah kann man hier die Entstehung der Schmuckgläser miterleben.

Bunte Hinterglasmalerei – **Galerie Antonios Santorinios:** in Kambiá, Tel. 28 25 03 21 78, tgl. 9–14, 17–20 Uhr. Der deutsche Maler Wernhard Pittinger ist mit einem griechischen Künstlernamen recht berühmt geworden. Seine Bilder kosten ca. 500–3000 €.

Vámos und Gavalochóri

▶ E 3

Anziehungspunkte im Landesinnern sind die hübschen Dörfer **Gavalochóri** mit einem volkskundlichen Museum und Vámos. Die Kreisstadt **Vámos** ist heute das wichtigste Zentrum Kretas für Agrotourismus, Urlaub in restaurierten alten Dorfhäusern. Ein privates Unternehmen vermarktet die Häuser, unterhält Manufakturen für traditionelle Lebensmittel und auch einen ›auf alt‹ getrimmten Laden, Mirovolon.

Übernachten

In alten Dorfhäusern – **Ferienwohnungen und Ferienhäuser:** Traditional Village, Tel. 28 25 02 21 90, www.vamos village.gr, ab ca. 80 €. Häuser z. T. mit Pool und offenem Kamin, alle an sehr ruhigen Dorfgassen gelegen.

Essen & Trinken

Gartentaverne – **Sterna tou Bloumosifi:** in Vámos, Hauptgerichte 6–13 €. Traditionelle kretische Küche, fantasievoll verfeinert. Hier werden auch die Ziegenbuttermilchsuppe *staka* und in Weinblättern gebratene Sardinen serviert.

Zu Füßen der Weißen Bergen im Hinterland von Chania – hier bei Fournés

Einkaufen

Handarbeiten – **Laden der Frauenko-operative:** am Dorfplatz von Gavalo-chóri. Handgefertigte Textilien und Seidenbilder.

Aktiv & Kreativ

Vielseitig aktiv – **Vamos Village:** Wer in Vámos Urlaub macht, kann an den unterschiedlichsten Aktivitäten teilnehmen. Es gibt geführte Wanderungen und Kochkurse, Tango-Unterricht, Bogenschießen und je nach Saison kann man an ländlichen Aktivitäten wie Raki-Brennen, Weinlese und Olivenernte teilnehmen.

Infos

Info-Büro gegenüber dem ehemaligen Mädchengymnasium Old Girl's School.

Die Weißen Berge
Thériso ► C 3

In Thériso geht es ruhig zu. Hier, am Ende der Asphaltstraße, die durch die Thériso-Schlucht auf ein Plateau an den Hängen der Weißen Berge hinaufführt, hört man nur die Ziegen meckern. Es sei denn, es kommt ein Bus voller Griechen, die auf den Spuren des großen kretischen Staatsmanns Eleftherios Venizelos unterwegs sind. Der nämlich leitete 1905 von hier aus den ›Aufstand von Thériso‹ gegen die aufgezwungene Autonomie Kretas (s. S. 99). Am Dorfende ist er gewehrtragend als Bronzestatue dargestellt.

Das winzige Viehzüchterdorf besitzt einige Lokale und zwei kleine Museen. Das eine erinnert an das Wirken Eleftherios Venizelos' (wenn geschlossen, in der Umgebung nachfragen). Das andere ist der deutschen Besatzungszeit auf Kreta gewidmet.

Essen & Trinken

Typisch kretisch – **Andartis:** Thériso, Hauptgerichte ab 6,50 €. In dem netten, typisch kretischen Lokal ›Der Widerstandskämpfer‹ werden gute und starke Landweine vom Fass serviert.

Infos

Bus: Mo–Fr ab Chaniá ein Bus gegen 14 Uhr, zurück per Taxi.

Zoúrva, Mesklá ▶ C 3

Vom oberen Ortsende von Thériso kann man auf einer schmalen Asphaltstraße zum einsamen, fast verlassenen Weiler **Zoúrva** und weiter nach **Mesklá** fahren. Der Weg führt an den Hängen der Weißen Berge entlang und bietet schöne Ausblicke. Nach einer Rast in einer der Tavernen am Ort kann man nach Thériso zurückkehren oder nach Chaniá weiterfahren. Mit Glück sieht

man in dieser Bilderbuchlandschaft Lämmergeier am Himmel kreisen, die die Thermik nutzen.

Essen & Trinken

Der Klassiker – **Emilia:** Zoúrva, Tel. 28 21 06 74 70, Hauptgerichte ab 6 €. Top-Lage mit großer Terrasse; schöner Blick auf die zypressenbestandenen Hänge der Weißen Berge.

Die Küste westlich von Chaniá ▶ C 2

Die zahlreichen Strände westlich von Chaniá, bei **Galatás, Agía Marína** und **Plataniás,** sind bis Maléme arg zugebaut mit der üblichen Architektur des kretischen Pauschaltourismus. In kleinem Abstand hinter der Hotelreihe verläuft die recht befahrene alte Küstenstraße nach Kolimbári und dahinter die neue Schnellstraße.

Gegenüber von Plataniás liegt die unbewohnte Insel **Ágii Theódori,** ein Reservat für kretische Wildziegen. Die Insel darf nur einmal im Jahr betreten werden, am Kirchweihfest der beiden Inselheiligen am 8. Juni.

Die neue Schnellstraße E 65 umgeht die Hotelvororte Chaniás im Landesinneren. Wer aber das skurrile, 1941 errichtete Wehrmachtsdenkmal in **Galatás** besuchen will, muss die Old Road nehmen. Bis zu einem Wintersturm im Dezember 2000 war auf dem Sockel mit dem eingravierten Fallschirmjägeremblem die Skulptur eines herabstürzenden Adlers angebracht, der ein Hakenkreuz in seinen Klauen hielt.

Aber immer noch verherrlichen die originale Inschrift und eine in den 1990er-Jahren aufgestellte Platte den Pyrrhus-Sieg von Kreta (s. S. 256). Das

Denkmal wurde von den Griechen nicht abgerissen. Es blieb Jahrzehnte stehen, bis 1972 der Bund deutscher Fallschirmjäger, ein 1949 gegründeter Veteranenverein, für 30 Jahre, also bis 2002, pachtete. Der Vertrag wurde nicht verlängert, heute macht die Stätte einen verwaisten Eindruck. Näheres auf der verklärenden Seite www.fallschirmjaeger-denkmal.de.

Essen & Trinken

Für Gourmets – **Aidonisos:** Geráni (westl. von Plataniás), an der Hauptstraße, Hauptgerichte ab ca. 9 €. Feine traditionelle kretische Küche beim bekannten griechischen Koch Jossif Apostolakis, raffinierte Spezialitäten wie z. B. mit Pilzen gefülltes Huhn.

Aktiv & kreativ

Fahradtouren auch für Familien – **Hellas Bike Travel:** Agía Marína, an der Hauptstraße gegenüber Bank of Cyprus, Tcl. 28 21 06 08 58, www.hellasbike.net. Geführte Touren für Anfänger und Enthusiasten, auch Wochenarrangements.

Kloster Goniás ► B 2

Ikonenmuseum tgl. 7.30–12.30, 16.30–19 Uhr
Ein nächster Stopp lohnt bei **Moní Goniás** nahe Kolimbári. In der 1634 von den Venezianern gestifteten Anlage werden bedeutende Ikonen verwahrt, sowohl in der Klosterkirche als auch in einem kleinen Ikonenmuseum. Auf dem großen Gemälde im Kirchenschiff links ist das Jüngste Gericht dargestellt. Im Paradies halten sich nicht nur die christlichen Heiligen, sondern auch

einige Heiden auf: Kaiser und Könige nämlich, die als ›Vorläufer‹ des ersten christlichen Königs und Kaisers Konstantin nicht in der Unterwelt bleiben durften. Zu erkennen sind Augustus, Dareios und Alexander der Große.

Hinter dem Kloster liegt die ›**Orthodoxe Akademie‹,** eine Gründung des legendären Irenäus. Der umtriebige Bischof von Kastélli (heute Kíssamos) hatte einst die kretische Volksreederei ANEK ins Leben gerufen und damit das Monopol der Athener Reeder gebrochen. Die Akademie hält internationale Begegnungsseminare ab. Man kann die Bibliothek besuchen, eine Stiftung des nordamerikanischen Moralphilosophen Robert Fulghum von 1996 (Mo–Fr 9–13, 16.30–20 Uhr).

Infos & Termine

Internet: www.kolimbari.de.
Termin: Kirchweihfest beim Kloster Goniás. 15. August.
Verkehr: Busse verkehren stündlich ab Chaniá und Kíssamos.

Mein Tipp

Die Rodopós Halbinsel ► B 1–2
Die *Chersónisi Rodopoú* ist in ihrem nördlichen Teil völlig unbewohnt und fast kahl. Eine Fahrt zum Díktina-Heiligtum und zur Kapelle Ágios Ioánnis Giónis lohnt dennoch. Tausende treffen sich dort am 28. Aug., dem Kirchweihfest, zu Speis und Trank, Musik und Tanz. Am Folgetag wird gefastet, denn Johannes Gionis ist Vorbild für das asketische orthodoxe Mönchtum.

Auf Entdeckungstour

Maléme – wo im Mai 1941 die ›Schlacht um Kreta‹ stattfand

Der deutsche Soldatenfriedhof oberhalb von Maléme wurde 1974 eingeweiht. Eine von Mittagsblumen übersäte Anlage am Hang der einst umkämpften ›Höhe 107‹. In Maleme fanden 4465 deutsche Soldaten, die während der Besatzungszeit auf Kreta umgekommen waren, ihre letzte Ruhestätte.

Reisekarte: ▶ B 2

Planung: Ganztägig geöffnet.

Hinweis: Der Souda Bay Cemetary (zwischen Soúda und Chaniá an der Bucht) zeigt die Ereignisse aus britischer Sicht.

Ein Ereignisfeld der Geschichte, das eine Gänsehaut macht: Am Eingang informieren Stellwände mit Fotos, Plänen und Texten über die Schlacht von Kreta. In einem Gästebuch können Besucher ihre Eindrücke und Meinungen niederlegen. Ein PC hilft Suchenden bei der Ortung einzelner Gräber.

Das weite Gräberfeld oberhalb des Eingangs ist in vier Zonen aufgeteilt: Maleme, Chania, Réthimno, Heraklion; sie spiegeln die Hauptkampfräume wider. Auf den Grabplatten aus Granit stehen jeweils die Namen von zwei Gefallenen. Todestag 20. oder 21. Mai 1941. Geburtsjahr 1920, 1921, 1922. Die hier gefallenen Soldaten waren junge Männer, gerade den Kinderschuhen entwachsen, 19 bis 21 Jahre alt. Auf einem Platz in der Mitte sind 360 Namen von Deutschen verzeichnet, die in den Seeschlachten fielen.

Die Vorgeschichte
Bis April 1941 hatten die deutschen Truppen das griechische Festland und Athen eingenommen. Kreta, strategisch wichtig als Flugzeugbasis für militärische Operationen im östlichen Mittelmeer und Nordafrika, war noch nicht besetzt. Die alliierten Truppen, neben Briten auch Neuseeländer und Australier, insgesamt ca. 33 000 Mann, dazu griechische Truppen mit 10 000 Mann, erwarteten den deutschen Angriff. Auf alliierter Seite hatte der neuseeländische General Freyberg das Oberkommando, auf deutscher Seite der ›General der Flieger‹ Kurt Student. Und was bei der deutschen Wehrmacht ›Unternehmen Merkur‹ hieß, nannten die Briten ›Creforce‹.

Eine Landung von See her war wegen der überlegenen alliierten Seestreitkräfte nicht möglich. So blieb den Deutschen nur der Angriff aus der Luft. Nach dem Plan Students sollten rund 10 000 Fallschirmjäger abgesetzt werden. Die Deutschen hofften, so innerhalb eines einzigen Tages die von den Alliierten gehaltenen drei Flugplätze der Insel bei Maléme, Réthimno und Iráklio erobern zu können.

Der Angriff
Die Invasion begann am frühen Morgen des 20. Mai. 330 Bomber flogen die erste Angriffswelle. Ihnen folgten 180 Jäger, 500 Transportflugzeuge und etwa 80 Lastensegler, die von Ju 52 gezogen wurden. Das propagandistische Nazi-Blatt ›Der Stürmer‹ reimte damals enthusiastisch: »Gleich Adlern stürzen sie erdenwärts / Im Sturz in die Tiefe, dem Feinde ins Herz«. Ein herabstürzender Adler war das Emblem der Fallschirmjäger – und ist es übrigens bis heute in der Bundeswehr geblieben.

Die Deutschen hatten den Widerstandswillen der Kreter völlig unterschätzt. Mit Sicheln, Forken, Stöcken und Steinen gingen Frauen, Kinder und Greise auf die Eindringlinge los. Die Verluste des Unternehmens Merkur waren höher als die des gesamten Balkanfeldzugs. Alles in allem endete die Operation mit einem Pyrrhus Sieg. Der hartnäckige griechische Widerstand verzögerte den deutschen Überfall auf die Sowjetunion und trug damit zur Niederlage bei Stalingrad bei.

Zu den Fallschirmspringern gehörte damals Max Schmeling, Weltmeister im Schwergewicht, der 1936 den ›braunen Bomber‹ Joe Louis besiegt hatte. Die Nazis stilisierten ihn zum siegreichen Vertreter der weißen Rasse hoch, bis er Louis zwei Jahre später unterlag und in Ungnade fiel. In relativ hohem Alter wurde er zu den Fallschirmjägern eingezogen. Bei der Landung auf Kreta verletzte er sich am Meniskus und konnte am Kampfgeschehen nicht mehr teilnehmen. Sein Glück!

Spiliá ▶ B 2

Reisende mit Mietwagen und Interesse für byzantinische Kunst sollten einen Abstecher nach Spiliá und Episkopí unternehmen. Das unscheinbare Dorf **Spiliá** wartet mit einem Museum kirchlicher Kunst auf, das bedeutende Ikonen, griechische Handschriften, venezianische Drucke und Kirchengerät enthält. Oberhalb des Museums erhebt sich die moderne Kirche der Panagia Mirtiotissa mit einer kompletten Ausmalung aus den 1980er-Jahren. Mirtiotissa leitet sich von Myrte ab, der Pflanze der Liebesgöttin Aphrodite. So stehen denn auch prächtige Myrtenbäume vor Kirche und Museum.

Gut 4 km weiter erreicht man die **Erzengel-Michael-Kirche,** eine auf Kreta sonst nicht vorkommende Rotunde, die mit einer seltenen getreppten Kuppel überdacht ist. Den Boden bedeckt ein geometrisches Mosaik aus dem 6. oder 7. Jh.

Termine

Volksfest beim Panigiri der Panagia Mirtiotissa in Spiliá. 24. Sept.

Kíssamos ▶ A 2

Über die Schnellstraße von Chaniá nach Westen ist die Kleinstadt Kíssamos (früher Kastélli) flugs erreicht. Sie liegt etwas abgerückt vom Meer in ländlicher Umgebung. In der Umgangssprache wird die Stadt immer noch kurz Kastélli genannt. Reste des namengebenden venezianischen Kastells liegen in Küstennähe. Kíssamos ist seiner authentischen Atmosphäre wegen ein guter Standort, um den Nordwesten Kretas zu entdecken. Ein

guter Badestrand befindet sich bei Mávro Mólos am westlichen Stadtrand.

In einem venezianisch-türkischen Verwaltungsbau an der Platia ist 2007 ein didaktisch ansprechendes **Archäologisches Museum** eröffnet worden. Ausgestellt sind Funde der Region. Im Erdgeschoss beeindruckt eine Art Klingelbeutel aus Stein, der einst zur Sammlung von kleinteiligen Weihgeschenken, Gold, Geld usw. diente. Im Obergeschoss zeigen schöne Mosaike aus römischen Villen dionysische Szenen und Personifizierungen von Jahreszeiten.

Übernachten

Kíssamos ist der beste Standort für Nordwestkreta, die Hotels weisen einen guten Standard auf:
Gut und preiswert – **Galini Beach:** Tel. 28 22 02 32 88, Fax 28 22 02 33 88, www.galinibeach.com, DZ 40–53 €. Kleines Hotel am Strand, ruhige Lage am Sportplatz.
Familiär und hilfsbereit – **Bikakis:** Tel./Fax 28 22 02 21 05, www. familybikakis.gr, DZ 30–40 €. Die Pension im Ortszentrum ist ruhig und bietet einen schönen Blick aufs Meer. Der Hotelprospekt enthält auch die Wanderwege um Kíssamos.

Essen & Trinken

Exzellente Fischtaverne – **Stimadoris:** An der Hauptstraße am Sportfischerhafen westlich von Kíssamos, Hauptgerichte ca. 8–16 €.
Garküche – **Dimitrios Violakis:** An der Hauptstraße, Hauptgerichte ab 6 €. Eines der seltener gewordenen klassischen Estiatoria. Gargerichte aus der Kasserole, eigener Wein.

Schön am Meer gelegen – die Ruinen von Falásarna

Einkaufen

Schnitzarbeiten: Handgefertigte Produkte aus Olivenbaumholz bei N. Lainakis, westlich der kleinen Platia.

Aktiv & Kreativ

Nach Gramvoúsa und Bálos ganz- und Halbtagesausflüge per Schiff ab Kissamos 10 und 10.15 Uhr, Hauptsaison auch 12.30 Uhr, Info: Tel. 28 22 02 43 44, www.gramvousa.com, 22 €.

Bálos ► A 1

Der einsame Strand von Bálos wird jeden Tag von zahlreichen Bootsausflügen aus ganz Westkreta besucht. Man nennt ihn auch Tigáni (Pfanne), denn genau so sieht die südliche Begrenzung des Strandes aus. Die ehemalige Piratenbucht befindet sich gegenüber der venezianischen Festungsinsel **Gramvoúsa** auf der gleichnamigen Halbinsel, die wie ein spitzer Dorn ins Meer ragt.

Falásarna ► A 2

Vom Pass bei Plátanos kommt die weite Küstenebene von Falásarna (Phalasarna) zum ersten Mal in Sicht: schimmernde Olivenhaine, wie hingestreut dazwischen Plastikgewächshäuser und Apartmentbauten. Der Strand ist an der Nordseite der Bucht am besten: feinsandig, flach ins Meer abfallend, klares, türkisfarbenes Wasser. Zu Füßen des Felsens, der die Bucht begrenzt, liegen die Ruinen einer antiken Hafenstadt. Vorbei an einem rätselhaften steinernen ›Thron‹ direkt links am Zufahrtsweg gelangt man zu Ruinen von Türmen und Kais. Seit der Antike hat sich die Küste hier um 6–7 m gehoben. Außerdem sind Überreste antiker Steinbrüche zu entdecken.

Übernachten

Gut und preiswert – **Petalida:** Tel. 28 22 04 14 49, www. petalida-crete.com, DZ 30–45 €. Kleines Hotel am Nordende der Bucht von Falásarna mit angegliederter Taverne. Täglich frischer Fisch. Stufen führen hinab zum Strand. Auch Ferienwohnungen.

Polirriníia ▶ A 2

Polirriníia liegt nur 6 km landeinwärts auf einem 320 m hohen Berg. Zu sehen

sind Gräber sowie die bescheidenen Ruinen eines römischen Aquädukts und hellenistischer Häuser. Der beste Zugang zur **Akropolis** führt durch das heutige Dorf Polirriníia, wo ein kretisches Original selbst gebrannten Raki und geschnitzte Souvenirs aus Olivenholz verkauft. Von hier oben hat man einen wunderbaren Rundumblick, im Norden in der Ferne grüßen die Zacken der beiden Halbinseln Gramvoúsa und Rodopoú.

Topólia-Schlucht ▶ A/B 3

Die Schlucht von Topólia und ihre Umgebung sind ein schönes Ziel für Wanderungen. Die Straße zwängt sich eng am Schluchtrand des Tiflós-Baches entlang, unter überhängenden Felsen und schließlich durch einen schmalen Tunnel. Sehenswert ist hinter dem Tunnel die **Tropfsteinhöhle der Agía Sofía,** zu der einige Stufen hinaufführen.

Die Lagune von Bálos bei der Festung Gramvoúsa

Mein Tipp

Das Dorf Miliá – jetzt ein Öko-Hotel ▶ A 3
Miliá, in einem der abgelegensten und grünsten Täler Kretas, war bis in die 1990er-Jahre so gut wie verlassen. Doch dann kam jemand auf die pfiffige Idee, das ganze Dorf zu einem Hotel umzubauen. Man erreicht Miliá auf einem passablen Fahrweg über Vlátos. 13 renovierte Dorfhäuser werden hier in absoluter Ruhe vermietet; Speisen und Energie stammen aus eigener ökologischer Produktion. Viele der alten Bauernpfade der Umgebung wurden als Wanderwege markiert. Daneben gibt es Koch- oder Yogakurse.
Milia Mountain Retreat. Tel. 28 21 04 67 74, Fax 28 21 05 15 69, www.milia.gr, DZ/F 75–85 €.

Ausgangspunkt für den Pfad auf dem Schluchtgrund ist das Dörfchen **Koutsomatádos,** in dem es mehrere Ausflugtavernen gibt. Der Wirt der Taverne Archontas hält eine selbst gefertigte Skizze mit den wichtigsten Wanderwegen bereit.

Übernachten

Ländlich – **Archontas:** Koutsomatádos, Tel. 28 22 05 15 31. Privatzimmer. DZ 20–35 €. In der zugehörigen Taverne kommen Lebensmittel aus eigener Produktion auf den Tisch.

Der Südwesten

Highlight!

Samariá und andere Schluchten: Die Samaria-Schlucht in den Weißen Bergen – einst Versteck von Partisanen und Fluchtweg im Zweiten Weltkrieg – ist heute der beliebteste Wanderpfad auf Kreta. Doch es gibt auch noch andere Schluchten, viele weniger überlaufen: Agía-Iríni-Schlucht, Imbrós-Schlucht, Arádena-Schlucht, Kallikrátis-Schlucht und viele mehr. S. 272, 277

Auf Entdeckungstour

Wanderung zur Höhle der 99 Väter: Auf schmalen Pfaden und Feldwegen geht es zur tiefen Höhle Ágii Patéres und ins reizvolle Dorf Azogirés, das mit einem interessanten historischen Museum aufwartet. S. 268

Kultur & Sehenswertes

Byzantinische Stifterkapellen: Spurensucher finden Reste einiger antiker Poleis wie Lissós bei Soúgia und Tarrá bei Agía Rouméli sowie kleine Kirchen, deren Wandmalereien zum Teil recht gut erhalten sind, etwa in Ánidri. S. 271

Aktiv & Kreativ

Zahlreiche Wandermöglichkeiten: Der Südwesten ist das Hauptwandergebiet Kretas. Besonders interessant sind Kombinationen: eine Strecke Wanderung, zurück mit der Küstenfähre. S. 266

Bootsfahrt entlang der Südküste: Zwischen Paleochóra und Chóra Sfakíon stürzen die Weißen Berge und ihre Ausläufer, durchbrochen von tiefen Schluchten, steil ins Meer. Eine Küstenstraße konnte deshalb nicht gebaut werden. Die Fähre fährt so nah am Land, dass man die Gesteinsformationen gut beobachten kann. S. 266

Genießen & Atmosphäre

Per Boot zur Insel Gávdos: Ein Genuss bei ruhigem Wetter. Das südlichste Ende Europas wartet mit lichten Wäldern, glasklarem Wasser und herrlichen Sanddünen auf. S. 278

Abends & Nachts

Ein interessantes Nachtleben hat allein Paleochóra, einige Bars und Clubs ziehen vor allem junges, alternatives Publikum an. S. 266

An Kretas wilder Küste

Für Naturliebhaber ist die Küste mit ihren steil ins Meer stürzenden Klippen und tief eingeschnittenen Schluchten, wie der berühmten Samariá-Schlucht, der Höhepunkt einer Kretareise. Beeindruckend sind auch die uralten Olivenhaine bei Paleochóra und die Dünenlandschaften bei Elafonísi.

Der Südwesten eignet sich als Standort nicht für Leute, die die bedeutenden Sehenswürdigkeiten Kretas besuchen wollen. Die Anfahrten dorthin sind viel zu zeitraubend. Dagegen kommen Naturliebhaber, Beach-Entthusiasten und Faulenzer voll auf ihre Kosten. Richtige Großhotels gab es in diesem Teil der Insel im Jahr 2008 noch nicht. Einen nennenswerten Pauschaltourismus kann allein das Städtchen Paleochóra für sich verbuchen. Paleochóra ist aber auch ein hervorragender Standort für Wanderer. Man kann nach Osten und Westen hin herrliche Küstenwanderungen unternehmen und sich mit der kleinen Fähre zurückbringen lassen.

Infobox

Tourist Information
Tourist Information Chaniá: s. S. 240, Forstamt Weiße Berge: Tel. 28 21 09 22 87.

Ankommen und Weiterkommen
Nach Kándanos/Paleochóra und Chóra Sfakíon fahren die Überlandbusse der KTEL mehrmals täglich ab Chaniá. Nach Soúgia fährt nur der Dorfbus. Frühmorgens ab Soúgia nach Chaniá, mittags von Chaniá nach Soúgia und gleich zurück.

Moní Chrisoskalítissa ▶A 4

Elafonísi an der Südwestküste kann man auf zwei Routen ansteuern. Von Kíssamos über Plátanos führt oberhalb der Westküste eine kurvenreiche Panoramastraße durch touristisch unerschlossenes Gebiet; schneller ist man auf der Straße im Landesinneren über Topólia, Míli und das Kastaniendorf Élos. Beide Routen treffen sich bei Váthi und führen zum ehemaligen Frauenkloster **Chrisoskalítissa.** Der Name bedeutet ›Kloster der goldenen Treppe‹, doch die bekommt nur zu sehen, wer sündenfrei ist. Der verschachtelte weiße Bau mit seiner blauen Kuppel erhebt sich festungsartig auf einem 140 m hohen Felsen über dem Meer. Bis Elafonísi sind es von hier noch 6 km.

Elafonísi ▶A 4

Elafonísi ist kein gewachsener Ort, sondern ›nur‹ ein Strand. In den 1980ern noch Geheimtipp für ungebundenes Robinson-Dasein, ist es heute durch eine Asphaltstraße sowie durch Tavernen, Telefonhäuschen und einige Pensionen voll erschlossen. Täglich kommen Badeboote aus Paleochóra und Busse aus Chaniá und Kíssamos (Kastélli).

Der Strand ist einmalig schön – der Kontrast zwischen weißem Sand und türkisfarbenem Meer schafft eine geradezu südseehafte Lagunenatmosphäre. Das Wasser ist so seicht, dass man zur vorgelagerten Insel waten kann. Rucksacktouristen zelten östlich des Anlegers unter Phönizischem Wacholder in den Dünen.

Kloster in der Nähe des Traumstrands Elafonísi – Moní Chrisoskalítissa

Übernachten, Essen

Abends einsam – **Elafonísi Rooms:** Tel. 28 22 06 12 74, Fax 28 22 06 15 87, 25–35 €. Die strandnahe Taverne sorgt nicht nur für das leibliche Wohl der Badegäste, sondern vermietet auch schlichte Privatzimmer mit TV, Kühlschrank und Klimaanlage. Auch einen kleinen Pool gibt es.

Infos & Termine

Termin: Kirchweihfest beim Kloster Chrisoskalítissa am 15. Aug.
Verkehr: Im Sommer gehen tgl. Ausflugsbusse der KTEL ab Chaniá und Kíssamos (Kastélli) nach Elafonísi. Morgens hin zum Baden, nachmittags zurück.

Paleochóra ▶ B 4

Paleochóra ist das größte Touristenzentrum der Südwestküste – was nur bedeutet, dass es in den anderen Strandorten des Südwestens noch ruhiger zugeht. Größere Hotelbauten fehlen. Der Ort liegt auf einer Halbinsel unterhalb eines Plateaus, auf dem sich einst das venezianische Kastell Selino erhob, und ist an drei Seiten vom Meer umgeben.

Einer der besten Strände Kretas zieht sich dort kilometerlang nach Westen. Badefreunde finden entlang diesem Weg einige gute und sehr gute Strände. Zu sehen gibt es jedoch nichts Nennenswertes. Paleochóra ist ideal für Badeferien und Wanderungen in reizvoller Umgebung. Zudem ist es ein gewachsener Ort mit vielen Geschäf-

Mein Tipp

Küstenwanderungen ab Paleochóra auf dem E4

Mit Wanderschuhen und genügend Wasser ausgerüstet, können trittsichere Wanderer mit Kondition auf dem Europawanderweg 4 leicht Soúgia im Osten und die Halbinsel Elafonísi im Westen erreichen und sich von der Fähre oder dem Ausflugsboot zurückbringen lassen. Nach Westen hin fährt man bis zum Kap Kriós (▶ A 4) am besten mit dem Taxi. Nach 40-minütiger Wanderung ist dort dann auf dem Weg nach Elafonísi der einsame Felsstrand Ágios Ioánnis erreicht.

ten, Banken und traditionellen Kafenia.

Paleochóra hat als einziger Ort dieser Gegend ein nennenswertes Nachtleben. Vor allem junges, internationales Publikum, aber auch einige ›Alternative.‹

Übernachten

Großes Angebot an Mittelklassehotels, Pensionen und Privatzimmern. Auch in der Hauptsaison gibt es in der Regel keine Probleme unterzukommen.
Komfortabel – **Elman:** Tel./Fax 28 23 04 14 12, www.elman.gr, ab 93 €. Aparthotel direkt am Weststrand. Die 16 großen Studios und Apartments sind aufwendig möbliert.
Familiär – **Joanna's Place:** am Ortsrand Richtung Hafen gegenüber dem Hotel Aris, Tel. 28 23 04 18 01, www.joanna-place.com, Apr.–Nov. Zehn schöne, ruhige Studios ab ca. 40 €.

Klein und funktional – **Agas:** Tel. 28 23 04 11 55, Fax 28 23 04 25 03, DZ 40–55 €. Mitten in der ›Neustadt‹ und ruhig.
Schlichte Privatzimmer – **Kostas:** Tel. 28 23 04 11 31, Fax 28 23 04 12 48, DZ ab 30 €. Im alten Ortskern. Der Wirt vermittelt bei Engpässen an befreundete Vermieter weiter.

Essen & Trinken

Spitzenküche – **Aposperida:** Am Ortseingang, Tel. 28 23 04 18 22, Hauptgerichte ab 5 €. Hier verkehren viele einheimische Stammgäste, typisch kretische Küche.
Sieht aus wie ein Kafénio – **Akropolis:** An der Kreuzung im Zentrum, Mezedes-Essen mit offenem Wein 10–15 €. Spezialität sind kleine *petropsara* (Grundfische), die frisch vom Fischladen hinter dem Haus bezogen werden.

Aktiv & Kreativ

Bootsausflüge – Ab Paleochóra von April bis Okt. tgl. Fähren nach Soúgia, Agía Rouméli (Samariá-Schlucht) und Chóra Sfakíon.
Wandern – Im Sommer tgl. ein Bus zum Einstieg in die Agía Iríni- sowie in die Samariá-Schlucht. Zurück mit der Nachmittagsfähre. Schön ist auch die Tour von Spaniákos zum Kloster der 99 Väter (s. S. 269) und weiter nach Ánidri.

Azogirés ▶ B 4

Das kleine Dorf liegt einige Kilometer landeinwärts inmitten grünschimmernder Olivenplantagen. Am unteren Ortsrand lohnt das verlassene **Kloster der 99 Väter** einen Besuch, in dem sich ein kleines Museum zur jüngeren Geschichte Kretas befindet (nach dem

Wärter im Restaurant Alpha an der Hauptstraße fragen; hier spricht man gut Englisch). Vor dem Kloster steht die legendäre Immergrüne Platane (s. S. 270). Ein Raum im Klostermuseum ist dem britisch-kretischen Widerstand gegen die deutsche Besatzung 1941–1944 gewidmet.

Es gab auf Kreta zwei große Widerstandsorganisationen, die auch im übrigen Griechenland kämpften. Die bürgerlich-monarchische EOK arbeitete mit britischen Agenten zusammen. Die Ausstellung in Azogirés zeigt z. B. Fotos von Patrick Leigh-Fermor und Stanley Moss, die in der Nacht vom 26. auf den 27. April 1944 die Entführung des deutschen Generals Kreipe aus seinem Hauptquartier bei Iráklio organisiert hatten (s. S. 117). Leigh-Fermor war nicht nur Soldat, sondern damals schon ein bedeutender britischer Reiseschriftsteller.

Im Sommer 1944, als sich der Abzug der Deutschen schon abzeichnete, kollaborierte die EOK mit den Deutschen, um dafür Waffen einzutauschen, die sie für die kommende Auseinandersetzung mit der linken Widerstandsbewegung EAM (Nationale Befreiungsfront) brauchte. Die EAM war mit Abstand die größte griechische Widerstandsbewegung. Ihr bewaffneter Flügel, die ELAS, zählte 1944 ca. 70 000 Soldaten. Außerhalb dieser Organisationen leisteten auf Kreta aber auch Unorganisierte Widerstand, die sich um einen ›Kapitanios‹ ▷ S. 271

Mein Tipp

Historische Spurensuche: Mahnmale des Zweiten Weltkriegs im Hinterland ► B 3

An der direkten Verbindungsstraße zwischen Paleochóra und der Nordküste liegt das kleine Bergdorf **Floriá** – mit einem originalen Wehrmachtsdenkmal. Es wurde Ende des 20. Jh. auf Initiative eines Gebirgsjäger-Hauptmanns der Bundeswehr restauriert. Seine deutschsprachige Dokumentation der Ereignisse von Floriá kann man im nahen Kafenio einsehen. Das Relief des Denkmals zeigt zwei Handgranaten werfende Gebirgsjäger. »Gefallen für Großdeutschland am 23. 5. 41« waren hier laut Inschrift 14 Gebirgsjäger. Die Elitetruppe der Wehrmacht war während der Schlacht um Kreta (s. auch S. 256) ins Landesinnere vorgestoßen und hier von den Kretern, die ihr Land verteidigten, gebührend empfangen worden. Daraufhin zerstörten die deutschen Soldaten Floriá und erschossen alle Einwohner, derer sie habhaft werden konnten.

Größer als Floriá war **Kándanos,** das die Wehrmacht zwei Wochen später dem Erdboden gleichmachte. Die Deutschen hängten in den Ruinen zur Abschreckung drei Steintafeln auf, die ›auf die bestialische Ermordung‹ von 25 deutschen Soldaten hinweisen. Kopien dieser Tafeln wurden in den 1980ern mit deutscher Finanzhilfe an einer freistehenden Natursteinmauer angebracht – als Antikriegsdenkmal. Auf der anderen Seite des Platzes listet eine Gedenkstätte die Namen der Kreter auf, die hier den Tod fanden.

Auf Entdeckungstour

Wanderung von Spaniákos zur Höhle der 99 Väter

Diese Wanderung führt – auf Pfaden und Feldwegen – vom fast verlassenen Dorf Spaniákos nach Azogirés. Unterwegs besuchen Sie die Höhle der 99 Väter (Spiléo Agíi Patéres).

Reisekarte: ▶ B 4

Planung: Der 9 km lange Weg beansprucht 3–4 Std. Wanderstiefel anziehen, Wasser sowie Taschenlampe für die Höhle mitnehmen.

An- und Rückfahrt: Bus um 12 Uhr ab Paleochóra, dann ca. 15 Min. zu Fuß eine betonierte Straße hinauf nach Spaniákos, zurück ab Azogirés, Mo–Fr gegen 15.40 Uhr. Das ist etwas knapp, deshalb besser eine Strecke mit dem Taxi fahren (Tel. 28 23 04 11 28). Entfernungen: Paleochóra – Spaniákos: 8 km, Azogirés – Paleochóra: 9 km.

Die Wanderung beginnt an der verlassenen Volksschule von Spaniákos (Holzschild: »Demotikon Scholeion Spaniákou«). Ca. 50 m hinter der Schule zweigt nach links bergauf in Gehrichtung ein Feldweg unter Olivenbäumen ab, der in 5 Min. zu einer Häuseransammlung führt, einem Ortsteil von Spaniákos.

Von Spaniákos nach Azogirés

Jetzt aufgepasst. Eines dieser Häuser steht genau vor dem Scheitel einer Linkskurve unseres Feldwegs. Wir gehen auf einem Fußpfad in Gehrichtung links an diesem Haus vorbei, gelangen so hinter dieses Haus und gehen ca. 50 m weiter, bis wir hinter einer Ansammlung weiterer kleiner Häuser auf eine Abzweigung stoßen. Ein Pfad führt hier genau rechtwinklig nach links bergauf. Er wird links von einer Hauswand begrenzt, rechts von einem schmalen Wasserkanal aus Beton.

Dieser Pfad führt uns wiederum nach 50 m auf eine Asphaltstraße. Es handelt sich um die Straße, die hinter der Volksschule von Spaniákos in weitem Bogen ebenfalls hierher führt. Gegenüber der Asphaltstraße setzt sich unser Pfad bergauf fort. Er ist jetzt deutlich blau markiert und wird uns ohne weitere Orientierungsschwierigkeiten zuerst ansteigend, dann absteigend um den Bergrücken herum nach Azogirés führen.

Der Pfad endet nach 1 Std. bei einem großen Wasserbecken aus Beton (daneben eine Quelle) und einem Baustahlgewebezaun. Man muss an diesem Zaun zuerst rechts vorbeigehen, um nach wenigen Schritten und vor der Zisterne die Pforte zu finden, durch die wir dann den Weiterweg nach links in Gehrichtung fortsetzen können. Azogirés ist hier schon längst in Sicht gekommen. Ab dem Wasserbecken aus Beton setzt sich der Wanderweg

als Feldweg fort. Er führt uns nach einer halben Stunde zur Stichstraße, die von Azogirés hinauf zur Höhle der 99 Väter, Spiléo Agíi Patéres, führt. Wir gehen nun also links bergauf zur Höhle und begegnen bald auch Schil-

dern mit der Aufschrift ›Spileon, Cave‹. Nach einigen Serpentinen endet die Straße an einem Parkplatz. Von hier aus führt, weiter bergauf, ein Pfad zur Höhle, die sich schon aus der Ferne durch ein aufgestelltes Kreuz zu erkennen gibt.

Die Höhle der 99 Väter

Nur mit äußerster Vorsicht kann man in den Höhlenschacht hineinsteigen. Manche Stufen der drei luftig befestigten Eisenleitern sind an den Befestigungsstellen durchgerostet und mit

Draht befestigt. Wer eine Taschenlampe dabei hat, erkennt in der Höhle einen von Vogelexkrementen verschmutzten Altar mit Kerzenresten, auf dem die Ikone der 99 Väter steht.

Ursprünglich gab es bei den 99 Eremiten noch einen Hundertsten, den heiligen Johannes aus Ägypten, der ihr Anführer war. Die 100 Eremiten kamen über Zypern und Kleinasien nach Südkreta und beschlossen, sich in verschiedenen Höhlen in der Umgebung von Azogirés niederzulassen.

Eines Tages beschloss Johannes, seine 99 Brüder zu verlassen und in selbstgewählter Askese alleine weiterzuleben. Er zog sich in den Norden der Halbinsel Akrotíri zurück und lebte dort in einer Höhle in der Schlucht unterhalb des Kloster Gouvernéto. Bevor die Eremiten auseinandergingen, legten sie einen Eid ab. Falls einer von ihnen sterben sollte, wollten alle anderen ebenfalls sterben. Jahre später verwundete ein Jäger auf Akrotiri den Johannes, weil er ihn für ein wildes Tier gehalten hatte. Der Eremit schleppte sich mühsam in seine Wohnhöhle zurück, um dort zu sterben. Der Jäger folgte am nächsten Tag den Blutspuren und versprach dem Johannes, nach Azogirés zu gehen und den 99 Brüdern vom Tod ihres ehemaligen Anführers Bescheid zu geben. Als der Jäger dort ankam, erfuhr er, dass alle 99 an einem Tag gestorben waren.

Die Fabel zeigt eindringlich die soldatischen Tugenden des orthodoxen Mönchtums. »Alle für einen, einer für alle«, ähnlich wie es bei den Musketieren hieß. Nach der arabischen Besatzung, die auf Kreta 961 zu Ende ging, waren die Randgebiete des byzantinischen Reichs verwaist. Mönche wurden als unbewaffnete ›Soldaten‹ und Pioniere ausgeschickt, um neue Klöster zu bauen und diese Gebiete wieder zu ›gräzisieren‹. Sie boten den Neusiedlern Schutz und religiösen Beistand.

Eine Legende besagt, dass seit dem Tod der 99 Eremiten eine Platane am Höhlenkloster bei Azogirés von einem blattabwerfenden zum immergrünen Baum mutierte – sie wird bis heute verehrt. Immergrüne Platanen kommen auf Kreta auch anderswo vor. Das berühmteste Exemplar steht in Górtis in Mittelkreta – angeblich dort, wo Zeus mit Europa den Minos zeugte.

Der Abstieg nach Azogirés dauert jetzt noch eine halbe Stunde, von dort kann man auf einem Pfad (s. S. 271) nach Ánidri und durch eine Schlucht auf den Küsten-E4 gelangen.

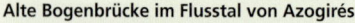
Alte Bogenbrücke im Flusstal von Azogirés

scharten, der von ihnen als Führer anerkannt war. Der Konflikt zwischen EOK und EAM war ein Vorspiel zum griechischen Bürgerkrieg 1946–1949, der auch auf Kreta ausgekämpft wurde. Hier endete er im Sommer 1948 mit der Niederlage der Linken in der Samariá-Schlucht.

Durch die Hintertür des Klosters gelangt man auf einen reizvollen markierten Pfad, den man in ca. 1,5 Std. nach Ánidri hinunter wandern kann.

Ánidri ►B4

Ánidri liegt wie Azogirés inmitten grün schimmernder Olivenhaine. Für eine Rast bietet sich das Kafenio in einer ehemaligen Volksschule an. Wenige Meter von hier verdient die Kirche **Ágios Geórgios** einen kurzen Besuch, die der berühmte kretische Freskenmaler Johannes Pagomenes im 14. Jh. ausschmückte. Auf den Grabsteinen neben der Kirche fällt auf, dass fast alle Verstorbenen über 80 Jahre alt geworden sind, einer sogar 102. Kreta soll ja weltweit über die höchste Dichte hochbetagter Menschen verfügen. Einer der Toten war allerdings schon mit 24 gestorben. Ermordet – vermutlich als Opfer einer kretischen Vendetta.

Soúgia ►B4

Der Küstenort Soúgia ist weitaus kleiner und auch ruhiger als Paleochóra. Die wenigen Häuser, die fast alle Zimmer vermieten, liegen am Ausgang der Agía-Iríni-Schlucht direkt am weiten grauen Kieselstrand. Auffallend die beachtlichen Kiefernbestände rund um den Ort, die mit ihrem Grün die hellen Felsen kontrastieren.

Vom winzigen Fischerhafen führt ein gut markierter Pfad (Teil des E4) in einer Stunde durch eine Schlucht hinauf auf ein Plateau und dann wieder hinunter in ein einsames Tal, das sonst nur per Boot zu erreichen ist. Hier liegen malerisch in der Strandebene unter Olivenbäumen verstreut die Ruinen des antiken Kurortes **Lissós** mit einem Asklepios-Tempel.

Keinesfalls versäumen sollte man eine Wanderung durch die **Agía-Iríni-Schlucht,** sie ist kürzer als die Samariá-Schlucht, nicht so überlaufen und kaum weniger schön.

Übernachten

Am Strand – **Santa Irene:** Tel. 28 23 05 13 42, Fax 28 21 05 11 82, www.sougia. info, DZ 40–70 €. 14 geschmackvoll ausgestattete Apartments um einen Innenhof.
Gepflegt und ruhig – **Captain George:** Im hinteren Ortsteil, Tel. 28 23 05 11 33, Fax 28 23 05 11 94, www.sougia.info, 40–55 €. 14 ruhige Apartments und Zimmer.

Infos

Im Web: www.sougia.info.
Verkehr: Ab Chaniá 2 x tgl. Busse, eine lange Fahrt auf einer Nebenstrecke.

Agía Rouméli ►C4

Der Ort am Ausgang der Samariá-Schlucht ist zwischen Mittag und 18 Uhr ziemlich überfüllt. Danach schiffen sich die Samariá-Wanderer, Tagesbesucher, wieder nach Soúgia, Paleochóra, Loutró und Chóra Sfakíon ein. Doch auch ein längerer Aufenthalt ist möglich: Zum Baden laden ein dunkelgrauer Kieselstrand und glasklares Wasser ein.

Übernachten

Abends einsam – **Samaria Rooms:** Tel. 28 25 09 12 15, im Winter 28 21 07 70 03, DZ 30–40 €. Eine nette, kleine Pension, deren Zimmer angenehme Marmorböden, ein ordentliches Bad und einen Kühlschrank besitzen.

Samariá-Schlucht❗

Die Schlucht ist – je nach Wasserstand – von Anfang Mai bis Nov. geöffnet
Die Weißen Berge (gr. Lefká Óri) und ihre Ausläufer waren noch vor wenigen Jahrzehnten nur auf Maultierpfaden zugänglich und Rückzugsgebiete für Partisanen (s. S. 54 und 68). Heute durchqueren markierte Wanderwege das Massiv, im Sommer haben Hütten geöffnet. Die ›klassische‹ Tour führt durch die 18 km lange Samariá-Schlucht (gr. Farángi Samariá), eine der großen Natursehenswürdigkeiten Europas.

An ihrer engsten Stelle, den ›Eisernen Pforten‹, ist sie nur 6 m breit, bis zu 600 m steigen die Felsen fast senkrecht empor. Der Fluss, der sich hier sein Bett gebahnt hat, versperrt im Winter, gespeist von Regen- und Schmelzwasser, jeden Zugang zur Schlucht von der Meerseite her. 1962 wurde die Samariá-Schlucht zum Nationalpark erklärt, damals mussten die Bewohner des einzigen Dorfes der Schlucht ihre Heimat verlassen. Die in der Vergangenheit so schwer zugängliche Samariá-Schlucht hat sich eine einzigartige Vegetation bewahrt; Botaniker zählen mehr als 450 verschiedene Pflanzenarten, davon ca. 70 endemische.

Wer gut zu Fuß ist, kann die Schlucht mit bis zu 2000 ›Mitläufern‹ täglich durchmessen, sollte aber gutes Schuhwerk anziehen. Wenn Sie Gepäck für ein bis zwei Tage mitnehmen, können Sie die Wanderung auch abseits vom Andrang der Tagesausflügler unternehmen (nach 16 Uhr darf die Schlucht aber nur noch ca. 2 km weit begangen werden).

Durch die Samariá-Schlucht nach Agía Rouméli ▶ C 4

Am Zugang zur Schlucht muss Eintritt gezahlt werden: Man erhält eine Informationsbroschüre, die neben einer Wegbeschreibung auch Angaben zu Flora und Fauna enthält. Vom Eingang **Xiloskalo** geht es zunächst über einen Serpentinenweg 800 m steil bergab, bis auf den Schluchtgrund sind es etwa 3,5 km. Von jetzt an wandert man auf bequemen Wegen weiter. Im Frühjahr muss der Fluss immer wieder überquert werden; dazu haben die Wärter große Steine in das Bett gelegt. Wasser mitzunehmen ist unnötig, denn immer wieder sprudeln Quellen mit bestem Trinkwasser am Wegesrand.

Auf halbem Weg erreicht man das verlassene Dorf **Samariá** – mit der Station des Naturschutzwärters, einer Toilette sowie einem Telefon für Notfälle. An Holztischen kann der mitgebrachte Proviant verzehrt werden. Weiter geht es dann durch die **Eisernen Pforten,** bis einem das strahlendblaue Libysche Meer entgegenleuchtet. Sofern man nicht an einer organisierten Tour teilgenommen hat, sollte man sich vor dem lang ersehnten Bad allerdings Tickets für das Schiff nach Chóra Sfakíon bzw. Soúgia oder Paleochóra sichern.

Übernachten

Übernachtungsmöglichkeiten gibt es sowohl auf der Omalós-Hochebene wie auch in Agía Rouméli.
Bergluft – **Neos Omalos:** Tel. 28 21 06 72 69, Fax 28 21 06 71 90, www.neosomalos.gr, DZ 20–30 €. Familiäres, mo-

Die ›Eisernen Pforten‹ der Samariá-Schlucht

dernes 26-Zimmer-Hotel, gute Küche, Zentralheizung. Ideal für Wanderer, die dort Tipps für viele weitere Routen erhalten können.

In luftiger Höhe – **Kallergi-Hütte:** Tel. 28 21 03 31 99, Mob. 69 36 65 79 54, www.kallergi.com, Nov.–März nicht besetzt, preiswert. Die jugendherbergsartig bewirtschaftete Kallergi-Hütte oberhalb der Omalós-Ebene liegt unmittelbar am Rande der Schlucht, mit überwältigendem Blick. Guter Ausgangspunkt für Wanderungen in die Weißen Berge.

Essen & Trinken

Auf der Omalós-Ebene sollte man unbedingt einmal die Spezialität der Sfakiá, *tsingariasto,* probieren, gekochtes Schaf- oder Ziegenfleisch ohne Knochen: Sehr gut in der **Taverna Gingilos** an der Hauptstraße (preiswert).

Infos

Bus: Von den Städten der Nordküste verkehren frühmorgens Busse der

Lieblingsort

Berg Gíngilos – Ausflug ins Hochgebirge ▶ C 4

Wenn es mir auf Kreta im Sommer zu heiß wird, fahre ich gern auf die Omalós-Hochebene zum Eingang der Samariá-Schlucht, schnüre meine Wanderstiefel, lasse die Schlange der Schluchtwanderer ›links liegen‹ und steige auf den 2080 m hohen Gíngilos hoch über der Schlucht. Der Pfad beginnt beim Restaurant und ist bis zur Linoseli-Quelle gut ausgebaut. Danach geht es bis zum Gipfel auf Trittspuren weiter, manchmal muss man die Hände zu Hilfe nehmen und mäßig klettern. Und man sollte schwindelfrei sein.

Kleine Kapelle bei Loutró

KTEL, Rückfahrt spätnachmittags ab Chóra Sfakíon (ca. 15 € h/z). Etwa doppelt so teuer sind die organisierten Busausflüge, die in den Reisebüros gebucht werden können.

Loutró ► D 4

Genauso einsam wie in Agía Rouméli urlaubt man auch in Loutró, das bis heute nur mit dem Boot angesteuert werden kann. Dieser ehemalige Fischerort an einer Felsenbucht ist besonders bei Individualreisenden beliebt. Die weißen Häuser von Loutró gruppieren sich einladend rund um das Hafenbecken, fast überall werden Zimmer vermietet.

Übernachten

Schöner Blick – **Porto Loutro:** Tel. 28 25 09 14 33, Fax 28 25 09 10 91, www. hotelportoloutro.com, DZ/F 50–90 €. Englisch-griechischer Besitz über dem Fähranleger, professionell und freundlich geführt.

Klein und gut – **Daskalogiannis:** Tel. 28 25 09 15 14, Fax 28 25 09 15 16, www.loutro.com, DZ/F 50–70 €. Nur 10 Zimmer, modern eingerichtet – und mit einem Balkon zum Meer.

Oberhalb des Ortes – **Pantelitsa Rooms:** Tel. 28 25 09 13 48, DZ 30–40 €. Saubere, ordentliche Zimmer.

Ganz einsam – **Finix und Lykos:** Einsamer und preiswerter als in Loutró wohnt man an den östlich anschließenden, ebenfalls autofreien Buchten. 30–45 Min. Fußweg. Gepäcktransfer dorthin mit kleinem Boot nach Absprache, z. B. über **Restaurant Akrogiali** (s. u.) mit sauberen Privatzimmern, Tel. 28 25 09 14 46, DZ 25–35 €.

Essen & Trinken

In allen Tavernen von Loutró gibt es schön garniertes Essen, und überall wird auch Kuchen angeboten. Das ist an sich ungriechisch.

*Unter Tamarisken am Meer – **Akrogiali:*** An der Lykos-Bucht Richtung Arádena-Schlucht, Tel. 28 25 09 14 46. Viehzüchtertaverne mit ausgezeichneten Lamm- und Ziegenspezialitäten. Eigener Wein, Raki und Honig. Preiswert.

Infos

Achtung: Im Ort kein Geldautomat!
Fähre zwischen Chóra Sfakíon, Loutró, Agía Rouméli und weiter nach Soúgia und Paleochóra. Die Schiffe fahren im Sommer mehrmals tgl. Im Winter pendelt die Fähre nur 2 x pro Woche.

Chóra Sfakíon ▶ D 4

Chóra Sfakíon ist Hauptstadt der Sfakiá, jener Bergregion, die in Griechenland wegen ihres Widerstandswillens bekannt und berühmt ist. Unter osmanischer Herrschaft war die Sfakiá eine Enklave der Freiheit mit eigenen Gesetzen. Ehrverletzungen wurden mit Blutrache gesühnt. Von hier nahm der Aufstand des Jahres 1770/71 unter Leitung des Kaufmanns Jannis Vláchos, genannt Daskalojannis (›Jannis der Lehrer‹, da er der einzige war, der schreiben und lesen konnte) seinen Ausgang (s. S. 54).

Heutzutage arbeiten die Männer dieser Gegend mehr und mehr im Tourismus, denn Chóra Sfakíon hat sich zur obligatorischen Durchgangsstation für alle Ausflügler aus der Samariá-Schlucht entwickelt. Auch hier gilt, was über Agía Rouméli gesagt wurde: Überfüllt ist der Ort nur für zwei bis drei Stündchen am Nachmittag.

Chóra Sfakíon eignet sich als Standquartier für einen Abstecher nach Frangokástello (s. S. 237) sowie für eine Durchwanderung der **Imbrós-Schlucht** (▶ E 4). Diese Tour beginnt im Dorf Imbrós unterhalb der Askífou-Hochebene und dauert ca. 3 Std. Der Einstieg ist ausgeschildert. Unten in Komitades angekommen, rufen die Tavernenwirte gern ein Dorftaxi, das Sie wieder hinauf nach Imbros bringt.

Ein weiteres Ausflugsziel ist **Anópolis** (▶ D 4). Das Viehzüchterdorf liegt auf einer Hochebene, auf der sogar Zimmer vermietet werden. Man kann auf einem alten Verbindungsweg in 1 Std. zum Rand der atemberaubenden **Arádena-Schlucht** (▶ D 4) wandern, über die erst in den 1990ern eine schmale Stahlbrücke gebaut wurde. Oder man geht 1,5 Std. auf einem Maultierpfad viele Serpentinen hinunter nach Loutró, zurück nach Chóra Sfakíon dann mit der Fähre.

Übernachten

www.sfakia-crete.com: Übersicht mit Preisen.
Fast alle Tavernen entlang der Hafenpromenade vermieten oben Zimmer:
Familiär – **Stavris:** Tel. 28 25 09 12 20, Fax 28 25 09 11 52, www.hotel-stavris-chora sfakion.com, DZ 30–50 €. 30-Zimmer-Pension oberhalb des Hafens, ruhig, schöner Blick.
Meerblick – **Suites Notos:** Oberhalb des Dorfes, Tel. 28 25 09 12 00, Apartment 60–100 €. Eine luxuriöse, moderne Apartmentanlage mit herrlichem Ausblick auf das Meer.
Meeresrauschen inklusive – **Hotel Xenía: am Hafen,** Tel. 28 25 09 11 00, DZ 50 55 €. 2005 eröffnet, 21 geräumige, moderne, mit viel Holz ausgestattete Zimmer. Mit Fahrstuhl.

Aktiv & Kreativ

Tiefer Fall – **Liquid Bungy:** Arádena, Mob. 693 761 51 91, www.bungy.gr,

Juni–August Sa und So. Von einer alten Straßenbrücke aus geht es rekordverdächtige 138 m tief in eine Schlucht.

Infos

Busse: Chóra Sfakíon ist mehrmals tgl. von Chaniá oder von Réthimno (evtl. Umsteigen in Vríses) aus erreichbar; nachmittags geht es im Sommer auch nach Agía Galíni auf der Südküstenstrecke, dort besteht Anschluss an die KTEL Mittelkretas.
Fähre: Es gibt keine Straße zwischen Chóra Sfakíon und Soúgia, man muss über Chaniá fahren. Daher die große Bedeutung des Schiffsverkehrs zwischen Chóra Sfakíon, Loutró, Agía Rouméli und weiter nach Soúgia und Paleochóra. Die Boote fahren im Sommer mehrmals tgl. Im Winter pendelt die Fähre nur 2 x wöchentl und versorgt die Bewohner von Loutró und Agía Rouméli.

Insel Gávdos ▶ D 7–8

Gávdos, die südlichste Insel Europas, ist eine raue, ca. 36 km² große Felseninsel vor der Südwestküste Kretas. Sie besitzt schöne Strände und Wacholderhaine. Die Einheimischen glauben, dass Gávdos die sagenhafte Insel Ogygia sei, auf der Odysseus der Nymphe Kalypso sieben Jahre lang Liebesdienste leisten musste. Schließlich half sie ihm beim Bau eines Floßes.

In der Antike und im Mittelalter hatte Gávdos mehrere Tausend Einwohner, heute sind es vielleicht noch 50. Unter der Metaxas-Diktatur war Gávdos eine Verbannungsinsel. Aus diesem Grund verbringen hier übrigens bis heute griechische Linksintellektuelle gern ihren Urlaub. Als Sehenswürdigkeit gelten das **Kap Tripití,** das südlichste Kap Europas, mit seinen drei Gewölbebögen und ein winziges **Folklore-Museum** in Vatsianá.

Gávdos ist ideal für Menschen, die Einsamkeit suchen und auf Nachtleben verzichten können. Bisher gibt es Tourismus nur in bescheidenem Umfang. Gávdos hat keine Quellen, das Wasser wird in Zisternen gesammelt. Die meisten Lebensmittel müssen vom ›Festland‹ herbeigeschafft werden und sind daher etwas teurer. Bei länger anhaltender Schlechtwetterlage verkehren keine Versorgungsschiffe, dann kann es bei dem einen oder anderen Genuss- oder Lebensmittel schon mal Engpässe geben. Auf Strom und Telefon muss man allerdings nicht verzichten.

Gávdos bietet sich für einsame Wanderungen geradezu an, z. B. führt ein angelegter Küstenpfad durch lichte Pinienbestände *(Pinus brutia)* vom Korfos-Strand in einer guten Stunde zum Kap Tripití. Nach Korfós gelangt man

Wacholderhaine auf der Insel Gávdos

mit dem Pickup des Inhabers der dortigen Fischtaverne, der am Fähranleger auf Gäste wartet.

Am Strand von **Sarakiniko** gibt es viele gute und im Verhältnis zum kretischen ›Festland‹ preiswerte Fischtavernen.

Übernachten

Es gibt mittlerweile eine ganze Anzahl von Unterkünften, die meisten am Sarakiniko-Strand im Norden, weniger am Anleger und in Kortós.
Strandatmosphäre **Gávdos Studios:** Tel. 21 03 25 49 31, Fax 21 03 21 09 07, www.gavdostudios.gr. Das Athener Reisebüro Consolas hat sich auf Gávdos spezialisiert und gibt auch Auskünfte über andere Unterkünfte und die aktuellen Anreisemöglichkeiten.
In Korfos – **Akrogiali:** Tel. 28 23 04 23 84. Einsam gelegen, preiswert. Privat-

zimmer mit Taverne am Strand von Korfos.

Infos

Im Internet
www.gavdos-online.com: Umfangreiche Reiseinformationen

Verkehr
Bootsfahrten nach Gávdos: Während der Saison je nach Nachfrage täglich Überfahrten ab Paleochóra, Soúgia und Chóra Sfakíon. Fahrplan www. anendyk.gr. Außerhalb der Saison wird Gávdos nur selten angelaufen.
Busse auf Gávdos: Auf Gávdos verkehrt ein Bus zwischen dem Hafen und Kastrí, Vatsianá, Sarakiníko und den beliebtesten Stränden. Vorwiegend kommen Tagesgäste. Bis auf den einzigen Linienbus und ein paar Transportfahrzeuge verkehren kaum Autos.

Sprachführer

Umschrift

Auch ohne griechische Sprachkenntnisse kommt man heute überall in Griechenland zurecht; die meisten Griechen sprechen zumindest etwas Englisch. Hinweisschilder sind in der Regel auch in lateinischen Buchstaben abgefasst. Dennoch empfiehlt es sich, ein wenig Griechisch zu lernen; man kommt schneller zurecht und wird häufig auch freundlicher behandelt. Jedoch muss man auf die richtige Betonung achten, die durch den Akzent angegeben wird.

Das griechische Alphabet

		Aussprache	Umschrift
A	α	a	a
B	β	w	v, w
Γ	γ	j vor e und i, sonst g	g, gh, j, y
Δ	δ	wie engl. th in ›the‹	d, dh
E	ε	ä	e
Z	ζ	s wie in ›Sahne‹	z, s
H	η	i	i, e, h
Θ	ϑ	wie engl. th in ›thief‹	th
I	ι	i, wie j vor Vokal	i, j
K	κ	k	k
Λ	λ	l	l
M	μ	m	m
N	ν	n	n
Ξ	ξ	ks, nach m oder n weicher: gs	x, ks
O	ο	o	o
Π	π	p	p
P	ρ	gerolltes r	r
Σ	σ	s wie in ›Tasse‹	ss, s
T	τ	t	t
Y	υ	i	i, y
Φ	φ	f	f, ph
X	χ	ch	ch, h, kh
Ψ	ψ	ps	ps
Ω	ω	offenes o	o

Buchstabenkombinationen

AI	αι	ä	e
ΓΓ	γγ	ng wie in ›lang‹	ng, gg
EI	ει	i wie in ›lieb‹	i
EY	ευ	ef wie in ›heftig‹	ef, ev
MΠ	μπ	b im Anlaut,	B
		mb im Wort	mp, mb
NT	ντ	d im Anlaut	D
		nd im Wort	nd, nt
OI	οι	i wie in ›Liebe‹	i
OY	ου	langes u	ou, u

Begrüßung und Höflichkeit

Guten Tag	kalí méra
Guten Abend	kalí spéra
Gute Nacht	kalí níchta
Hallo, Tschüss	jassú (zu mehreren und Sie-Form: jassás)
Auf Wiedersehen	adío (adíosas)
Gute Reise	kaló taxídi
Bitte	parakaló
Danke (vielmals)	efcharistó (polí)
Ja	ne (sprich: nä)
Jawohl	málista
Nein	óchi
Nichts, keine Ursache	típota
Entschuldigung	singnómi
Macht nichts	den pirási
In Ordnung, okay	endáxi

Reisen

Straße/Platz	odós/platía
Hafen	limáni
Schiff	karávi
Bahnhof/Busstation	stathmós
Bus	leoforío
Haltestelle	stásis
Flughafen	aerodrómio
Flugzeug	aeropl100> aeropláno
Fahrkarte	issitírio
Motorrad	motosiklétta
Fahrrad	podílato
Auto	aftokínito
rechts/links	deksjá/aristerá
geradeaus	efthían
hinter, zurück	píso
weit/nah	makría/kondá

Bank, Post, Arzt, Notfall

Bank/Geldautomat	trápesa/ATM
Quittung, Beleg	apódixi
Postamt	tachidromío
Briefmarken	grammatóssima
Arzt/Arztpraxis	jatrós/jatrío
Krankenhaus	nossokomío
Hilfe!	voíthia
Polizei	astinomía
Unfall/Panne	átichima/pánna

Einkaufen

Kiosk	perípteró
Laden	magasí
Bäckerei	foúrnos
Fleisch/Fisch	kréas/psári
Käse/Eier	tirí/avgá
mit/ohne	me/chorís
Milch/Zucker	gála/sáchari
Brot	psomí
Gemüse	lachaniká
Wasser	neró
– mit Kohlensäure	sóda
Bier	bíra (Pl. bíres)
Wein	krássi
eine Portion	mía merída
zwei Portionen	dío merídes

Speisekarte	katálogos
Die Rechnung, bitte!	to logarjasmó parakaló!

Adjektive

gut/schlecht	kalós/kakós
groß/klein	megálos/mikrós
neu/alt	néos/paljós
heiß/kalt	sésto/krío

Zahlen

1	éna (m), mía (f)	40	saránda
2	dío (spniv: sío)	50	penínda
3	tría, trís	60	exínda
4	téssera, tésseris	70	evdomínda
5	pénde	80	októnda
6	éxi	90	enenínda
7	eftá	100	ekató
8	októ	200	diakósja
9	enéa	300	triakósja
10	déka (seka)	400	tetrakósja
11	éndeka	500	pendakósja
12	dodéka	600	exakósja
13	dekatría, usw.	700	eptakósja
20	íkossi	800	oktakósja
21	íkossi éna, usw.	900	enjakósja
30	triánda	1000	chílja

Die wichtigsten Sätze

Allgemeines

Wie geht es dir?	Ti kánis?
Ich verstehe nicht.	Den katalavéno.
Woher kommst Du?	Apo poú ísse?
Wie spät ist es?	Ti óra íne?
Ich habe es eilig!	Viássome!
Prost!	Jámmas!

Unterwegs

Wo ist …?	Poú ine …?
Wo fährt der Bus nach … ab?	Poú févji to leoforío ja …?
Wann fährt er/sie/es?	Póte févji?
Wann kommt er/sie/ es an?	Póte ftáni?

Wie viele Kilometer sind es bis …?	Póssa chiljómetra sto …?

Notfall

Ich möchte telefonieren.	Thélo ná tilefónísso.
Ich suche eine Apotheke.	Thélo ná vró éna farmakío.

Einkaufen

Was wünschen Sie?	Tí thélete?
Bitte, ich möchte …	Parakaló, thélo …
Was kostet das?	Pósso káni afto?
Ich nehme es!	To pérno!
Das ist teuer!	Íne akrivó!
Es gefällt mir (nicht).	(Den) m'aréssi.

Kulinarisches Lexikon

Frühstück

avgá mátja	Spiegeleier
avgá me béikon	Eier mit Speck
voútiro	Butter
chimó portokáli	Orangensaft
giaoúrti (yaoúrti)	Joghurt
... me karídia	... mit Walnüssen
... me méli	... mit Honig
kafé me gála	Kaffee mit Milch
louchániko	Wurst
marmeláda	Konfitüre
méli	Honig
psomáki	Brötchen
sambón	Schinken
tirí	Käse
tsái	Tee

Suppen

fassoláda	Bohnensuppe
kakavjá	Fischbrühe, dazu
(auch: psarósoupa)	ein Fisch nach Wahl
kreatósoupa	trübe Fleischbrühe
patsá	deftige Kuttelsuppe mit Innereien
tomatósoupa	Tomatensuppe

Salate und Pürees

angoúro saláta	Gurkensalat
choriátiki saláta	›Griechischer Salat‹
chórta saláta	Mangoldsalat
gígantes (jígandes)	große weiße Bohnen in Tomatensauce
láchano saláta	Krautsalat
maroúli saláta	Blattsalat
melindsáno saláta	Auberginenpüree
skordaliá	Kartoffelpaste mit Knoblauch
taramá	Fischrogen-Püree
tomáto saláta	Tomatensalat
tónno saláta	Thunfischsalat
tzatzíki (dsadsíki)	Joghurt mit Gurken und Knoblauch

Fisch und Meeresfrüchte

astakós	Languste
barboúnja	Rotbarbe
fángri	Zahnbrasse
garídes	Scampi
glóssa	Scholle oder Seezunge
kalamarákja	Calamares
ksifías	Schwertfisch
lavráki	Barsch
mídja	Muscheln
oktapódi	Krake
solomós	Lachs
soupjés	Sepia (Tintenfisch)
stríthja	Austern
tsipoúra	Dorade (Goldbrasse)

Fleischgerichte

arnáki, arní	Lammfleisch
pansétta	Schweinerippchen
békri mezé	eine Art Gulasch mit Kartoffeln, scharf
biftéki	Frikadelle mit Käse
brizóla	Kotelett
chirinó	Schweinefleisch
gída	Ziege
gourounópoulo	Spanferkel
gouvarlákja	Hackfleischbällchen in Zitronensauce
gemistes (jemistés)	gefüllte Tomaten oder Paprikaschoten
giouvétsi (juvétsi)	Kalbfleisch mit Reisnudeln in Tomatensauce
katsíki	Zicklein
keftédes	Hackfleischbällchen in Tomatensauce
kokkinistó	Rindfleisch in Rotweinsauce
kokorétsi	Innereien, gegrillt
kotópoulo	Hühnchen
kounélli	Kaninchen
kreatópitta	Blätterteigtasche mit Fleischfüllung
láchano dolmádes	gefüllte Kohlblätter
loukaniká	Landwürstchen
makarónja me kimá	Spaghetti mit Hackfleischsoße

mialá	Hirn	karpoúsi	Wassermelone
mouskári	Rindfleisch	kerássja	Kirschen
moussaká	Auberginenauflauf	lemóni	Zitrone
païdákja	Lammkoteletts	mílo	Apfel
papoutsákja	gefüllte Auberginen	peppóni	Honigmelone
pastítsjo	Nudelauflauf mit Hackfleisch	portokáli	Orange
		rodákino	Pfirsich
psitó	Braten	síka	Feige
sikóti	gebratene Leber	staffílja	Weintrauben
stifádo	Fleisch mit Zwiebeln in Tomaten-Zimt-Sauce		

Desserts

froúllo saláta	Obstsalat
soutzoukákia (sudsukakja)	Hackfleischrollen in Tomatensauce mit Kreuzkümmel	karidópitta	Walnusskuchen
		milópitta	Apfelkuchen
		pagotó	Eiscreme
souvláki	Fleischspieß (Rind oder Schwein)	risógalo	Reispudding
		tirópitta	Blätterteig mit Käse
tourloú	Gemüseeintopf		

Getränke

Gemüse

		bira	Bier
briam	Gemüseauflauf mit Schafskäse	chimós	Saft
		gála	Milch
bámjes	Okraschoten	kanelláda	Zimt-Limonade
eljés	Oliven	kafés ellinikós	griechischer Kaffee
fassólja	grüne Bohnen	kafés fíltro	Filterkaffee
kolokithákja	Zucchini	krassí	Wein
melindsánes	Auberginen	lemonáda	Limonade
spanáki	Spinat	neró	Wasser
		portokaláda	Orangeade

Obst

		soumáda	Mandelmilch
achládi	Birne	tsái	Tee
fráules	Erdbeeren	tsípouro	Tresterschnaps

Im Restaurant

Die Speisekarte, bitte.	To katálogo, parakaló	Salz/Pfeffer	aláti/pipéri
		Tasse	flidzáni
Was empfehlen Sie?	Tí sistínete?	Teelöffel	koutaláki
Die Rechnung, bitte.	To logarjasmó, parakaló	Löffel	koutáli
		Messer	machéri
		Gabel	piroúni
Guten Appetit!	Kalí orexí!	Glas	potíri
Prost!	Jammás!	Teller	piátto
Herr, Dame (gängige Anrede für Kellner und Kellnerin)	kírie, kiría	Zahnstocher	odondoglifídes
		Serviette	petsétta (serviétta = Damenbinde!)

Register

Register

Abbildungsnachweis/Impressum

Abbildungsnachweis

Bilderberg, Hamburg: S. 123, 129 (Ellerbrock)

Christian Dehnicke, Schweinfurt: S. 190, 213, 234/235

Rainer Hackenberg, Köln: S. 6, 11, 12 (o.r., u.li), 13 (o.li., u.r.), 14, 29, 39, 44, 49, 51, 53, 60, 62, 63, 65, 66/67, 74, 82/83, 84 (li., r.), 85, 91, 96, 94/95, 98, 101, 102/103, 108, 115, 119, 122 (r.), 126/127, 136/137, 140/141, 142 (r.), 145, 148, 156/157, 158 (li., r.), 161, 166/167, 168, 170, 174, 178 (r.), 179, 184, 187, 188/189, 190, 196/197, 198 (r.), 199, 204, 208/209, 259, 260/261, 262 (li., r.), 265, 268, 274/275, 278/279

Bildagentur Huber Garmisch-Partenkirchen/Johanna Huber: Titelbild

laif, Köln: S. 27 (Caputo); 70, 142 (li.), 150, 159, 172, 214, Umschlagrückseite (Escudero/Hemis); 68 (Harscher); 73, 143, 154, 178 (li.), 181 (Modrow); 12 (o.li.), 22, 80, 92/93 (Raach); 13 (o.r.), Umschlagklappe vorn, 176/177 (Tophoven)

Look, München: S. 244 (Acquardo); 56 (Eisele-Hein); 210 (li.), 216/217, 276 (Richter)

Mauritius Images, Mittenwald: S. 211, 220/221, 238 (r.) 247, 253 (AGE); 198 (li.), 201 (Beuthan); 46/47 (Mehlig); 59, 239, 256 (Pastoor); 75 (Plant); 122 (li.), 6, 132 (Imagebroker); 236/237, 263, 273 (Thonig); 238 (li.), 241 (World Pictures)

Andreas Schneider, Hamburg: S. 10, 12 (u.li.), 13 (u.r.), 232, 251, 270

Transit, Leipzig: S. 35, 210 (r.), 228, 230 (Busse)

Wir danken:

Grecotel, www.grecotel.com: S. 224, 225

Nikos Xilouris Online Store, www.xilouris.gr: S. 76

Kartografie

DuMont Reisekartografie, Fürstenfeldbruck

© DuMont Reiseverlag, Ostfildern

Umschlagfotos

Titelbild: Kloster Moní Préveli, an der Küste südlich von Réthimno
Umschlagklappe vorn: Fischerboot vor der Küste von Mátala

Hinweis: Autor und Verlag haben alle Informationen mit größtmöglicher Sorgfalt geprüft. Gleichwohl sind Fehler nicht vollständig auszuschließen. Alle Angaben erfolgen ohne Gewähr. Bitte schreiben Sie uns! Über Ihre Rückmeldung zum Buch und über Verbesserungsvorschläge freuen sich Autor und Verlag:
DuMont Reiseverlag, Postfach 3151, 73751 Ostfildern,
info@dumontreise.de, www.dumontreise.de

3., aktualisierte Auflage 2012
© DuMont Reiseverlag, Ostfildern
Alle Rechte vorbehalten
Grafisches Konzept: Groschwitz/Blachnierek, Hamburg
Printed in China

MIX
Paper from
responsible sources
FSC® C002957
www.fsc.org